Hinter dem Sachregister befindet sich ein ausführliches Verzeichnis der

Guttentagschen Sammlung

Deutscher Reichs- und Preußischer Gesetze

— Textausgaben mit Anmerkungen; Taschenformat —,

die alle wichtigeren Gesetze in unbedingt zuverlässigem Abdruck und mit mustergültiger Erläuterung wiedergibt.

Guttentagsche Sammlung
Nr. 42. Deutscher Reichsgesetze. Nr. 42.
Textausgaben mit Anmerkungen.

Grundbuchordnung
für das Deutsche Reich
nebst den
preußischen Ausführungsbestimmungen.

Handausgabe
mit Einleitung, Anmerkungen und Sachregister
von

Dr. Otto Fischer und Dr. Norbert Fischer
ord. planm. Professor der Rechte an der Universität Breslau
Gerichtsassessor

Achte durchgearbeitete und ergänzte Auflage.

Berlin und Leipzig 1924.
Walter de Gruyter & Co.
vormals G. J. Göschen'sche Verlagshandlung — J. Guttentag, Verlagsbuchhandlung — Georg Reimer — Karl J. Trübner — Veit & Comp.

Inhaltsübersicht.

Erklärung der Abkürzungen.

A. = Anmerkung (also § 1 A. 1 = Anmerkung 1 zu § 1).

a. = Artikel, ohne Zusatz = Artikel des preußischen Ausführungsgesetzes zur Grundbuchordnung.

aE. = am Ende.

AG. = Ausführungsgesetz, ohne weiteren Zusatz = preuß. Ausführungsgesetz zur Grundbuchordnung.

AllgBergG. = preußisches Allgemeines Berggesetz 24. 6. 1865 in der Fassung d. G. 18. 6. 1907.

AllgVf. = Allgemeine Verfügung, ohne weiteren Zusatz = preußische Allgemeine Verfügung zur Ausführung der Grundbuchordnung.

ALR. = Preußisches Allgemeines Landrecht.

B. = Bahn.

BahnG. = Gesetz über die Bahneinheiten.

BGB. = Bürgerliches Gesetzbuch für das Deutsche Reich.

BahnVf. = AllgVf. 11. 11. 1902.

Bek. = Bekanntmachung.

D. = Denkschrift zum zweiten Entwurf der Grundbuchordnung für das Deutsche Reich. (Guttentagsche Ausgabe.)

E. = Entscheidung mit folgenden Zusätzen:

Bay. = E. des Obersten Landesgerichts in München.

FG. = E. in Angelegenheiten der freiwilligen Gerichtsbarkeit, zusammengestellt im Reichsjustizamt.

Gr. = E. in Gruchots Beiträgen zur Erläuterung des deutschen Rechtes.

JW. = E. des Reichsgerichts in der Jur. Wochenschrift.

K. = E. des Kammergerichts.

R. = E. des Reichsgerichts in Zivilsachen.

EEG. = Preußisches Gesetz über den Eigentumserwerb usw. 5. 5. 1872.

EG. = Einführungsgesetz.

F. = Fassung (i. d. F. = in der Fassung).

FG. = Gesetz, betr. die Angelegenheiten der freiwilligen Gerichtsbarkeit, ohne Zusatz = Reichsgesetz.

G. = preußisches Gesetz.

GB. = Grundbuch.
GBA. = Grundbuchamt.
GBBl. = Grundbuchblatt.
GBO. = Grundbuchordnung.
GS. = preußische Gesetzsammlung.
GVG. = Gerichtsverfassungsgesetz.
HGB. = Handelsgesetzbuch.
JM. = preußisches Justizministerialblatt.
JW. = E. des Reichsgerichts in der Jur. Wochenschrift.
KB. = Kommissionsbericht.
KonsGG. = Reichsgesetz über die Konsulargerichtsbarkeit 7. 4. 1900.
KO. = Konkursordnung.
Mot. = Motive zum ersten Entwurf der Grundbuchordnung für das Deutsche Reich.
Pr. = Preußen.
pr. = preußisch.
RG. = Reichsgesetz.
RGBl. = Reichsgesetzblatt.
RTK. = Reichstagskommission.
RZB. = Zentralblatt für das Deutsche Reich.
S. = Seite.
StGB. = Strafgesetzbuch.
VO. = Verordnung, ohne weiteren Zusatz = preußische Verordnung, betreffend das Grundbuchwesen.
Vf. = Verfügung.
ZPO. = Zivilprozeßordnung.
ZVG. = Reichsgesetz über die Zwangsversteigerung und Zwangsverwaltung.

Die römischen Ziffern I und II ohne nähere Bezeichnung bedeuten den ersten und zweiten Entwurf der Grundbuchordnung, die beigefügten arabischen Ziffern beziehen sich auf die Paragraphennummern jener Entwürfe. Der der Ziffer eines Paragraphs oder Artikels beigefügte Exponent bezeichnet den Absatz.

Abkürzungen, die einzelnen preußischen Gebietsteile betreffend, in den Anm. auf S. 8 bis 11.

Einleitung.

Das moderne Grundstücksrecht beruht im Gegensatz zum römischen Recht aber in Anknüpfung an altgermanische Einrichtungen auf der Führung eines öffentlichen Buchs (Grundbuchs), welches über die Rechtsverhältnisse, insbesondere über Eigentum und Belastung Auskunft gibt und den Rechtsschein hinsichtlich dieser Rechtsverhältnisse begründet.

Solche Grundbücher hatten sich **auch** nach der Rezeption des römischen Rechts vielfach erhalten. Bahnbrechend wirkte aber für die Neubelebung die preußische Kodifikation. Das Immobiliarsachenrecht des Allgemeinen Landrechts 5. 2. 1794 hat das Dasein öffentlicher Bücher zur Voraussetzung. Die formelle Ordnung enthielt die von Svarez verfaßte Hypothekenordnung 20. 12. 1783, welche sich, in einigen Punkten durch das G. 24. 5. 53 abgeändert, bis zum 1. 10. 72 in Geltung erhalten hat, und welche namentlich ein ausgezeichnetes Formular für die Einrichtung der Hypothekenbücher darbot.

Mit dem 1. 10. 72 trat zunächst für den landrechtlichen Teil Preußens[1]) die GBO. 5. 5. 72 in Kraft, auf

[1]) Mit Ausnahme der landrechtlichen Bezirke von Hannover. Der ursprüngliche Geltungsbereich (Altpr.) umfaßt die Provinzen Ost- und Westpreußen, Brandenburg mit Berlin, Schlesien Posen, Sachsen und Westfalen, ferner die Provinz Pommern mit Ausnahme von Neuvorpommern und Rügen, d. h. des Regierungsbezirks Stralsund bzw. der Amtsgerichtsbezirke Barth, Bergen, Franzburg, Greifswald, Grimmen, Loitz, Stralsund und des gemeinrechtlichen Teils des Amtsgerichtsbezirks Wolgast

welche das für Neuvorpommern und Rügen unter dem 21. 3. 68 erlassene G. einen gewissen Einfluß gehabt hat. Gleichzeitig wurde auch ein G. über den Eigentumserwerb und die dingliche Belastung der Grundstücke, Bergwerke und selbständigen Gerechtigkeiten erlassen, welches das materielle Immobiliarsachenrecht des ALR. in wichtigen Punkten einer Abänderung unterzog.

Hinzu kamen dann noch das G. 14. 3. 82, betreffend die Wiederherstellung zerstörter oder verloren gegangener Grundbücher, und das G., betr. die Zwangsvollstreckung in das unbewegliche Vermögen, 13. 7. 83. Eine besondere Regelung erfuhr das Grundbuchwesen für Privateisenbahnen und Kleinbahnen in dem G. 19. 8. 95.

Durch eine Reihe von Einführungsgesetzen wurde dieses Grundbuchrecht allmählich in der gesamten preußischen Monarchie[1]) mit Ausnahme der ehemals nassauischen

---

landrechtlich sind nur die Amtsbezirke Peenemünde, Krummin und Neuendorf auf der Insel Usedom), endlich die landrechtlichen Teile der Rheinprovinz, nämlich die Kreise Duisburg (Stadt), Essen (Stadt), Essen (Land), Mülheim a. d. R., Rees und Ruhrort (zu den Landgerichtsbezirken Duisburg des OLG. Düsseldorf und Essen des OLG. Hamm gehörig), und den Teil der Stadt Langenberg (Kreis Mettmann, Amtsgericht Langenberg, LG. Elberfeld, OLG. Düsseldorf), welcher früher die westfälische Landgemeinde Oberbonsfeld bildete. G. 24. 2. 81. Hier sind die G. am 1. 10. 72 in Kraft getreten.

[1]) I. in der Provinz Hannover:

1. für die ganze Provinz (gemeinrechtliche und landrechtliche Gebietsteile) mit Ausnahme des Jadegebiets (Hann.), durch G. 28. 5. 73 (GKraft 1. 10. 73). Eine Ergänzung gab das G. 29. 1. 79;

Gebietsteile, in welchen das Stockbuchgesetz 15. 5. 51 in Kraft blieb, und der Insel Helgoland eingeführt. Außerdem

2. für das Jadegebiet (A. Wilhelmshafen) (Jade) durch G. 23. 3. 73 (GKraft 1. 4. 73). Ergänzend G. 3. 2. 79;

II. in der Provinz Schleswig-Holstein:

1. für die ganze Provinz mit Ausnahme des Kreises Herzogtum Lauenburg (AGericht Lauenburg, Mölln, Ratzeburg, Schwarzenbeck und Steinhorst) und der zufolge G. 18. 2. 91 dem AGerichte Altona zugeteilten Insel Helogland (Schl.-H.) durch G. 27. 5. 73 (GKraft 1. 10. 73). Ergänzung d. G. 31. 10. 79;

2. für den Kreis Herzogtum Lauenburg durch G. 8. 6. 96 (GKraft 1. 10. 96);

III. in der Provinz Hessen-Nassau:

1. für den Bezirk des vormaligen AppellGer. zu Kassel mit Ausschluß des AGer. zu Vöhl (Regierungsbezirk Kassel mit Ausnahme des Bezirksamts Vöhl oder Bezirk des OLG. Kassel mit Ausnahme der AGerBezirke Battenberg, Biedenkopf, Gladenbach und Vöhl, ferner AGerBez. Bockenheim des OLG. Frankfurt a. M., AGerBez. Obernkirchen, Oldendorf, Rinteln und Rodenberg des OLG. Celle und AGerBez. Brotterode, Schmalkalden und Steinbach-Hallenberg des OLG. Jena (Kassel), durch G. 29. 5. 73. GKraft (mit Ausnahmen) 1. 7. 74 ab. Ergänzungen d. G. 29. 5. 74, 28. 5. 85);

2. für das Gebiet der vormaligen freien Stadt Frankfurt sowie die vormals Großherzoglich Hessischen und Landgräflich Hessischen Gebietsteile (Frankf.) durch G. 19. 8. 98 (GKraft 1. 10. 95); mit Allg. Vf. 9. 11. 95 (JM. S. 349);

IV. in der Provinz Pommern:

für Neuvorpommern und Rügen (NVP.) d. G. 26. 5. 73 (GKraft 25. 6. 73). Von dem G. 21. 3. 68 blieben einzelne Bestimmungen in Kraft;

hatte es in den Fürstentümern Waldeck und Pyrmont (G. 25. 1. 81) Geltung erlangt [1]).

Von dem Hypothekenwesen des französischen code civil, welches allerdings in einer durch spätere Gesetze verbesserten Gestalt in Elsaß-Lothringen in Geltung geblieben ist, unterscheidet sich schon die ältere preußische Gesetzgebung durch eine bessere Durchführung der Grundsätze der Spezialität und Priorität.

V. in der Rheinprovinz:

1. für den Bezirk des ehemaligen Justizsenats zu Ehrenbreitstein (Ehr.). Ostrhein oder rechtsrheinische Teile des Kreises Koblenz, Kreise Neuwied, Wetzlar und Altenkirchen. Vom Kr. Altenkirchen waren ausgenommen die Bürgermeisterei Friesenhagen und der rechts der Sieg belegene Teil der Bürgermeisterei Wissen, letzterer jedoch ohne den Distrikt Küchenhof. Nach der Gerichtseinteilung kamen in Betracht aus dem Bezirk des OLG. Frankfurt a. M. die AGerBez. Braunfels, Ehringshausen und Wetzlar des Landgerichts Limburg a. L. und die AGerichte Altenkirchen, Asbach, Daaden, Dierdorf, Ehrenbreitstein, Kirchen, Linz, Neuwied und Wissen des Landgerichts Neuwied) durch G. 30. 5. 73 (GKraft 1. 10. 73) mit ErgänzungsG. 29. 1. 79;

2. für den Geltungsbereich des rheinisch-französischen Rechts (Rhein.), welcher die sämtlichen bisher nicht genannten Teile der Rheinprovinz umfaßt, durch G. 12. 4. 88 (GKraft 1. 1. 89). Dazu das ergänzende bzw. abändernde G. 14. 7. 93 (GKraft 14. 8. 93), die AllgVf. 21. 11. 88 (JM. S. 303) mit Allg. Vf. 7. 3. 92 (JM. S. 86) u. 23. 11. 95 (JM. S. 410). Vorbereitende G. 20. 5. 85 u. 24. 5. 85;

VI. in Hohenzollern (Hz.) durch G. 31. 5. 73 mit GKraft 1. 10. 73.

[1]) AusfV. 21. 9. 81 (JM. S. 190 ff.). Ein Teil der Bestimmungen blieb hier außer Geltung.

Inzwischen sind die Grundbucheinrichtungen in sämtlichen reichsdeutschen Ländern in verschiedenartiger Weise zur Durchführung gelangt, so in Bayern durch das Hypotheken-G. 1. 6. 22, im Königreich Sachsen durch die VO. 9. 1. 65 und in Württemberg durch die G. 15. 4. 25, 21. 5. 28 und 13. 4. 73[1]).

Das am 1. 1. 1900 in Kraft getretene BGB. für das Deutsche Reich 18. 8. 96 hat das materielle Sachenrecht auch für die Grundstücke und andere Immobilien so weit geregelt, als nicht die auf diesem Gebiete allerdings besonders weitgehenden Vorbehalte in dem EG. dem Landrecht dauernd oder doch für die Übergangszeit Spielraum lassen[2]). Zwangsvollstreckung in das unbewegliche Vermögen und andere Fälle der Zwangsversteigerung und Zwangsverwaltung von Immobilien sind dagegen im Anschluß an ZPO. §§ 864—871 durch das RZVG. 24. 3. 97 (pr. AG. 23. 9. 99) geordnet[3]).

Das Sachenrecht des BGB. hat zur Voraussetzung, daß überall in seinem Geltungsbereich durch Grundbuchämter Grundbücher geführt werden[4]). Deshalb ist auch in a. 1 EG.BGB. vorgesehen, daß gleichzeitig mit dem BGB. eine Grundbuchordnung für das Deutsche Reich in Kraft tritt, welche die formelle Ordnung des Grundbuchwesens und des Verfahrens in Grundbuchsachen soweit regelt, als

---

[1]) Im übrigen M. 24 f.

[2]) Für das materielle Sachenrecht Handausgabe des BGB. von O. Fischer u. W. Henle, 12. Aufl. 1923.

[3]) Gesetzgebung, betr. die Zwangsvollstreckung in das unbewegliche Vermögen im Reiche und in Preußen von J. Krech und O. Fischer, 9. Aufl. 1922.

[4]) BGB. §§ 873, 875—877, 925, 928, 1116.

nicht der Landesgesetzgebung die Ordnung im einzelnen zu überlassen ist.

Demgemäß hatte die von dem Bundesrate berufene Kommission zur Bearbeitung des Entwurfes eines BGB. in erster Lesung auf Beschluß des Bundesrats 14. 6. 88 auch den Entwurf einer GBO. aufgestellt, welcher schon im Jahre 1889 veröffentlicht wurde. Vorarbeiten, insbesondere Beratungsprotokolle, sind ebensowenig veröffentlicht, wie bei dem BGB. selbst. Dagegen sind die von den Hilfsarbeitern der Kommission auf Grund der Vorarbeiten ausgearbeiteten Motive dem veröffentlichten Entwurf beigegeben.

Die durch die Änderungen im Entwurf des BGB. erforderlich gewordene Umarbeitung ist erst nach dem Zustandekommen des BGB. erfolgt, demnächst vom Bundesrat als Reichstagsvorlage angenommen und unter dem 22. 1. 97 dem Reichstage vorgelegt. Diesem zweiten Entwurfe ist statt der Motive eine kürzere Denkschrift beigegeben[1]).

Im Reichstage wurde die erste Lesung am 3. 2. 97 vorgenommen. Sie endete mit der Verweisung des Entwurfs an die 16. Kommission, welche die Beratung am 19. 2. 97 beendete. Ihre 14 Änderungen (zwei neue Paragraphen) sind nur von untergeordneter Bedeutung.

Der Reichstag hat sodann am 26. 2. 97 in zweiter Lesung und am 8. 3. 97 in dritter Lesung den unveränderten Kommissionsentwurf nebst einer Resolution (§ 2 A. 3) im ganzen angenommen.

Vom Bundesrat wurde die unveränderte Annahme am 18. 3. 97 beschlossen. Das Gesetz ist veröffentlicht in der

---

[1]) Hier angeführt nach der Ausgabe Berlin, Verlag von J. Guttentag 1897.

am 3. 4. 97 in Berlin ausgegebenen Nr. 15 des RGBl. Eine neue Bekanntmachung des Textes erfolgte auf Grund des § 2 des Reichsgesetzes 17. 5. 98 unter dem 20. 5. 98 in Nr. 25 des RGBl. Geändert sind dabei lediglich Verweisungen auf andere, inzwischen abgeänderte Gesetze.

Die Reichsgrundbuchordnung ist mit dem 1. 1. 1900 für das ganze Reichsgebiet in Kraft getreten, aber nur mit der in § 82 festgesetzten Maßgabe, daß sie in jedem Grundbuchbezirke erst in dem Zeitpunkte im vollen Umfange in Kraft tritt, in welchem das Grundbuch als angelegt anzusehen ist (§ 82 [1] mit a. 186, 189 EG.BGB.).

Direkte Abänderungen erfuhr sie durch Reichsgesetz 14. 7. 05 (RGBl. S. 707) und die Verordnung über das Erbbaurecht 15. 1. 19 (RGBl. S. 72) [1]).

Charakteristisch für die Grundbuchordnung ist, daß sie die Rechtseinheit auf dem Gebiet des formellen Grundbuchrechts nur in beschränktem Maße erstrebt und erreicht hat. Es sollte in das Landesrecht nicht tiefer eingegriffen werden, als es das Bedürfnis, dem materiellen Reichsrecht die formelle Grundlage zu sichern, erforderlich machte. Dementsprechend sind den bereits im EG.BGB. zugunsten des Landesrechts gemachten durch § 83 mit der Modifikation des § 84 auf das Grundbuchwesen erstreckten Vorbehalten weitere Vorbehalte hinzugetreten. Die Verfassung der Grundbuchämter ist Sache des Landesrechts, die Einrichtung der Grundbücher den Anordnungen der Landesjustizverwaltung überlassen (§§ 1, 2), und sind auf diesem Gebiete nur einzelne reichsrechtliche Bestimmungen (§§ 2—12) gegeben. In einzelnen anderen Punkten ist der Landes-

[1]) Auch andere Gesetze haben das Grundbuchrecht beeinflußt. Vgl. namentlich GBO. § 28 A. 6.

gesetzgebung (§§ 98—102, EG.BGB. a. 187, 188) der landesherrlichen Verordnung (§§ 2 ², 85—87, 90—92, EG.BGB. a. 186) und den Anordnungen der Landesjustizverwaltung (§§ 1 ², 93—97) ein näher begrenzter Spielraum gewährt. Im übrigen gilt aber nach § 82 ² der Satz, daß die das Grundbuchwesen betreffenden Vorschriften der Landesgesetze außer Kraft treten.

Den Kernpunkt des Gesetzes bildet der zweite Abschnitt (§§ 13—55), welcher die Eintragungen in das Grundbuch behandelt und insbesondere den Antrag bzw. das Ersuchen, die Bewilligung und die sonstigen Voraussetzungen der Eintragungen, die Eintragungen selbst, ihre Berichtigung und die Benachrichtigung der Beteiligten regelt. Daran schließt sich der dritte Abschnitt (§§ 56—70), welcher die über die Grundstückspfandrechte zu bildenden Briefe betrifft. Ein vierter Abschnitt (§§ 71—81) ordnet das Rechtsmittel der Beschwerde und weiteren Beschwerde. Der einleitende Abschnitt (§§ 1—12) enthält die Vorschriften über die Verfassung der Grundbuchämter und die Einrichtung der Grundbücher, während der letzte Abschnitt (§§ 82—102), abgesehen von der Bestimmung über das Inkrafttreten des Gesetzes, nur das Verhältnis zum Landesrecht zum Gegenstande hat.

Die reichsrechtliche Ordnung konnte sich nicht direkt an eine der bestehenden Grundbuchgesetzgebungen anschließen, da sie sich in erster Linie ganz dem Liegenschaftsrechte des BGB. unterzuordnen hatte. Gleichwohl läßt sich nicht verkennen, daß für das Gesetz in vielen Punkten die bereits bestehenden Grundbuchgesetze, und zwar in erster Linie die preußische Grundbuchordnung, vorbildlich gewesen ist. Es handelt sich sachlich nicht um eine Neuschaffung, sondern nur um eine veränderte Ordnung des Bestehenden.

Die neue Grundbuchordnung hat in allen wesentlichen Fragen die bisherigen Grundsätze übernommen bzw. als Voraussetzung angenommen. Es konnte darüber von vornherein deshalb kein Zweifel sein, weil die wichtigsten dieser Grundsätze (Spezialität, Publizität, Konsens- und Antragprinzip) schon in dem BGB. selbst ausgesprochen oder vorausgesetzt sind.

Technisch sind der pr. GBO. gegenüber erhebliche Fortschritte gemacht, namentlich ist die Kasuistik vielfach durch Generalregeln ersetzt.

Für den preußischen Staat dient zur Ergänzung der Reichsgrundbuchordnung zunächst das Ausführungsgesetz zur GBO. 26. 9. 99. Der Entwurf mit Begründung wurde am 12. 4. 99 dem Hause der Abgeordneten übersandt, in erster Lesung 24. 4. 99 der 15. Kommission überwiesen, welche die Beratung am 17. 6. 99 beendete. Ein neuer Artikel ist eingefügt. Acht Artikel wurden geändert. Die Annahme in 2. und 3. Lesung erfolgte mit einer ganz geringfügigen Änderung.

Das Herrenhaus hat den Entwurf nach Beratung durch die verstärkte IV. Kommission unverändert angenommen. Das Gesetz ist veröffentlicht in der am 10. 10. 99 in Berlin ausgegebenen Nr. 31 der Gesetzsammlung.

Das Ausführungsgesetz trat mit einer Modifikation bezüglich der Bergwerke gleichzeitig mit der GBO. in Kraft (a. 33). Sein a. 18 ist inzwischen geändert.

Das Gesetz hat sich grundsätzlich darauf beschränkt, nur diejenigen der Landesgesetzgebung vorbehaltenen Fragen zu regeln, welche in der preußischen GBO. und den dazu ergangenen Einführungsgesetzen geregelt waren, also davon abgesehen, die in Sondergesetzen enthaltenen grundbuchrechtlichen Vorschriften in sich aufzunehmen (vgl. aber a. 30, 31).

Das Gesetz zerfällt nach seinem sachlichen Inhalt in fünf Abschnitte: Grundbuchämter und Grundbuchbeamte (a. 1—9), Vorschriften für die Eintragungen, zunächst bei Grundstücken (a. 10—21), Vorschriften für Bergwerke und Gerechtigkeiten (a. 22—28), Abänderung und Aufhebung bestehender Gesetze (a. 29—32), Inkrafttreten (a. 33).

Eine zweite Ergänzung bietet die Königliche Verordnung, betreffend das Grundbuchwesen, 13. 11. 99, sie hat zum Hauptgegenstand die Anlegung der Grundbücher bzw. Grundbuchblätter. Sie ist in den a. 15, 18, 28, 35a abgeändert.

Auf Grund des a. 35 dieser VO. ergingen dann noch die VO., betreffend die Anlegung der Grundbücher im Gebiete des vormaligen Herzogtums Nassau, 11. 12. 99[1]), und die VO., betreffend die Anlegung des Grundbuchs für die Insel Helgoland, 10. 4. 1900.

Den Abschluß dieser allgemeinen Ordnung des preußischen Grundbuchwesens bildet die inzwischen mehrfach abgeänderte Allgemeine Verfügung des Justizministers zur Ausführung der GBO. 20. 11. 99. Die Verfügung zerfällt in vier Abschnitte, von denen der erste hauptsächlich die Grundbücher, der zweite die Grundakten und der dritte die Briefe betrifft, während der vierte (Schlußbestimmungen) für einige besondere Arten von Grundstücken Bestimmungen trifft. Als Anlagen sind die probe-

[1]) Änderungen durch VO. 18. 3. 14 a. 2.

weise ausgefüllten Formulare für die Grundbuchblätter und Briefe beigegeben.

EG.BGB. a. 112 ermöglichte die Fortdauer besonderer landesrechtlicher Gestaltung des Grundbuchwesens für die Eisenbahnen. In Preußen ist das Gesetz 19. 8. 95, nachdem es bereits eine geringe Änderung durch a. 31 pr. AG.GBO. erfahren hatte, durch das Gesetz 11. 6. 02 (neue F. durch Bek. 8. 7. 02) in erheblicher Weise geändert. Eine Ergänzung gab die AllgVf. 11. 11. 02, welcher das Formular für das Bahngrundbuch beigefügt ist.

I. Grundbuchordnung[1]).

Vom 24. März 1897 i. d. F. der Bek. 20. 5. 1898 (RGBl. S. 754–770).

[1]) Entsprechende Anwendung auf pr. Bahngrundbücher BahnG. § 9. — Die allg. Vorschriften des Reichsgesetzes über die freiwillige Gerichtsbarkeit finden in GB.Sachen keine unmittelbare reichsrechtliche Anwendung, da sie sich nur auf Angelegenheiten beziehen, die durch Reichsgesetze den Gerichten übertragen sind. Aber pr. AG. a. 1 A. 1.

Erster Abschnitt.

Allgemeine Vorschriften.

Grundbuchämter. Einrichtung der Grundbücher.

§ 1. Die Grundbücher werden von den Grundbuchämtern[1]) geführt.

Die Einrichtung der Bücher[2]) bestimmt sich nach den Anordnungen der Landesjustizverwaltung[3]), soweit sie nicht in diesem Gesetze geregelt[4]) ist[5]).

I 1[1], 16, II 1. M. 26, 47; D. 2, 3.

[1]) Die Verfassung der nach Reichsrecht mit der Führung des GB. zu betrauenden GB.Ämter regelt die Landesgesetzgebung. Diese kann entweder das Amtsgericht im ganzen oder eine seiner Abteilungen zum GBA. bestimmen oder das GBA. als selbständige Staats- oder Gemeindebehörde einrichten oder mit einer anderen Staats- oder Gemeindebehörde vereinigen. Vgl. für letzteren Fall insbesondere § 100. Abgesehen von Baden, den beiden Mecklenburg und Württemberg, die aber auch Übertragung grundbuchamtlicher Funktionen auf die Amtsgerichte

kennen, sind überall nach Landesrecht die Amtsgerichte zugleich Grundbuchämter. Für Pr. pr. AG. a. 1. Die Landesgesetzgebung bestimmt auch, ob die Verrichtungen des GBA. durch einen oder mehrere Beamte wahrzunehmen und ob und inwieweit im letzteren Falle eine Teilung der Funktionen oder gemeinschaftliche Bearbeitung eintreten soll. In Pr. sind bei jedem Amtsgericht ein oder mehrere Richter und Gerichtsschreiber mit der Führung des Grundbuchs beauftragt (pr. AG. a. 1 A. 1). Über ihre Funktionen pr. AG. a. 4—7. Das Landesgesetz hat ferner die örtliche Zuständigkeit des GBA. (§ 3 A. 3) die Entscheidung der Zuständigkeitsstreitigkeiten, sowie die Folgen der Unzuständigkeit zu regeln. Für Pr. AG. a. 1—3. Außerdem fällt dem Landesrecht anheim, die Erlangung der Fähigkeit zum GB.Beamten, sowie die gesamten Dienstverhältnisse derselben zu bestimmen. Für Pr. AG. a. 1 A. 1. Auch die Ausschließung und Ablehnung der GB.Beamten untersteht der Landesgesetzgebung. Vgl. aber §§ 10 und 81. Für Pr. AG. a. 1 A. 1. Über die Haftung der GB.Beamten § 12. Für Pr. § 12 A. 7. Das Landesrecht bestimmt auch über die Dienstaufsicht in GB.Sachen einschließlich der im Aufsichtswege zu erledigenden Beschwerden über Verzögerungen und sonstige Ordnungswidrigkeiten. Für Pr. AG. a. 1 A. 1. Dagegen ist für die sachlichen Beschwerden Instanzenzug und Verfahren in den §§ 71—81, 100 und 101 dieses Gesetzes geordnet. Dazu die Befugnis zum sachlichen Einschreiten des Amtsgerichts nach § 101.

[2]) Für die Einrichtung des GB. enthalten Bestimmungen die §§ 2—9, 85—92, 95, 96. Sache der Landesjustizverwaltung ist es insbesondere, ein Formular für die GBBl. und die Form der einzelnen Eintragungen zu bestimmen. Vgl. aber §§ 45ff. Der Inhalt kann über das Reichsrecht hinaus erweitert werden. Für Pr. AllgVf. §§ 1ff. Das Verfahren, in welchem die Anlegung erfolgt, bestimmt landesherrliche VO. (EG.BGB. a. 186[1]). Für Pr. VO. a. 5ff., 15, 16ff.

[3]) Pr. AG. a. 29. — Für die besonderen pr. BahnGB. BahnG. §§ 8, 10[1].

4) Der Bestimmung des Landrechts bleiben auch die in der GBO. nicht geregelten allgemeinen Grundsätze des Verfahrens vorbehalten, insbesondere die Form der Entscheidungen Protokolle, Zeugnisse über die Eintragungen, Zustellungen, die gesamte Bureauverwaltung, insbesondere die Anlegung und Behandlung der Grundakten, das Verhältnis des Grundbuchs zum Kataster und Flurbuch und das Kostenwesen (EFG. 10[155], K. 43[248]). (Materielle Bestimmungen in BGB. §§ 449, 897.) – Für Pr. AllgVf. (IV) und die AG. a. 1 A. 1 aufgeführten Bestimmungen, sowie AllgVf. 25. 3. 19 betr. das Erbbaurecht zu AllgVf. §§ 2, 8, 11.

5) 2. Die beim Grundstückserwerb zu erhebende Steuer regelt RG. 12. 9. 19 (RGBl. S. 1617). Dazu VO. 19. 2. 23 (RGBl. I S. 153). Sonst war das Stempel- und Steuerwesen zunächst Landessache (EFG. 10[155]). Für Pr. Stempelsteuerg. i. d. F. d. Bek. 30. 6. 09 (GS. S. 535) nebst G. 14. 1. 21 (GS. S. 117), 20. 3. 23 (GS. S. 71), 25. 7. 23 (GS. S. 341), ferner VO. 10. 9. 23 (GS. S. 431), 8. 10. 23 (GS. S. 466), 27. 10. 23 (GS. S. 426), AllgVf. 28. 2. 21 (JM. S. 129), 7. 4. 23 (JM. S. 316). Dazu aber Reichsstempelg. i. d. F. d. Bek. 22. 7. 09 (RGBl. S. 833) mit verschiedenen Abänderungen z. B. RG. 30. 5. 17 (RGBl. S. 297), 26. 7. 18 (RGBl. S. 799) und Reichszuwachssteuerg. 14. 2. 11 (RGBl. S. 33), Abdruck JM. S. 120, dazu AusfBestimmungen 27. 3. 11 (Zentralbl. S. 79). Die Zuwachssteuer ist aber infolge Berücksichtigung der Geldentwertung unpraktisch. Vgl. RG. 19. 6. 23 (RGBl. I S. 494) § 16. Für Pr. AllgVf. 6. 7. 09 (JM. S. 239), G. 28. 5. 13 (NVP. GS. S. 271), AllgVf. 25. 9. 14 (JM. S. 724), 14. 10. 18 (S. 404), 16. 1. 19 (S. 281) betr. Stempel- u. Gebührenbefreiung bei Ansiedelungen. Befreiungen bei Heimstätten RG. 10. 5. 20 § 36 (RGBl. S. 962), bei Notopferhyp. RG. 31. 12. 19 (F. 6. 7. 21, RGBl. S. 822) §§ 36[5], 36[b]. Vgl. auch Pr. AllgVf. 28. 2. 19 (JM. S. 65), 3. 7. 19 (JM. S. 363), 2. 8. 22 (JM. S. 312), 27. 3. 23 (JM. S. 299).

Bezirke. Bezeichnung der Grundstücke.

§ 2. Die Grundbücher sind für Bezirke einzurichten[1]). Die Bezeichnung der Grundstücke[2]) erfolgt in den Büchern[3]) nach einem amtlichen Verzeichnis, in welchem die Grundstücke unter Nummern oder Buchstaben aufgeführt sind[4]). Die Einrichtung des Verzeichnisses wird durch landesherrliche Verordnung bestimmt[5]).

I 5[1], 7, II 2. M. 30, 34; D. 3.

[1]) D. h. dem GBA. ist ein bestimmter örtlicher Bezirk zu überweisen und dieser kann wieder in mehrere örtliche Bezirke geteilt werden, welche sich mit politischen Bezirken decken können aber nicht zu decken brauchen, übrigens auch nur ein einziges Grundstück enthalten können. Für Pr. AG. a. 1. Für jeden Bezirk ist dann das GB. als GB. dieses Bezirks in einem oder mehreren Bänden einzurichten. Für Pr. AllgVf. § 1[1]. Eine Ausnahme in § 85. Jeder Band enthält eines oder mehrere Grundbuchblätter (Grundbuchhefte), welche entweder nach § 3 oder nach § 4 eingerichtet werden, in jedem Falle aber wohl aus mehreren Papierblättern bestehen. Für Pr. AllgVf. §§ 5 ff. bis § 59[2].

[2]) Denen das Landesrecht überall die Bergwerke und die auf Grund der Vorbehalte im EG.BGB. nach Landesrecht bestehen bleibenden selbständigen Gerechtigkeiten gleichstellen kann. § 83 A. 1. Für Pr. AG. a. 22–28, AllgVf. §§ 22 ff. Wegen des Erbbaurechts und anderer selbständiger Rechte zu § 7.

[3]) Und zwar überall, wo das Grundstück aufzuführen ist EK. 35[242].

[4]) Zulässig ist, die Grundstücke zunächst in gewisse Gruppen zu zerlegen und für jede Gruppe eine besondere fortlaufende Nummern- oder Buchstabenreihe zu bilden. Für Pr. AllgVf. §§ 1, 2. Für die Umgestaltung der bisherigen GB. § 89. Abschreibung und Umbuchung bzw. Ausbuchung (§ 90) versehentlich aufgenommener Grundstücke ohne Auflassung, K. 21[144].

[5]) Der Reichstag hat bei Verabschiedung der GBO. eine Resolution angenommen: „Die verbündeten Regierungen zu ersuchen, dahin zu wirken, daß bei der Neuanlage von GB. das Verzeichnis auf eine Flurkarte gestützt sein müsse, in welcher die Grundstücke mit denselben Nummern oder Buchstaben bezeichnet sind, wie in dem Verzeichnisse." Es bleibt also der landesherrl. VO. überlassen, das Verzeichnis (Flurbuch, Lagerbuch, Fundbuch, Meßregister) mit der Flurkarte zu verbinden oder nicht. Für Pr. VO. a. 2, AllgVf. §§ 3, 29, 30. Sie bzw. die Justizverwaltung (GBO. § 1[2]) hat auch zu bestimmen, inwieweit das Verzeichnis und das GB. Angaben über Lage und Größe der Grundstücke enthalten sollen und wie diese Angaben erforderlichenfalls zu berichtigen sind. Für Pr. AllgVf. §§ 3, 29 u. A. Der Rechtsschein des GB. (BGB. § 892) erstreckt sich auf diese Angaben nicht. Wegen der Eintragung des Verwendungszwecks (Schulland) EK. 31^{230}, der Rittergutseigenschaft EK. 31^{231}. Wirkung der Nichtmitübertragung eines Rechts oder einer Parzelle vom alten auf das neue Titelblatt oder Bestandsverzeichnis, EKG. $43^{117, 122}$. — § 96.

Grundbuchblatt.

§ 3. Jedes[1]) Grundstück erhält[2]) im Grundbuch[3]) eine[4]) besondere Stelle (Grundbuchblatt)[5]). Das Grundbuchblatt ist für das Grundstück als das Grundbuch im Sinne des Bürgerlichen Gesetzbuchs anzusehen[6]).

I 6[1], II 3. M. 32; D. 4, 6.

[1]) Ausnahme § 90. — Pr. Bahneinheiten BahnG. §§ 1—4 10, 55.

[2]) Ohne Antrag. Überall, wo GB. noch nicht bestehen, sind sie nach Anordnung der Landesjustizverwaltung (§ 2 Abs. 2) allgemein anzulegen, pr. VO. a. 5. Wegen nachträglicher Anlegung § 91, wegen Wiederherstellung § 92. — Bezüglich der BahnGB. BahnG. § 8.

³) Des zuständigen GBA., pr. AG. a. 1 ff. Liegt das Grundstück in mehreren GBA.Bezirken, so bestimmt das Landesrecht, welches GBA. zuständig ist, und ob etwa bei den anderen GBA. ein Verweisungsblatt zu führen ist. Für Pr. AG. a. 2.

⁴) Bestehen bereits mehrere Bücher für ein Grundstück, so können sie beibehalten werden, § 87. Im übrigen kann doppelte Buchung nur infolge Irrtums vorkommen. Beseitigung nach Landesrecht, ebenso Schließung des Blattes für ein z. B. durch Stromveränderungen abhanden gekommenes Grundstück. — Liegt das Grundstück in mehreren Bezirken desselben GBA. (§ 2 Abs. 1), so ist doch nur ein GBBl. einzurichten.

⁵) Reichsrechtliche Regel ist also, daß jedes für sich bestehende Grundstück (BGB. §§ 90, 890) ein besonderes GBBl. (§ 2 A. 1) enthält, welches alle auf dieses Grundstück bezüglichen Eintragungen aufnimmt, auch ein etwaiges auf dem Grundstück lastendes Erbbaurecht (zu § 7) und andere selbständige Gerechtigkeiten (§ 84, für hann. Salzabbaurechte pr. G. 4. 8. 04 § 5), sowie die subjektiv-dinglichen Rechte, welche mit dem Grundstück verbunden sind (§ 7). § 4 gestattet aber auch ein GBBl. für mehrere Grundstücke. Das pr. Formular (§ 5 AllgVf.) ist für beide Fälle eingerichtet. Über Eigentümerverzeichnis pr. Geschäftsanw. f. d. Amtsgerichte § 50, pr. AG. a. 1 A. 1c. Für Vereinigung von Grundstücken § 5. Wird ein Teil des Grundstücks veräußert (dazu EG.BGB. a. 119 Nr. 2), so muß der Bestand mit der gesamten Belastung (Ausnahme EG.BGB. a. 120, 121) auch dem Abschreibungsvermerk bezüglich eines Salzabbaurechts (pr. AllgVf. 26. 8. 1904 § 4) abgeschrieben und ein besonderes GBBl. gebildet werden (§ 49). Für Pr. AllgVf. § 30. Für Belastungen eines Teils § 6. §§ 88 Satz 1, 96. — Für Bahneinheiten BahnG. § 8. Wegen Vermerks der Zugehörigkeit des Grundstücks zu einer Bahneinheit BahnG. § 15.

⁶) D. h. überall, wo in dem BGB. in bezug auf ein Grundstück von dem GB. die Rede ist (z. B. § 873), ist darunter ausschließlich das dieses Grundstück betreffende GBBl. zu verstehen (§ 88 aE.).

Gemeinschaftliches Blatt.

§ 4. Über mehrere Grundstücke desselben[1]) Eigentümers[2]), die im Bezirke desselben[3]) Grundbuchamts[4]) belegen sind, kann ein gemeinschaftliches Grundbuchblatt[5]) geführt werden, solange hiervon Verwirrung nicht zu besorgen ist[6])[7]).

I 6², II 4 M. 32; D. 5.

[1]) Ausnahme für die bisherigen GB. § 87.

[2]) Oder derselben Miteigentümer, auch bei Gesamtgut. — BGB. § 1438. — Kein gemeinsch. Bl. für Grundstücke verschiedener Eigentümer, auch nicht bei Bergwerken (pr. AG. a. 22, 23) EK. 30, 180.

[3]) Ausnahme § 86.

[4]) Wenn auch in verschiedenen Bezirken im Sinne des § 2¹, pr. AllgVf. § 1².

[5]) Man nennt ein solches GBBl. wohl Personalfolium. In Wirklichkeit handelt es sich aber auch hier im Gegensatz zu älteren Personalfolien nur um Realrechte und um Realhaftung. Das Prinzip der Spezialität wird streng durchgeführt. Aus jeder Eintragung (auch der Verteilung nach ZPO. § 867², EFG. 11²³³) muß deutlich ersichtlich sein, auf welche der mehreren Grundstücke, die völlig selbständig bleiben (EBay. 8⁵²⁹), sie sich bezieht.

[6]) Pr. AllgVf. § 3 A. 5, § 7 A. 2. — Vgl. §§ 5, 6. Beschwerde EK. 23²²¹. — Verschiedene Belastung begründen nicht immer Besorgnis der Verwirrung. Aufhebung bei Wegfall der Voraussetzungen oder aus Zweckmäßigkeit, auch ohne Antrag, EK. 50¹²⁸. — Bei Veräußerung eines einzelnen Grundstücks Übertragung mit allen bezüglichen noch gültigen Eintragungen auf ein neu anzulegendes oder bereits für den neuen Erwerber bestehendes gemeinschaftliches GBBl., pr. AllgVf. § 8², ebenso bei Aufgabe des Eigentums (EK. 51¹⁹⁸).

[7]) Für Bahneinheiten BahnG. § 10², BahnVf. § 8.

Zuschreibung und Vereinigung.

§ 5. Ein Grundstück[1]) soll nur dann einem anderen Grundstück[2]) als Bestandteil zugeschrieben oder mit ihm vereinigt werden[3]), wenn hiervon Verwirrung nicht zu besorgen ist[4])[5])[6]).

II 5. D. 6.

[1]) Nicht aber ein ideeller Anteil an einem solchen, z. B. das Miteigentum an einem Hofe oder einer Einfahrt, EFG. 4^{230}. — Entsprechende Anwendung auf Erbbaurecht zu § 7 A. 3, auf andere Liegenschaften pr. AG.GBO. a. 52. Einschränkung für Kohlenabbaugerechtigkeiten in pr. AG.BGB. a. 38 § 7. — Bahneinheiten BahnG. $§ 10^{2}$, BahnVf. § 9.

[2]) Das auch in dem Bezirk eines anderen GBA. liegen kann.

[3]) Nur auf Antrag, ebenso die Wiederaufhebung, BGB. § 890, EK. 31^{239}, Bay. 14^{343}. Vereinigung ohne Antrag macht das GB. unrichtig, EK. 49^{235}. Die Förderung bei wirtschaftl. Einheiten erstreben pr. AllgVf. 14. 3. 12 (JM. S. 125), 31. 3. 19 (S. 67), 6. 4. 23 (S. 318). Hypothekengläubiger kommen nicht in Betracht EFG. 6^{247}, auch für Zuschreibung nicht, EFG. 12^{156}. — BGB. §§ 93, 1131, Ausnahmen in EG.BGB. a. 119 Nr. 3. Zuständigkeit nach Landesgesetz, pr. AG. a. 2 und 3. — Zur Zuschreibung als Bestandteil genügen nicht die Anträge auf Vereinigung oder Anlegung eines gemeinschaftlichen GBBl., EK. 30^{190}. Zustimmung des Ausgebers zu Vereinigungen und Zuschreibungen bei Heimstätten RG. 10. 5. 20 (RGBl. S. 962).

[4]) Nach dem Ermessen der GBA., §§ 4, 6. Daß die Grundstücke im Flurbuch besondere Nummern haben, schadet nicht. Verschiedenheit der Belastung steht nicht schlechthin entgegen, EBay. 10^{632}.

[5]) Wegen BGB. § 873 muß bei Übergang in den Bezirk eines anderen GBA. während der Verhandlung über die Zuschreibung bei dem bisherigen GBA. ein nach der Übernahme zu schließendes besonderes GBBl. für das zuzuschreibende Grundstück angelegt werden. — Pr. AllgVf. $§ 8^{3}$ Nr. 2.

[8]) Keine Beschwerde zur Beseitigung bereits bewirkter Zuschreibung oder Vereinigung, kein Beschwerderecht der Pfandgläubiger der Einzelgrundstücke gegen die Zuschreibung EJG. 6[247], wohl aber des Gläubigers einer Gesamthypothek gegen die Ablehnung des Antrages des Eigentümers auf Zuschreibung des einen belasteten Grundstückes als Bestandteil zu dem andern, EK. 30[178].

Belastung eines Grundstücksteils.

§ 6. Soll ein Grundstücksteil[1]) mit einem Rechte[2]) belastet werden[3]), so ist er von dem Grundstück abzuschreiben und als selbständiges Grundstück einzutragen[4]). Ist das Recht eine Dienstbarkeit[5]) oder eine Reallast[6]), so kann die Abschreibung unterbleiben, wenn hiervon Verwirrung nicht zu besorgen ist[7])[8]).

I 26[1], II 6. M. 61; D. 7.

[1]) D. h. ein durch gedachte vertikale Linien abgegrenzter Teil der Fläche bzw. des Raumes eines Grundstücks bzw. eines von mehreren vereinigten (§ 5) Grundstücken (EBay. 1[227]). Horizontal abgegrenzte Teile des Grundstückraumes sind keine Grundstücksteile. Anzuwenden, wenn durch Separation mehrere Abfindungsstücke an die Stelle des Grundstücks getreten sind, EK. 23[141]. Auf ideelle Anteile (Bruchteile eines Grundstücks im Sinne des BGB. § 1114) nicht anzuwenden (ZPO. § 864[2]), auch nicht auf Belastungen des ganzen Grundstücks mit einem der Ausübung nach auf einen bestimmten Teil beschränkten Recht, z. B. Vorkaufsrecht, EJG. 2[104], Grunddienstbarkeit, EJG. 8[140], 15[323], Erbbaurecht, EJG. 9[56]. — Die Vorschrift ist zwar zwingend, aber nur Ordnungsvorschrift. Zuwiderhandlung begründet nicht Unwirksamkeit, EBay. 10[305], R. 101[120]. — Gleiches muß gelten, wenn sich ergibt, daß ein vermeintlicher Grundstücksteil dem Eigentümer nicht gehört, ER. 78[375].

[2]) Ausnahmen im Satz 2.

[3]) Im allgemeinen zulässig. BGB. § 93 steht nicht entgegen. — Auch Teilentlastungen fallen unter § 6 S. 1 (EJG.

1[208]), dagegen nicht Vormerkungen zur Erhaltung des Rechts auf Auflassung eines Teils, die sich nicht als Belastungen, sondern nur als Verfügungsbeschränkungen darstellen, bei denen auch katastermäßige Abschreibung nicht erforderlich, wenn nur aus der Bezeichnung sich Lage und Größe in einer dem Verkehrsbedürfnisse entsprechenden Weise ergibt (EFG. 1[158], K. 20[80], 29[135]).

[4]) Doch kann gemäß § 5 das bisherige GBBl. als ein gemeinschaftliches Blatt für das alte und das neue Grundstück verwendet werden. — § 3 A. 5. — Pr. AllgVf. § 8[3] Nr. 4.

[5]) Grunddienstbarkeit (BGB. §§ 1018 ff.), Nießbrauch (BGB. §§ 1030 ff.), beschränkte persönliche Dienstbarkeit (BGB. §§ 1090 ff.)

[6]) BGB. §§ 1105 ff., z. B. Altenteile, nicht aber Rentenschulden im Sinne des BGB. § 1199.

[7]) Nach dem Ermessen des GBA. — §§ 4, 5. — Pr. AllgVf. § 30[2].   [8]) § 96.

Erbbaurecht.

§ 7 ist für die Zeit vom 22. 1. 19 ab ersetzt durch folgende Bestimmungen der VO. v. 15. 1. 19 (Einl. S. 14):

II. Grundbuchvorschriften.

§ 14. Für das Erbbaurecht[1]) wird bei der Eintragung[2]) in das Grundbuch von Amts wegen ein besonderes Grundbuchblatt (Erbbaugrundbuch) angelegt[3]). Im Erbbaugrundbuch soll auch der Eigentümer und jeder spätere Erwerber des Grundstücks vermerkt werden. Bei der Eintragung im Grundbuch des Grundstücks ist zur näheren Bezeichnung des Inhalts des Erbbaurechts auf das Erbbaugrundbuch Bezug zu nehmen.

Das Erbbaugrundbuch ist für das Erbbaurecht das Grundbuch im Sinne des Bürgerlichen Gesetzbuchs. Die Eintragung eines neuen Erbbauberechtigten ist unverzüglich auf dem Blatte des Grundstücks zu vermerken[4]).

§ 15. In den Fällen des § 5 darf der Rechtsübergang und die Belastung erst eingetragen werden, wenn dem Grundbuchamte die Zustimmung des Grundstückseigentümers nachgewiesen ist.

§ 16. Bei der Löschung des Erbbaurechts wird das Erbbaugrundbuch von Amts wegen geschlossen.

§ 17. Jede Eintragung in das Erbbaugrundbuch soll auch dem Grundstückseigentümer, die Eintragung von Verfügungsbeschränkungen des Erbbauberechtigten den im Erbbaugrundbuch eingetragenen dinglich Berechtigten bekanntgemacht werden.

Dem Erbbauberechtigten soll die Eintragung eines Grundstückseigentümers, die Eintragung von Verfügungsbeschränkungen des Grundstückseigentümers sowie die Eintragung eines Widerspruchs gegen die Eintragung des Eigentümers in das Grundbuch des Grundstücks bekanntgemacht werden.

Auf die Bekanntmachung kann verzichtet werden.

Nach § 38 dieser VO. bleiben für die Erbbaurechte, die schon am 22. 1. 19 bestanden, die bisherigen Gesetze, also auch GBO. § 7, in Kraft.

§ 7 lautet: Ist auf dem Blatte eines Grundstücks ein Erbbaurecht eingetragen, so ist auf Antrag für dieses Recht ein besonderes Grundbuchblatt anzulegen. Die Anlegung erfolgt von Amts wegen, wenn das Recht veräußert oder belastet werden soll.

Die Anlegung wird auf dem Blatte des Grundstücks vermerkt.

[1]) Jetzt an Stelle der BGB. §§ 1012ff. eingehend geregelt durch die genannte VO. Entsprechende Anwendungen in § 84.

[2]) § 3 A. 5. Eintragung auf Grund der zur Entstehung erforderlichen Einigung (BGB. § 873, notwend. Inhalt EFG. 17[137]) erfolgt also zunächst auf dem GBBl. des Grundstücks. Erbbaurecht kann nur zu erster Rangstelle bestellt werden, VO. § 10. Ausnahme nach pr. VO. 30. 4. 19 (GS. S. 88). Eintragung der Heimstätteneigenschaft RG. 10. 5. 20 (RGBl. S. 962) § 26.

[3]) Erbbaurecht wird rechtlich wie Grundstückseigentum behandelt (VO. § 11). — Teilung des Erbbaurechts setzt Teilung des Grundstücks und Beschränkung des Rechts auf diesen Teil voraus. Außer Bewilligung der Erbbauberechtigten ist zur Eintragung Zustimmung der Dritten erforderlich, mit deren Rechten

das Erbbaurecht belastet ist, EK. 51[229]. — §§ 20, 22[2]. — Pr. AG. a. 27[2]. [4]) Pr. AllgVf. § 11[2].

Subjektiv-dingliche Rechte.

§ 8. Rechte, die dem jeweiligen Eigentümer eines Grundstücks zustehen[1]), sind auf Antrag auch[2]) auf dem Blatte dieses Grundstücks[3]) zu vermerken[4]). Antragsberechtigt ist der Eigentümer des Grundstücks sowie jeder, dessen Zustimmung nach § 876 Satz 2 des Bürgerlichen Gesetzbuchs zur Aufhebung des Rechtes erforderlich ist[5]).

Der Vermerk ist von Amts wegen[6]) zu berichtigen, wenn das Recht geändert oder aufgehoben wird[7]).

I 8. D. 8.

[1]) Insbesondere Grunddienstbarkeiten stets (BGB. § 1018), unter Umständen auch Vorkaufsrechte (BGB. §§ 1094[2], 1103[1]) und Reallasten (BGB. §§ 1105[2], 1110), insbesondere Renten nach pr. AG. a. 20 Nr. 1, in Pr. verliehene Wasserrechte und Zwangsbenutzungsrechte (pr. WasserG. 7. 4. 13 §§ 81[2], 340[7]), ferner noch bestehende Realgewerberechte, EGr. 53[1166]. — Pr. AG. a. 12[2] Nr. 2. Über subjektiv-dingliche Fischereigerechtigkeiten EK. 34[218], 43[118].

[2]) Sie werden bei Bestellung zunächst auf dem GBBl. des belasteten Grundstücks eingetragen (BGB. § 873 mit § 3 A. 5). Für Eintragungen aus älterer Zeit EK. 43[121].

[3]) Sie sind (nicht wesentliche) Bestandteile (BGB. § 96), die nicht nur durch seine Veräußerung, sondern auch durch seine Belastung ergriffen werden.

[4]) Folge § 21. EBay. 9[301]. Daß der Vermerk erfolgt ist, muß auch aus dem GBBl. des belasteten Grundstücks ersichtlich sein. Bei Löschung des Rechts Berichtigung des Vermerks EK. 23[229]. — Pr. AllgVf. §§ 9, 25[1] Nr. 2. — Die entsprechende Last wird zunächst auf dem dienenden Grundstück eingetragen, EK. 25[142].

[5]) Bei Grunddienstbarkeiten sind auch die Pfandgläubiger des herrschenden Grundstücks antragsberechtigt.

[6]) Anregung gibt die Eintragung der Änderung oder Aufhebung auf dem GBBl. des belasteten Grundstücks.

[7]) BGB. §§ 876, 877. — Verzicht auf ein dem Eigentümer zustehendes gesetzliches Vorkaufsrecht ist nicht eintragungsfähig, EK. 25[142].

Aufbewahrung von Urkunden.

§ 9. Urkunden, auf die eine Eintragung sich gründet[1]) oder Bezug nimmt[2]), sind von dem Grundbuchamt aufzubewahren[3]). Die Herausgabe einer solchen Urkunde darf nur erfolgen, wenn statt der Urkunde eine beglaubigte Abschrift aufbewahrt wird[4]).

Ist über das einer Eintragungsbewilligung zugrunde liegende Rechtsgeschäft[5]) eine Urkunde errichtet, so können[6]) die Beteiligten die Urkunde[7]) oder eine beglaubigte Abschrift dem Grundbuchamte zur Aufbewahrung übergeben[8]).

I 14, II 9. M. 43; D. 8.

[1]) § 29, BGB. §§ 873 ff., 925 ff., 1015, 1154, 1155.

[2]) BGB. §§ 874, 885[2], 1115[1], § 50, pr. BO. a. 9. — EBay. 1[815], K. 47[206].

[3]) Unzulässig Verweisung auf die Akten einer anderen Behörde EBay. 13[153].

[4]) Ausnahme in § 95. — § 94. — Ist eine Eintragung erfolgt, so geschieht ohne — gegebenenfalls unter — Abschriftnahme Zurückgabe an den Einreicher, EK. 39[162], 44[171]. In Pr. keine Schreib- oder Beglaubigungsgebühr, AllgVf. 12. 9. 12 (JM. S. 311).

[5]) Z. B. den einer Auflassung zugrunde liegenden Kauf (Form BGB. § 313, pr. AG.BGB. a. 12 § 2, Beschl. 26. 3. 07 (JM. S. 353) oder den der Bestellung einer Grundschuld zugrunde liegenden Darlehnsvertrag.

[6]) Bzw. im Falle des § 98 müssen.

[7]) Bei öffentlichen Urkunden die Ausfertigung. [8]) § 31.

Ausschließung der Beamten.

§ 10. Eine Eintragung in das Grundbuch ist nicht aus dem Grunde unwirksam, weil ein Grundbuchbeamter sie bewirkt hat, der von der Mitwirkung bei der Eintragung kraft Gesetzes oder infolge einer Ablehnung ausgeschlossen ist[1]).

Von RTK. neu eingefügter § 9a, KB. zu § 11 a. E.

[1]) EBay. 8[437]. Ausschluß bestimmt sich nach Landesrecht § 1 A. 1, pr. AG. § 1 A. 1a. Auch auf Beschwerdeinstanz (§ 81[2]) anzuwenden.

Einsicht des Grundbuchs. Abschriften.

§ 11. Die Einsicht des Grundbuchs[1]) ist jedem gestattet, der ein berechtigtes[2]) Interesse darlegt[3]). Das gleiche gilt von Urkunden, auf die im Grundbuche zur Ergänzung einer Eintragung Bezug genommen ist[4]), sowie von den noch nicht erledigten Eintragungsanträgen[5]).

Soweit die Einsicht des Grundbuchs, der im Abs. 1 bezeichneten Urkunden und der noch nicht erledigten Eintragungsanträge gestattet ist, kann eine Abschrift gefordert werden; die Abschrift ist auf Verlangen zu beglaubigen[6])[7])[8]).

I 15, II 10. M. 44; D. 9.

[1]) Etwaige Kosten nach Landesrecht (§ 1 A. 3, pr. AG. § 1 A. 1b). — Beschwerde nach § 71, aber nicht für den Eigentümer bezüglich der von einem Dritten beantragten Einsicht, EFG. 14[239]. — Recht auf Auskunftserteilung folgt aus § 11 nicht, EFG. 1[210]. Anders, wenn nur das Nichtvorhandensein einer Eintragung, deren Abschrift beigefügt ist, mitzuteilen ist, EK.

23[214]. Für pr. Behörden folgt das R. auf Auskunftserteilung aus anderen Beistmmungen, EK. 23[214]. Aber § 71 A. 1 a. E. — Wegen der Bezeichnung der Grundstücke EK. 45[199].

[2]) BGB. § 824, StGB. § 193, ZPO. § 76, HGB. § 9[2], FG. § 34. EBay. 6[521]. — „Berechtigtes Interesse" ist weiter als „rechtliches Interesse" (BGB. § 810), insofern ein zugrunde liegendes Rechtsverhältnis nicht vorhanden zu sein braucht. Außer bei dem Eigentümer, sämtlichen auf dem Grundstück eingetragenen Personen und denjenigen, welche ein Recht auf den Erwerb von Eigentum oder sonstigen Rechten an dem Grundstück haben (z. B. im Falle des BGB. § 648), auch bei ernstlichen Reflektanten auf das Grundstück oder ein Recht an ihm anzunehmen, EK. 20[173], Bay. 10[71], [86]. Vertretung zulässig EK. 22[123]. Bei einem auf öffentl. R. beruhenden nichtwirtschaftl. Interesse entscheidet das Landesrecht, EFG. 13[143].

[3]) Glaubhaftmachung (ZPO. § 294) nicht erforderlich; EBay. 17 A[226]. [4]) § 9 A. 2.

[5]) § 17. — Diese sind aber keineswegs im übrigen den in bezug genommenen Urkunden gleichgestellt und gelten nicht gleich diesem im Sinne des BGB. §§ 874, 1115 als Teile des Grundbuchs, ER. 57[285].

[6]) Ob Grundakten gehalten werden sollen, bestimmt die Landesjustizverwaltung. — § 94.

[7]) Für Pr. AG. a. 7[2], pr. AllgVf. §§ 33—36. Unberührt bleibt die auf dem öffentlichen Recht beruhende Befugnis von Behörden und Beamten auf Auskunftserteilung, Einsicht des Grundbuchs und Entnahme von Abschriften, EK. 23[214] (A. 1).

[8]) Erweiterung des Rechts auf Einsicht und Abschriften ermöglicht § 93.

Haftung des Staates.

§ 12. Verletzt[1]) ein Grundbuchbeamter vorsätzlich oder fahrlässig[2]) die ihm obliegende Amtspflicht, so trifft den Beteiligten gegenüber die im § 839 des Bürgerlichen Gesetzbuchs bestimmte Verantwortlichkeit[3]) an Stelle[4]) des

Beamten den Staat oder die Körperschaft[5]), in deren Dienste der Beamte steht[6]). Das Recht des Staates oder der Körperschaft, von dem Beamten Ersatz zu verlangen[7]), bleibt unberührt.

I 4, II 11. M. 30; D. 11.

[1]) Durch Unterlassen oder Tun, z. B. Anfertigung eines falschen Grundschuldbriefes, EK. 66[112]. Über unrichtige Rechtsbelehrung und Ablehnung wegen Ermüdung oder vorgerückter Stunde EGr. 57[1120]. Nichtdurchsicht von Urkunden, EGr. 61[472], Nichtmitteilung sämtlicher möglichen, aber behebbaren Ablehnungsgründe EK. 84[286].

[2]) Jedes Außerachtlassen der in der Ausübung des Amtes erforderlichen Sorgfalt (BGB. § 276), nicht aber ein Verstoß, dem ein subjektives Verschulden nicht zugrunde liegt, z. B. eine unrichtige Ansicht in einer streitigen Rechtsfrage, auch wenn sie im Widerspruch mit einer Entscheidung des Reichsgerichts oder des zuständigen Oberlandesgerichts steht. A. M. EGr. 50[1005], 59[754]. Sehr weit gehen in der Annahme eines Verschuldens EK. 65[98] und 77[243] (zu a. 7 A. 4). — Für die Tätigkeit bei Zwangshypotheken EK. 85[163].

[3]) Die Verletzung durch Eintragung muß nach dem 1. 1. 1900 erfolgt sein, EK. 99[221]. Das Recht auf Ersatz des Schadens ist davon abhängig, daß die Amtspflicht dem Beamten auch gegenüber dem Beschädigten oblag, was bei dem GB. zugunsten aller anzunehmen, die auf die richtige Ausübung der GB.-Tätigkeit angewiesen sind, EK. 66[109], 72[334], 78[244], Gr. 52[698]. Daher auch der spätere Grundstückserwerber, der infolge früherer pflichtwidriger Nichteintragung einer Grunddienstbarkeit diese nicht erwirbt, EK. 72[234]. Über das Verhältnis zur Haftung des Notars EGr. 61[473], R. 81[428]. — A. vor pr. AllgVf. § 1. — Die Folgen des Versehens können unter Umständen gemäß § 54 beseitigt werden. — EK. 57[277], 60[392].

[4]) Jede Inanspruchnahme des GB.Beamten durch Dritte auf Grund des BGB. § 839 entfällt und, soweit § 839 den all-

gemeinen Grundsatz des § 823 BGB. absorbiert, auch die Inanspruchnahme aus § 823. — EG.BGB. a. 77.

[5]) Z. B. der Gemeinde. § 1 A. 1.

[6]) Die Haftung des Staates oder der Körperschaft ist in jeder Hinsicht prinzipal und ohne Rücksicht darauf, ob der Verletzte auf andere Weise Ersatz zu erlangen vermag.

[7]) Bestimmt sich nach dem Dienstverhältnis.

Für Pr. AG. a. 8.

Zweiter Abschnitt.

Eintragungen in das Grundbuch.

I. Antrag.

§ 13. Eine Eintragung[1]) soll, soweit nicht das Gesetz ein anderes vorschreibt[2]), nur auf Antrag[3]) erfolgen. Der Zeitpunkt[4]), in welchem ein Antrag bei dem Grundbuchamt[5]) eingeht, soll auf dem Antrage genau[6]) vermerkt werden.

Antragsberechtigt ist jeder, dessen Recht von der Eintragung betroffen wird[7]) oder zu dessen Gunsten die Eintragung erfolgen soll[8])[9])[10]).

I 19, II 12. M. 51; D. 12.

[1]) Dieser Ausdruck bezieht sich hier und überall in der GBO. wo sich nicht ein anderes ergibt (über die Parallele mit § 55 EFG. 7[51]), auf alle Arten von Einschreibungen in das GB., auch z. B. die Löschung einer Vormerkung, EFG. 3[142]. Die endgültigen Eintragungen sind entweder Rechtsänderungen, wo die Eintragung die Rechtsänderung herbeiführt (BGB. § 873) oder Berichtigungen, welche das von vornherein unrichtig gewesene (§ 54) bzw. das durch eine ohne Eintragung eingetretene Rechtsänderung (z. B. BGB. §§ 1287, 1942, 1438[3], 1519, 1549) unrichtig gewordene GB. mit der Wirklichkeit in Übereinstimmung bringen, BGB. §§ 894ff., EK. 38[208]. Inhaltlich betreffen sie

sowohl die Entstehung des Rechts (BGB. § 873) oder dessen Untergang, der regelmäßig durch Löschung (§ 47) erfolgt oder zum Ausdruck gelangt (§§ 22 ff., für das Eigentum BGB. § 928 mit EG.BGB. a. 129), als auch seine Übertragung und Belastung, sowie anderer Personenwechsel (BGB. §§ 873, 1132, 1154, 1163, 1168, 1173, 1174, 1175, 1177, 1182, 1274, 1291), aber auch andere Änderungen, z. B. Wechsel der persönlichen Forderung (§ 1180), Ausschluß des Hypothekenbriefes (BGB. § 1116), Höchstbetrag des Werterſatzes (BGB. § 882), Rangänderung (BGB. §§ 880, 1151, EJG. 12[256]), Rangvorbehalt (BGB. § 881). Zahl der eintragungsfähigen dingl. Rechte ist nach BGB. geschlossen, nämlich Eigentum (§§ 903 ff.), Erbbaurecht (§§ 1012 ff.), Dienstbarkeiten (§§ 1018 ff.), auch Unterhaltungspflicht des Eigentümers (§ 1021[1], EK. 51[242]), Vorkaufsrecht (§§ 1094 ff., nicht eintragungsbedürftig b. V. am Siedelungsland, VO. 29. 1. 19 [§ 5], unzulässig seine zweifache Eintragung V., EK. 50[253]) Reallasten (§§ 1105 ff.) einschließl. der aus §§ 914, 917 entstehenden Renten (Reallast für den jeweil. Eigentümer eines Grundstücksteils EK. 53[171]) und Pfandrechte (§§ 1113 ff.), aber nicht Eintragung des Nießbrauchs an der Hypothek für den Hyp.gläubiger, EK. 51[231]. Verpfändung des Miterbenanteils am ungeteilten Nachlaß ist auf einem Nachlaßgrundstück eintragbar (AllgVf. § 11 A. 1), EK. 90[232], auch 152 A. 2 a. E. Besitz (BGB. § 854) ist nicht eintragungsfähig, ebensowenig Verwaltungs- und Nutzungsrecht des Ehemanns und der Eltern (BGB. §§ 1363, 1649), EK. 52[186], sowie das Mietsrecht (trotz BGB. § 572) oder ein rein persönl. Anspruch (EK. 20[91]). Nach RG. 10 S. 200 (RGBl. S. 962) ist für Heimstätten diese Eigenschaft, der Ausgeber u. die Verschuldungsgrenze eintragungsfähig.— Wegen der Eintragung des Folgers u. der Hypothek.Sicherung der Ansprüche der Miterben pr.Ausf.G. 12. 1. 24 (GS S. 49) §§ 17, 18. Hinzu treten die dem Landesrecht vorbehaltenen Rechtseinrichtungen, wie Familienfideikommiß, Lehen, Stammgut, Rentengut, Anerbenrecht (a. 59, 62, 64), Revenuenhypothek (a. 60), Wasserrecht (Unzulässigkeit der Eintragung der in die pr. Wasserbücher einzutragenden Rechte pr. Wasserg. 7. 4. 13. §§ 185—187),

Deich- und Sielrecht, Bergrecht (a. 65—67), Enteignung (a. 101), Wiederherstellung zerstörter Gebäude (a. 110), Bahneinheit (a. 112, pr. BahnG. § 5), Grundstückszusammenlegung (a. 113), Verschuldungsgrenze (a. 117, pr. G. 20. 8. 06, VO. 23. 3. 08, 16. 6. 09, 5. 5. 13, AllgVf. 28. 4. 08, 10. 8. 09, 16. 8. 13, 25. 8. 13 [Landwirtschaftsmin.] 28. 5. 14), Stockwerkseigentum (a. 182) und für den Übergang ferner a. 184, 187—197. Vgl. für Pr. AG. a. 11—13, 15—28, pr. AllgVf. §§ 11, 21—26, 43—45. — Zu den endgültigen Eintragungen treten die Vormerkungen (BGB. §§ 883 ff., 1179, GBO. 18[2]) zur Erhaltung des Rechts auf eine Eintragung (auch zugunsten des jeweiligen Fideikommißbesitzers, EK. 53[152]), die Widersprüche gegen die Richtigkeit des Grundbuchs (BGB. §§ 899, 1139, GBO. §§ 18[2], 23), Verfügungsbeschränkungen (BGB. § 892, für die des früheren Rechts EBay. 13[126]) und Sperrvermerke (z. B. KO. § 113). Überall aber hat das GB. nur solche Arten von Eintragungen aufzunehmen, welche durch das BGB. oder andere Rechtsnormen als eintragungsfähig bezeichnet sind. Auch ER. 61[377], K. 49[208], 50[154]. Zu vermeiden überflüssige Vermerke (EK. 23[155]), auch Wiederholungen, EK. 28[145], ebenso Selbstverständliches, wie Bestehen des gesetzlichen Ranges, EK. 21[165], vgl. aber K. 23[143] (Hinweis auf Kreditanstaltssatzung). Unzulässig z. B. öffentliches Recht EBay. 11[498], [603] (pr. AG. a. 11, über Kirchentrachten EBay. 8[87]) Mietrecht, gegen BGB. §§ 1019, 1061 verstoßende Dienstbarkeiten, Preis beim Vorkaufsrecht EFG. 4[69], verschiedener Rang oder Kündigungsbedingungen bei Gesamthypotheken EK. 39[242], 40[299], Verkaufsbefugnis gegen BGB. § 1149, EBay. 3[681], Erstreckung eines Wohnungsrechts auf andere Grundstücke, EBay. 10[377], in Pr. Pflicht, die Jagd ruhen zu lassen, EK. 34[259], Vermerk, daß ein Teil enteignet sei, EK. 41[188], Überbau und Notwegrenten, BGB. §§ 914, 917, EFG. 1[170], Zustellungsbevollmächtigte, Eintragung für pr. Polizeibehörde EK. 39[210], Rang bei ranglosen Rechten EK. 38[262], Überweisung einer Hypothek zur Einziehung, EFG. 15[83], Entziehung der elterlichen Verwaltung und Nutznießung (BGB. §§ 1638, 1651), EK. 49[211]. Nach VO. 15. 10. 23

(RGBl. I, S. 963) entsteht die allen anderen Lasten im Range vorgehende Rentenbankgoldgrundschuld an den pflichtigen Grundstücken ohne Eintragung als Gesamtgrundschuld mit der Möglichkeit der Teilung und der Befreiung von Trennstücken. Sie ist aber eintragungsfähig auf Ersuchen der Rentenbank oder Antrag des Eigentümers § 10. Doch findet die Eintragung vorläufig nicht statt nach Durchführungsbest. 14. 11. 23 (RGBl. I, S. 1092) § 30. Nicht unzulässig, wenn auch ordnungswidrig Belastung einer Teilfläche ohne Plannummer in Bayern, EBay. 10[305]. Eintragung der Kosten einer Zwangshypothek hängt von richterlichem Ermessen ab, EK. 35[325]. — Unnötig Eintragung der Zahlungsfrist nach Bek. 8. 6. 16 (RGBl. S. 452), geändert durch RG. 3. 3. 21 (RGBl. S. 211) § 6. Jeder das Recht buchende Eintragungsvermerk muß die Rechtslage des gebuchten Rechts vollständig ersehen lassen, EFG. 12[259]. Bezugnahme auf die Eintragungsbewilligung bei deren Weiterverweisung auf eine andere Urkunde, EK. 48[177]. — Ausführung der Eintragungen nach Landesrecht, pr. AG. a. 6.

2) Eintragungen von Amts wegen, d. h. ohne Antrag, z. B. §§ 7, 8[2], 18[2], 23, 49, 52, 53, 54, 76, RG. 23. 6. 23 a. II § 1[2] (Treuhänder bei schweizerischen Eigentümergrundschulden, § 28 A. 6), auf Grund des Ersuchens einer Behörde § 39.

3) Der Mangel des Antrags macht aber die Eintragung nicht unwirksam. Antragsrecht in Abs. 2 und den §§ 14, 15. Bezüglich der Verfügungsbeschränkungen BGB. § 878. Den Inhalt des Antrages bildet das an das GBA. gerichtete Verlangen, daß die Eintragung vorgenommen werde. Er stellt zugleich eine amtsempfangsbedürftige Willenserklärung im Sinne des BGB. dar. Kein Zugang (BGB. § 130[1]), wenn der Antrag nur in einer Anlage steht, EGr. 61[477], Erfordernis des Lebens und der Geschäftsfähigkeit nach BGB. 130[2], EK. 44[174]. Bezeichnung des Grundstücks und des Geldbetrages § 28. Unzulässigkeit der Anträge unter Vorbehalt § 15[1]. Bestimmung der Reihenfolge mehrerer Anträge durch die Partei § 16[2]. Form §§ 29, 30. Antrag in den überreichten Urkunden genügt, wenn

sich nicht ergibt, daß sie ohne Willen der Beteiligten eingereicht sind, EK. 28[265]. In dem Antrage auf nachträgliche Bildung eines Hypothekenbriefes liegt schon der Antrag auf Eintragung der Aufhebung der Ausschließung der Brieferteilung, EK. 28[151], in dem auf Löschung einer zwangsweise überwiesenen Hypothek der Antrag auf zuvorige Eintragung der Pfändung (ZPO. § 830[1] S. 3), EBay. 19 A [22], Zurücknahme des Antrags § 32. Antrag allein genügt aber im allgemeinen (vgl. indessen § 30) nicht, EK. 21[127]. Seine regelmäßige Grundlage ist die Eintragungsbewilligung (Konsensprinzip) §§ 19—28, dazu § 29, BGB. §§ 874, 877, 885, 894, 899. Hinzu treten die Erfordernisse des Eingetragenseins der Betroffenen (§§ 40, 41), ihrer Geschäftsfähigkeit und Verfügungsberechtigung (§ 30 A. 2) und unter Umständen die Vorlegung des Briefes und anderer Urkunden (§§ 42—44). Ferner in manchen Fällen gerichtliche oder sonstige staatliche Genehmigung z. B. BGB. §§ 795, 1821 Nr. 1 (bei unter elterl. Gewalt Stehenden nicht erforderlich EK. 51[174]), RG. 10. 5. 20 (Heimstätten) § 22, RG. 31. 12. 19 (F. 6. 7. 21, RGBl. S. 828) § 36c (Abtretung der Notopferhypothek). Nach Reichsr. Genehmigung der staatl. Verwaltungsbehörde (Versagung unabänderlich, ER. 103[104], nicht aber die Genehmigung vor Vornahme der Auflassung, ER. 106[142]) für Auflassung und Bestellung dingl. Rechts auf die Nutzungen bei allen Grundstücken über 5 ha, Bek. 16. 3. 18 (RGBl. S. 123), pr. Ausf.Best. 16. 3. 18, Vf. 27. 3. 18, Allg.Vf. 19. 3. 21. Erforderlich auch für das Grundgeschäft, ER. 98[214]. Für die Auflassung auch bei Vornahme des Grundgeschäfts vor 15. 3. 18, EK. 51[155]. Erforderlich auch für mehrere kleinere Grundstücke, die eine wirtschaftliche Einheit über 5 ha bilden und bei planmäßiger Zerschlagung in kleinere Trennstücke, EK. 51[155, 157], 53[139]. Gen. vor der Auflassung zu erteilen, EK. 51[157], zur Vormerkung aber nicht erforderlich, EFG. 17[120]. Als Bewirtschaftung kommt auch die städtische und gewerbliche in Frage, EJW. 22[490]. Pr. G. 10. 2. 23 (GS. S. 25) geändert durch G. 24. 5. 23 (GS. S. 160), dazu AllgVf. 20. 3. 23 verlangt für alle Grundstücke (mit gewissen Ausnahmen) eine nur aus gesetzl. Gründen und mit Zustimmung eines Ausschusses versagbare Genehmigung. Über Verhalten des GBA. insb. bei Genehmigung mit Auflage und offenkundiger Nichterforderlichkeit § 10. Zustimmung des Reichsschatzministers zu Verfügungen über Reichsgrundstücke ist weggefallen. (AllgVf. 13. 6. 23 (JM. S. 439). Bes. Voraussetzungen der Eintragung eines Notopferzinses als öffentl. Last und einer Notopferhypothek (infolge VermögensteuerG. 8. 4. 22 [RGBl. I S. 335] § 41 nur noch von untergeordneter Bedeutung) VO. 12. 9. 22 (RGBl. I S. 750) § 3, VO. 15. 11. 21 (RGBl. S. 1359) § 16, RG. 31. 12. 19 (F. 6. 1. 21, RGBl. S. 838) §§ 33, 36. Innehaltung der Verschuldungsgrenze (A. 1). Über andere Voraussetzungen §§ 33—38. Über die Nichtausübung des staatl. Vorkaufsrechts als Voraussetzung der Eintragung eines dritten Erwerbers RG. 11. 8. 19 (RGBl. S. 1429) §§ 4—11, ergänzt durch RG. 7. 6. 23 (RGBl. S. 364), EK. 53[161], pr. VO. 23. 12. 18 (GS. 19 S. 4) § 4[3], des Vorkaufsrs. des Heimstättenausgebers, RG. 10. 5. 23 (RGBl. S. 962) § 11. Über die Behandlung der Anträge §§ 17, 18, 45—55, EFG. 1[121].

4) Besondere Bedeutung in den BGB. §§ 878, 892[2].

5) Ob darunter bei Verbindung mit einem Amtsgericht oder einer anderen Behörde nur die besondere für GB.Sachen gebildete Abteilung zu verstehen ist, hängt von der landesrechtlichen Einrichtung der Behörde (§ 1 A. 1) ab. Für Pr. AG. a. 4.

6) Nötigenfalls nach der Minute. — § 17.

7) D. h. bei Rechtsänderungen ein als wahrer (nicht bloß Scheinberechtigter) materiell Berechtigter **Passivbeteiligter**, EFG. 3[40], 9[128], EK. 23[115, 240], 28[97], 29[186], 33[185], 34[310], 35[302], 45[205], BGB. §§ 873, 875, 876, 877, 880, 885[1], 886, 894, 899, 1119, 1152, 1178, 1183. Der Eigentümer (auch der Nichteingetragene EFG. 1[245], 3[39]) wird jedenfalls da betroffen, wo seine Zustimmung gesetzlich erfordert wird, z. B. BGB. § 880[2] (EBay. 13[443]), aber überhaupt durch alle inhaltlichen Änderungen der eingetragenen Rechte, auch durch die Umwandlung der Art von Grundstückspfändern (§ 26 A. 1), sowie durch die Um-

wechslung der zugrunde liegenden Forderung (BGB. §§ 1116, 1180, 1186, 1198, 1203), nicht aber durch die Änderung der Person des Gläubigers, EFG. 4[175]. — Eintragung der Heimstätteneigenschaft auf Antrag des Eigentümers, RG. 10. 5. 20 (RGBl. S. 962) § 25. Bei einzutragenden Vermächtnissen sind zunächst die Beschwerten die Betroffenen (BGB. § 2174). — Bei Zinserhöhung für eine Gesamthypothek sind die Eigentümer der Grundstücke, für welche die Erhöhung nicht eintritt, nicht betroffen. EK. 21[169]. Hypothekengläubiger wird durch Eintragung eines Eigentumswechsels nicht betroffen, vgl. aber § 55. Wegen der Nacherben EN. 65[214]. — EFG. 1[25, 208], 2[51, 100, 248], 3[42], K. 22[317]. — Jeder einzelne Passivbeteiligte kann für sich allein den Antrag stellen, EK. 20[209].

[8]) Ein Aktivbeteiligter. Neben dem Einzutragenden oder einem der mehreren Einzutragenden (EK. 12[74]) können auch die in Betracht kommen, zu deren Gunsten eine Eintragung wirkt, z. B. nachstehende Berechtigte bei dem Antrage auf Löschung eines nicht bestehenden voreingetragenen Rechts, EFG. 14[210]. Nachhypothekare sind an die zwischen Eigentümer und Vorhypothekaren über deren Pfandrechte ergangenen Entscheidungen nicht gebunden, EBay. 15[176]. Wegen des Rechts des Pfandgläubigers in bezug auf Zuschreibungen § 5 A. 6. — Eine Erweiterung in § 14. — Nicht legitimiert ist z. B. ein früherer Eigentümer oder dessen Erbe. Berechtigung des früheren pr. Heroldsamts bzw. der Richtigstellung des Adelsprädikats EK. 25[87]. Nichtberechtigung der Regierung als Schulaufsichtsbehörde EK. 31[225]. — Im Falle der Testamentsvollstreckung kann nur der Vollstrecker die Eintragung der Erben beantragen, EK. 51[214].

[9]) Von mehreren Antragsberechtigten kann jeder für sich den Antrag stellen.

[10]) Jeder Antragsteller wird durch den Notar im Rahmen des § 15 vertreten. Sonst haben Bevollmächtigte und Vertreter ihre Berechtigung besonders nachzuweisen (§§ 29—32).

1. Antrag auf Berichtigung des Grundbuchs.

§ 14. Die Berichtigung des Grundbuchs [1]) durch Eintragung eines Berechtigten [2]) darf auch von demjenigen [3]) beantragt werden, welcher auf Grund eines gegen den Berechtigten [4]) vollstreckbaren Titels [5]) eine Eintragung in das Grundbuch verlangen kann [6]), sofern die Zulässigkeit dieser Eintragung von der vorgängigen Berichtigung des Grundbuchs abhängt [7]).

I 45[1], S. 2 und 45[2], II 13. M. 81; D. 13, Art. 14 pr. AG.

[1]) Begriff und Gegensatz § 13 A. 1. Die Vorschrift soll das sonst aus dem § 40[1] erwachsende Hindernis beseitigen (EFG. 1[162]).

[2]) Gegensatz Löschung und Eintragung von sonstigen Änderungen ohne Änderung der Person des Berechtigten, § 13 A. 1. Auch Eintragung des pr. Nacherben bei den vor 1900 eingetragenen Vorerben EK. 47[165].

[3]) Aber bei mangelnder Einwilligung des Betroffenen nicht ohne die dann notwendigen urkundlichen Belege, EK. 54[86]. Eintragung eines bestimmten Berechtigten bei einer nach ZVG. §§ 126, 128 gebildeten Sicherungshypothek nur auf Ersuchen des Vollstreckungsgerichts, EFG. 15[83].

[4]) D. h. den einzutragenden Berechtigten. Unanwendbar bei Pfändung eines Miterbenanteils, EFG. 10[69].

[5]) Vgl. zunächst ZPO. §§ 704, 794, 801.

[6]) EBay. 6[645], [717], 7[407]. Sei es, daß der Inhalt des Titels in der Verurteilung zu einer Eintragung bzw. deren Bewilligung, besteht, ZPO. §§ 894, 895, sei es, daß mit dem Titel die Befugnis, eine Eintragung zu seiner Sicherung ohne weiteres zu verlangen, gesetzlich verbunden ist, z. B. bezüglich der persönlichen Verurteilung zu einer Geldschuld unter den Voraussetzungen der ZPO. §§ 866 ff. und für den Arrestbefehl nach ZPO. § 932 (für einstweilige Verfügungen ZPO. § 936). Vgl. ZPO. §§ 792, 896, auch ZVG. § 17[1]. Berichtigend auszudehnen auf den Fall, daß jemand z. B. infolge des erst nach der GBO. ge-

schaffenen ZPO. § 866³ zwar zur Zwangsvollstreckung, nicht aber zur Eintragung einer Zwangshypothek berechtigt ist, da ZVG. §§ 17, 146 die Eintragung des Schuldners zur regelmäßigen Voraussetzung der Zwangsvollstreckung machen, EJG. 4[114].

⁷) Insbesondere gemäß §§ 40, 41 (§ 40 A. 5).

2. Antragsrecht der Notare.

§ 15. Ist die zu einer Eintragung¹) erforderliche Erklärung²) von einem Notar³) beurkundet⁴) oder beglaubigt⁵), so gilt dieser⁶) als ermächtigt, im Namen eines Antragsberechtigten⁷) die Eintragung zu beantragen⁸)⁹).

I 44, II 14. M. 80; D. 14.

¹) Neben dem Antrage (§ 13 A. 3).

²) Auch Auflassungen, soweit sie ein Notar gemäß EG.BGB. a. 143¹ mit pr. AG.BGB. a. 26 und pr. G. 13. 5. 18 (GS. S. 51) entgegennehmen kann.

³) Das Notariat ist durch das Landesrecht geregelt. Für Pr. FG. a. 77ff., vgl. a. 31ff. Für Rhein. G. 2. 1. 24 (GS. S. 5. — Der Notar entwickelt aber überall eine amtliche, nicht auf Vertrag mit den Parteien beruhende Tätigkeit, ER. 93[68].

⁴) BGB. § 128. Daß das zugrunde liegende Rechtsgeschäft (§§ 9 Abs. 2, 98) oder sonstige nicht unmittelbar auf die Eintragung sich beziehenden Erklärungen beurkundet sind, genügt nicht (A. 1). ⁵) BGB. § 129.

⁶) Ohne Vollmacht, auch wenn in der Erklärung ein Antrag der Beteiligten mitenthalten ist, EKG. 44[172], aber nur so lange, als er zur Überreichung der Erklärung befugt erscheint (EK. 21[277]) und jedenfalls nur für die Dauer seines Amts. Bezüglich anderer Personen §§ 29—32.

⁷) D. h. jedes, der auf Grund jener Erklärungen im Sinne von § 13 A. 7—9 Anträge stellen durfte, auch wenn er selbst nichts erklärt hatte und überhaupt in den Erklärungen nicht

erwähnt war, EFG. 2[40]. Als Antragsteller sind sämtliche Berechtigte zu betrachten, soweit nicht ein anderes erhellt, EK. 24[92].

[8]) EK. 21[153]. Es handelt sich aber nur um Anträge zur grundbuchmäßigen Verwirklichung der Erklärungen, EK. 22[295], FG. 6[271], nicht um sonstiges dazu Erforderliche. Insbesondere keine Vertretung bei den eine vormundschaftsgerichtliche Genehmigung betreffenden Handlungen der Vertragsparteien, EBay. 16A[139]. Das Rangverhältnis mehrerer Hypotheken, deren Eintragung gleichzeitig beantragt ist, kann der Notar nicht bestimmen EFG. 3[246], wohl aber Abhängigkeit nach § 16[2], EBay. 10[329]. Er kann aber Teilanträge stellen, soweit § 16 nicht entgegensteht, EK. 35[196]. Wegen der Beschwerde § 71 A. 3 und § 80[1].

[9]) Zur Empfangnahme des von ihm überreichten Hypothekenbriefes ist er nicht ermächtigt, EK. 23[164], auch nicht ohne weiteres zum Antrage auf Beseitigung von Eintragungshindernissen EK. 26[145], wohl aber auf Löschung unzulässiger Eintragungen, EBay. 21A[299] und regelmäßig zur Rückforderung eingereichter Urkunden (§ 9 A. 6), EK. 44[170].

3. Anträge unter Vorbehalt. Antrag auf mehrere Eintragungen.

§ 16. Einem Eintragungsantrage[1]), dessen Erledigung an einen Vorbehalt[2]) geknüpft wird, soll[3]) nicht stattgegeben werden[4]).

Werden mehrere Eintragungen beantragt, so kann von dem Antragsteller bestimmt werden[5]), daß die eine Eintragung nicht ohne die andere erfolgen soll[6]).

I 38, II 15. M. 72; D. 14.

[1]) Oder Ersuchen, § 39 A. 3.

[2]) Z. B., daß die Eintragung einer Hypothek erst geschehen solle, nachdem die Zahlung des Darlehns erfolgt ist, daß sie in nicht sofort ausführbarer Weise zu einer bestimmten Stelle

oder hinter einem bestimmten Betrage erfolgen solle, EBay. 12[372]. Nicht dagegen Vorbehalt, der den Inhalt der Eintragung selbst bilden soll, z. B. BGB. § 881. Antizipierte Anträge fallen nicht unter § 16, EFG. 6[255], vgl. § 18 A. 3.

³) Nichtbeachtung macht nicht ungültig.

⁴) Ausnahme Abs. 2.

⁵) EBay. 9[165], FG. 11[154]. Es kann sich das auch aus den Umständen ergeben, EBay. 18 A[289].

⁶) Z. B. Eintragungen Zug um Zug, sowie Eintragung des Eigentümers unter gleichzeitiger Eintragung einer Kaufgelderhypothek. EBay. 2[121]. Nachträgliche Bestimmung ohne Form des § 29. Für Notar § 15 A. 8. Gilt nur für Anträge bei demselben GBA., EBay. 10[329]. Fehlt Bestimmung, so ist bei Unzulässigkeit einer Eintragung die andere zu bewirken, EK. 35[196].

4. Mehrere Anträge.

§ 17. Werden mehrere Eintragungen beantragt, durch die dasselbe Recht betroffen wird¹), so darf²) die später³) beantragte Eintragung⁴) nicht vor⁵) der Erledigung⁶) des früher gestellten Antrags erfolgen⁷).

I 49¹, II 16. M. 87; D. 15.

¹) § 13 A. 7. Zulässig Eintragung einer Veränderung bei einer Hypothek vor Eintragung einer früher beantragten neuen H.

²) Insbesondere wegen BGB. § 879, der auch bei Verletzung dieser Vorschrift für den Rang maßgebend bleibt.

³) § 13 A. 5 und 6.

⁴) Wohl aber die Abweisung, sofern nicht der Fall des § 16² vorliegt.

⁵) Also frühestens im unmittelbaren Anschluß an die früher beantragte Eintragung. Daraus ergibt sich zugleich die für den Rang zunächst maßgebende Stelle im GB., § 46.

⁶) D. h. Eintragung, endgültige Zurückweisung der Eintragung einer Vormerkung nach § 18², EK. 60[394]. — § 76.

7) Auch auf Ersuchen von Behörden anwendbar. § 30 A. 4. — Folge der Nichtbeachtung Schadensersatz des Staats (§ 12), aber kein Bereicherungsanspruch des zurückgesetzten gegen den vorgesetzten Berechtigten.

5. Abweisung und Zwischenverfügung.

§ 18. Steht einer beantragten 1) Eintragung ein Hindernis 1) entgegen, so hat das Grundbuchamt entweder den Antrag unter Angabe der Gründe zurückzuweisen 2) oder 3) dem Antragsteller 4) eine angemessene Frist zur Hebung des Hindernisses zu bestimmen 5). Im letzteren Falle ist der Antrag nach dem Ablaufe der Frist zurückzuweisen, wenn nicht inzwischen die Hebung des Hindernisses nachgewiesen ist 6).

Wird vor der Erledigung des Antrags eine andere Eintragung beantragt, durch die dasselbe Recht betroffen wird 7), so ist zugunsten des früher gestellten Antrags von Amts wegen eine Vormerkung 8) oder ein Widerspruch 9) einzutragen 10); die Eintragung gilt im Sinne des § 17 als Erledigung dieses Antrags 11). Die Vormerkung oder der Widerspruch wird von Amts wegen gelöscht, wenn der früher gestellte Antrag zurückgewiesen wird 12).

I 20, 48, 49², II 17. D. 15. — Abs. 2 ist von der RTK. hinzugefügt. — M. 86, 88.

1) Wenn der Antrag allen Erfordernissen (Übersicht § 13 A. 3) derart genügt, daß die Eintragung ohne weiteres erfolgen kann (Hindernisse können sich auch aus dem GB., den Grundakten und sonstiger Kenntnis des GBA. ergeben, EK. 28[10], 37[207], 38[208]), so ist die Eintragung anzuordnen (darüber §§ 45 bis 53). — Keine Rechtskraft der Anordnung, aber § 54 A. 1, § 71², § 80 A. 8. — Andernfalls kann sie nicht erfolgen. An sich wäre Abweisung die alleinige Möglichkeit. Durch Verweisung auf den Prozeßweg kann sich das GBA. der eigenen

Entscheidung nicht entziehen, EK. 41[188], Bay. 16 A 93. Vgl. aber § 22 A. 4 a. E. Zu besonderen Ermittlungen ist es aber im Gegensatz zu FG. § 12 nicht verpflichtet, EK. 20[281] (pr. VO. a. 31 betrifft nur den speziellen Fall). Unzulässig auch Substitution einer nicht beantragten Entscheidung, EFG. 1[24]. — § 18 eröffnet nun in gewissen Schranken den weiteren Weg der Zwischenverfügung. Sie ist ausgeschlossen, wenn feststeht, daß das Hindernis nicht in absehbarer Zeit zu beseitigen ist, ferner wenn Antrag selbst geändert werden muß, EK. 37[212] (aber nicht, wenn nur eine Bezeichnung in dem Antrage richtig zu stellen ist, EK. 53[160]), bei prozessualischen Mängeln eines Zwangsvollstreckungsantrags, EFG. 11[230], R. 85[167], bei Anträgen Nichtberechtigter, wenn nicht Genehmigung zu erwarten, EK. 38[166]. — Anderseits nicht erforderlich bei vorzeitigen Anträgen des Erstehers oder Dritter gegen ihn, die liegen bleiben, bis die Eintragung erfolgen kann (ZVG. § 130[3], EK. 62[144], Bay. 18 A 264.

[2]) Dann geht die durch Einreichung des Antrags gewahrte Priorität (§ 46, § 17 A. 5) wieder verloren. Vgl. aber § 77 A. 3. Keine Rechtskraft der Abweisung. Wiederholung jederzeit zulässig, so für Berichtigungsanträge (auch nach Abweisung in allen 3 Instanzen) EK. 44[303]. — Keine Beschwerde gegen einzelne von mehreren selbständigen Zurückweisungsgründen EFG. 12[248].

[3]) Ist Zwischenvf. zulässig, so muß sie statt der Abweisung gewählt werden, EBay. 8[52], 12[37], EFG. 11[117], auch bei Fahrlässigkeit des Antragstellers, EK. 40[99], Fehlen der Grunderwerbsteuerbescheinigung (RG. 12. 9. 19 § 24), EK. 52[149]. Allerdings wird so der Steller mangelhafter Anträge begünstigt. Ausdrücklich mit dem Vorbehalt des Nachbringens der Unterlagen oder in Kenntnis des Mangels gestellte (antizipierte) Anträge werden entweder zurückgewiesen oder die Entscheidung wird ausgesetzt, sie wahren in keinem Falle die Priorität, EFG. 6[231], 13[246], K. 34[312], 50[136]. Vgl. auch § 16 A. 2. — Keine Zwischenverf., wenn ein neuer Antrag (nicht etwa bloß Weglassung eines un-

zulässigen Zusatzes) nötig erscheint, EK. 44[268], so daß das mit Fristbestimmung gemachte Verlangen auf Rücknahme oder Ersetzung des Antrages nicht als Zwischenvf. erscheint, EK. 46[179]. Keine Zwischenvf. wegen eines zweiten Hindernisses, sofern ein anderes die endgültige Zurückweisung bewirkt hatte, EFG. 13[131], auch nicht beim Mangel eines durch Vormerkung oder Widerspruch schützbaren Inhalts (daher Zurückweisung eines Antrags, der die Höhe der einzutragenden Verzinsung nicht angibt, EFG. 12[67]). Für Verschuldungsgrenze pr. AllgVf. 22. 4. 08 § 4.

[4]) Im Falle des § 15 nur dem Notar, EFG. 10[226]. Wesentlich ist eine nach außen gegangene Fristbestimmung, EFG. 15[70], K. 50[168].

[5]) Die Zwischenvf. muß das Hindernis in begründeter Art und unter Hinweis auf die mögliche Abhilfe angeben, EK. 50[229]. — Beschwerde gegen Zwischenvf. (§§ 71 ff., insbes. § 74 A. 1) zulässig, EFG. 1[80], 17[159], jedoch nur bis zur endgültigen Abweisung (EK. 51[276]), hindert aber nicht die endgültige Abweisung, EK. 51[278]. Auch gegen einzelne von mehreren Beanstandungen, ohne daß Behebung der übrigen nachgewiesen werden müßte, EFG. 12[248], auch gegen Abweisung, wo Zwischenvf. zulässig gewesen wäre. Wird das Hindernis gehoben, so erfolgt Eintragung mit der durch den mangelhaften Antrag (§ 46 Abs. 3) erworbenen Priorität. Erheblich auch für BGB. §§ 878, 892[2]. Wegen der Behandlung der Kollision mit einem zweiten Antrage s. Abs. 2. — Arrestbefehle gelten erst mit der Hebung des Hindernisses als vollzogen, EK. 31[331].

[6]) Es genügt also Beseitigung nach Ablauf der Frist. Nachfristbestimmung ist nicht vorgesehen, doch scheint Verlängerung zulässig, wenn sie zu kurz bemessen war, auch im Beschwerdewege, EK. 60[396], K. 20[276]. Auch Beschwerdeinstanz kann Frist setzen, EK. 21[160], 24[85]. Zwangshypothek kann aber nicht mehr eingetragen werden, wenn inzwischen das Grundstück einem Dritten aufgelassen ist, EFG. 4[48].

[7]) § 13 A. 7. Über den Fall, daß vor Erledigung des Antrages auf Vormerkung zur Sicherung des Rechtes auf Umschreibung einer Hypothek, der Antrag des Eigentümers auf Löschung der Hypothek eingeht, EFG. 4[259]. Für Zwangshypotheken bei Verschuldungsgrenze pr. G. 20. 8. 06 § 5[4].

[8]) Wenn es sich inhaltlich um den Fall des BGB. § 883 handelt. Diese Vorbemerkung dient nicht zur Sicherung der persönlichen Ansprüche, sondern der aus dem dinglichen Rechtsakte herzuleitenden Rechte auf Eintragung, EBay. 21A[184]. Zulässig auch beim Antrage auf Zwangshypothek, EFG. 13[247]. — Bei dem Antrage auf Zwangshypothek kein Absonderungsrecht, keine definitive Eintragung (KO. § 14, nicht § 24, EFG. 10[231]). — Rang nur zu vermerken, wenn er zwischen den endgültigen Eintragungen bestehen kann, EK. 38[262], vgl. § 46, EK. 55[340]. Von der Vorbemerkung aus BGB. § 883 zu unterscheiden, EK. 75[221]. — EFG. 7[73]. BGB. § 888 findet auf sie keine Anwendung.

[9]) Bei einem dem BGB. §§ 894, 899 entsprechenden Inhalt. Kein Widerspruch gegen die Löschung der Vormerkung, wenn die vorgemerkte Hypothek zu minderem Range eingetragen ist. EFG. 12[74]. [10]) Pr. AllgVf. § 14. — Bei endgültiger Eintragung des durch die Vormerkung gesicherten Rechts sind die späteren dasselbe Recht betreffenden Eintragungen ohne Zustimmung des Berechtigten sofort zu löschen. Ist dies verabsäumt, so ist es später auch nach Löschung der Vormerkung nachzuholen wenn nicht Erwerb von dem durch die Eintragung Scheinberechtigten stattgefunden hat, EK. 53[109].

[11]) D. h. es kann die später beantragte Eintragung vorgenommen werden, wichtig für BGB. § 1139.

[12]) Anwendbar auch auf Ersuchen von Behörden (§ 39 A. 4). — § 76. — Im allgemeinen sind erledigte Vormerkungen nicht von Amts wegen zu löschen, EK. 32 [18].

II. Eintragungsbewilligung.

§ 19. Eine Eintragung¹) erfolgt, wenn derjenige sie bewilligt²), dessen Recht von ihr betroffen³) wird⁴)⁵)⁶)⁷)⁸)⁹).

I 21[1], II 18. M. 55; D. 16.

¹) § 13 A. 1. — § 20 A. 6.

²) Form § 29. Allg. Inhalt § 28, Näheres nach materiellem Recht, namentlich BGB. § 873, z. B. Angabe des zugrunde liegenden Rechtsakts bei Umschreibung einer Hypothek, EK. 40[268]. Die Bewilligung ist eine amts- oder parteiempfangsbedürftige Willenserklärung, die, sobald sie wirksam wird, auch unwiderruflich ist, EFG. 14[185], K. 43[147], 49[154]. Inhalt bei Teilabtretung einer Ratenhypothek EBay. 13[423]. Einwilligung und Antrag müssen sich decken, wenn nicht zufällig dem überschießenden Teile des Antrags bereits genügt war, EFG. 11[144]. Eintragung nur für den in der Bew. Genannten, nicht ohne neue Bew. für die Erben, keinesfalls für den Nachlaßpfleger, EK. 36[226]. Auslegung nach BGB. § 133 (EK. 40[268], Bay. 12[733], 13[731]), aber Klarheit und Ausdrücklichkeit erforderlich, EBay. 10[670] (ungeeignet z. B. Bewilligung des Übergangs einer Hypothek im Todesfall, EK. 38[271]). Grundbuchrechtl. Bewilligungen und deren etwa erforderliche Genehmigungen müssen grundsätzlich unbedingt sein, jedoch unbeschadet einer Abhängigmachung nach § 16[2], EK. 44[191], 53[141]. — Keine Verweisung auf Verwaltungsvorschriften bei Beihilfehyp. des Reichs, EK. 53[206]. — Prüfung der Legalität der zugrunde liegenden Rechtsgeschäfte findet aber nach dem Konsensprinzip nicht mehr statt. Ausnahme § 98. Wohl aber ist bei Kenntnis der wirklichen, dem GB. widersprechenden Lage die Mitwirkung zu versagen, EFG. 8[236], z. B. bei Nichtigkeit des abzutretenden Eintrags, EK. 36[179], bekanntem Mangel des Verfügungsrechts, EFG. 11[62], Zweifel über Geschäftsfähigkeit, EBay. 14[319]. Späterer Fortfall der Vertretungsmacht schadet nicht, EK. 43[147]. Verstoß gegen BGB. § 1795[1] Nr. 2 wird durch Ge-

nehmigung des volljährig Gewordenen geheilt, EK. 43[152]. Bei einer bewilligten GB.Berichtigung ist zu prüfen, ob nicht etwa ein Fall der Auflassung vorliegt, EFG. 7[266]. Wegen Prüfung der Unentgeltlichkeit einer Verfügung § 29 A. 8, § 52 A. 2. Über Unzulässigkeit der Ablehnung eines Antrages, durch dessen Gewährung das GB. unrichtig würde, EFG. 17[114].

[3]) Betroffen wird nur das eine Veränderung erleidende Recht, ER. 83[439]. Im Gegensatz zur Antragstellung (§ 13 A. 7) muß Bew. von allen erteilt werden, die als materiell Passivberechtigte bzw. Verfüger für diese in Betracht kommen, EK. 29[170], FG. 12[162], 13[159]. Für Eigentümer EK. 26[140], [162], 28[102], FG. 5[120], Bay. 4[50], bei Umwandlung einer Hypothek in E.-Grundschuld keine Bew. Durch Löschung gepfändeter und eingezogener (BGB. § 1282) Hypothek wird der Eigentümer, nicht der bisherige Hyp.gläubiger betroffen, EBay. 13[66]. Berichtigung des eingetragenen Hyp.gläubigers betrifft das Buchrecht des Eingetragenen, EFG. 12[72], 13[59]. Für Forderungswechsel bei Höchstbetragshypothek (BGB. § 1190), EFG. 14[207], Miteintragung eines Endtermins bei einer Hypothek EFG. 13[59]. Bei Bestellung einer von vornherein mit Nießbrauch belasteten Hypothek genügt Bew. des Eigentümers, EK. 43[227]. Nachweis des Erlöschens ohne besonderen Grund, EFG. 9[218], keine Bew. des neuen Gl. zur Wiederverwandlung in Hyp., EK. 39[210], im Falle BGB. § 1164 auch Bew. des E., EBay. 11[31], Löschungsbew. der zur Erbauseinandersetzung Erschienenen ohne die Ausgebliebenen, EK. 41[269], Nacherben EK. 30[261], R. 69[257], nur Nacherbe bei Verpfändung des eingetragenen Nacherbenrechts, ER. 83[439], Pfandgl. EFG. 5[200] (nicht genügend Löschungsbew. des quittierenden Gl., wenn Antragsteller nicht als Zahler bezeichnet ist, EK. 40[294] gegen 26[149]), besondere Bew. briefloser Eintragung, EK. 21[172], Vorbehalt einseitiger Aufhebung des Briefausschlusses, EK. 21[117]. Vertreter des Eigentümers kann nur in den Ausnahmefällen des BGB. § 181 Eintragungen für sich bewilligen. EK. 47[147]. Dagegen kann

der bewill. Gl. den Eigentümer im Löschungsantrag trotz BGB. § 181 vertreten, EFG. 10[138], vgl. K. 37[283]. Ehegatten EK. 27[253], 37[286], Bay. 4[42], FG. 9[274], 11[75], 12[161], Zustimmung des Ehemannes einer Miterbin, EBay. 19A[124], Konkursverwalter EFG. 11[149] (frühere Bewilligung des Gemeinschuldners [außer bei Berichtigungen § 22] unwirksam, EFG. 10[140], Bay. 11[397], ebenso Bewilligung des Konk.verw. bei Konkursaufhebung vor Eintragung, EFG. 13[158]), Vormund, Pfleger EFG. 12[71] (Genehmigung für Berichtigungsbewilligung ebenso wie zu Verfügungen erforderlich). Bei Heimstätten (RG. 16. 5. 20, RGBl. S. 962) Zustimmung des Ausgebers zu Belastungen §§ 17, 18, der obersten Landesbehörde zur Löschung der Eigenschaft. — Zuständigkeit der bew. Behörden, EBay. 12[584], Genehmigung v. Aufsichtsbeh., z. B. BahnG. § 17. — Zu vermutende Einwilligung des noch eingetragenen Ersterwerbers (BGB. § 185[1]) bei Weiterveräußerungen EFG. 14[207]. Konvaleszenz der Bew. Nichtberechtigter nach BGB. § 185[2], EK. 38[206]. — Für Änderungen während der Herrenlosigkeit eines Grundstückes, EFG. 14[304], Veräußerung des Vermögens einer Aktiengesellschaft während des Sperrjahres, HGB. § 303 mit § 301, EK. 46[194].

[4]) Erklärung der Aufgabe einer Hypothek ersetzt Löschungsbewilligung, EFG. 3[35]. Für den GB.Richter genügt Bewilligung, gleichviel, ob nach materiellem Recht einseitige Erklärung genügt (z. B. BGB. §§ 875, 928, 1132[2], 1168[2], 1188[1], 1195, 1196[2]) oder Einigung erforderlich ist (z. B. §§ 873, 877, 880[2], 1166[2] u. [3], 1180), EFG. 1[24], [161], 3[165], so daß im allg. sogar eine vorgelegte Beurkundung der Einigung nicht nachzuprüfen ist, EBay. 13[423], [731]. Vgl. aber § 20 (Eigentum und Erbbaurecht), § 27 (Pfandrecht). Eintragung, für welche eine Einigung rechtlich unmöglich ist, z. B. Grundgerechtigkeit für den Eigentümer, darf nicht erfolgen, EFG. 1[69], EK. 47[204]. — Eine Löschungsbewilligung ergibt keineswegs das Verfügungsrecht des Eigentümers hinsichtlich der Hypothek, EFG. 8[41]. Sie hebt Wirksamkeit späterer Abtretung und Umschreibungsbewilligung nicht auf, EK. 38[273].

[5]) Einwilligung fällt unter Umständen weg im Falle der GB.Berichtigung unter der Voraussetzung des § 22, ferner gemäß §§ 21, 27 auch BGB. § 1139, bei Löschungen gemäß Ausschlußurteils (BGB. §§ 887, 927, 1170, 1171), bei Erhöhung des Zinssatzes oder Verwaltungskostenbeitrags bei Tilgungsdarlehen der Kreditanstalten, RG. 3. 6. 22 § 7 (RGBl. I S. 485), bei den Grundschulden nach dem schweiz. Abkommen 23. 6. 23 a. 11 (§ 28 A. 6). — Bei Berichtigung durch Eintragung der ungeteilten Erbengemeinschaft statt des Miteigentums der Erben nach Rechtsanteilen keine Zustimmung der Hypothekengläubiger, EK. 51[221]. Wegen Zustimmung der vorbehaltenen Berechtigten EK. 30[269]. Bewilligung wird ersetzt gemäß §§ 25, 26 bei Aneignung durch den Fiskus nach BGB. § 928 und bei Erlöschen der Hypothek (BGB. §§ 1173, 1181), ferner durch Unschädlichkeitszeugnis, pr. AG. a. 20. Besonderheiten in §§ 23, 24.

[6]) In den Fällen des BGB. §§ 885, 899 genügt statt der Bewilligung die einstweilige Verfügung.

[7]) Ganz allgemein wird Bewilligung durch rechtskräftige Verurteilung ersetzt, ZPO. § 894 — für vorläufig vollstreckbare Urteile ZPO. § 895. — Ansprüche darauf bestehen z. B. nach BGB. §§ 888, 894, 1438. — Kein Nachweis der „Rechtskraft" eines Bewilligung oder Antrag enthaltenden gerichtlichen Vergleichs, EBay. 16[A 93]. Eintragung auf Ersuchen § 39. — Wegen Eintragung der Pfändung einer Buchhypothek EK. 56[15].

[8]) Für die Eintragung der Zwangshypothek bedarf es keiner Bewilligung, sondern nur des vollstreckbaren Titels wegen einer persönlichen Geldforderung und der sonstigen Voraussf. der Zwangsvollstr. EBay. 10[35], § 14 A. 6, EK. 78[408], KG. 43[250], auch bei der Umwandlung der Arresthypothek, EFG. 11[54]. Der Schuldtitel muß den Antrag inhaltlich decken und mindestens die gleiche Summe angeben, EK. 50[153]. Kein Titel für die Kosten nötig wegen ZPO. § 788 (EK. 30[246]), vgl. aber § 13 A. 1 aE. Sicherung von Zinsen EK. 50[155].

[9]) Über Zustimmung des Eigentümers bei Eintragungen

von Veräußerungen und Belastungen eines Erbbaurechts VO. 15. 1. 19 § 15 zu GBO. § 7. Bezüglich der Grunddienstbarkeiten des früheren Rechts, EK. 51[252].

1. Bei Auflassung.

§ 20. Im Falle der Auflassung eines Grundstücks[1]) sowie im Falle der Bestellung[2]), Änderung des Inhalts[3]) oder Übertragung[4]) eines Erbbaurechts[5]) darf die Eintragung nur erfolgen, wenn die erforderliche Einigung des Berechtigten und des anderen Teiles[6]) erklärt ist[7])[8])[9]).

I 21[1], II 19. M. 55; D. 16.

[1]) BGB. § 925 mit EG.BGB. a. 143, pr. AG.BGB. a. 26, pr. G. 13. 5. 18 (GS. S. 51). Auflassung statt Berichtigung § 22 A. 6. — Bergwerke pr. AG. a. 28, EK. 30[180]. — Übertragung des Eigentums an buchungsfreien Grundstücken (§ 90, pr. V. a. 1) nach pr. AG.BGB. a. 27.

[2]) BGB. § 1015 mit EG.BGB. a. 143.

[3]) Zusatz aus VO. 15. 1. 19 (Einl. S. 14) § 37[1].

[4]) BGB. § 1017. [5]) Weitere Anwendung in § 84.

[6]) Oder ihrer Vertreter bzw. der an ihrer Stelle Verfügungsberechtigten, K. 21[128], § 29 A. 3. Bei mangelnder Verfügungs- und Vertretungsmacht nachträgliche Genehmigung (BGB. §§ 185, 177) möglich, K. 22[146], Bay. 15[112], ebenso bei sonst erforderlichen Genehmigungen, z. B. der des Ehemanns (EK. 24[235], Bay. 19 A [124], nicht erforderlich für Auflassung an gütergemeinschaftl. Ehefrau, EBay. 14[243], 15[111]), oder des Staats (§ 13 A. 3). Einigung eines nicht berechtigten Veräußerers mit dem anderen Teil genügt, wenn die Genehmigung des eingetragenen Eigentümers (BGB. § 185) hinzutritt, EFG. 2[252]. Erklärung durch beiderseitigen Vertreter zulässig, EK. 21[293], aber keine Auflassung des Testamentsvollstreckers an sich selbst, EFG. 3[101].

[7]) § 19 A. 4. EK. 31[303]. Neben der Einigung, welche im Gegensatz zum Grundgeschäft (EK. 30[207], über dessen Vor-

legung § 98) geprüft werden muß, EBay. 18 A [203, 281, 300] besondere Eintragungsbewilligung nicht erforderlich, EFG. 3[143], 5[105], wohl aber Antrag (§ 13), EFG. 12[166]. Aber unzweideutige Erklärung nötig, keine bloße Genehmigung der Veräußerungserklärung durch den Erwerber, EBay. 12[823], 14[441], Klarstellung unrichtiger Bezeichnungen in der Form des § 29, EK. 37[262]. — Wegen Vorlesung des Protokolls und der darin in bezug genommenen Anlagen EFG. 5[103]. — Über Pflicht zur Entgegennahme der Auflassung trotz Eintragungshindernisse EK. 50[156].

[8]) Auch hier Ersatz durch rechtskräftige Verurteilung gemäß ZPO. § 894, ER. 76[411]. Für vorläufig vollstreckbare Verurteilung ZPO. § 895.

[9]) Außerdem Voraussetzung der Eintragung des Eigentumsüberganges, nicht einer Auflassungsvormerkung (EFG. 17[120]). Steuerbescheinigung über Stundung, Sicherstellung oder Nichterhebung der Grunderwerbssteuer (§ 1 A. 5), RG. 12. 9. 19 § 24, EK. 52[147, 151]. Folgen der Weigerung der Steuerstellen EFG 17[112]. Für Übertragung von Erbanteilen EK. 52[151]. Nicht erforderlich bei Veränderung von Sitz und Firma einer G. m. b. H., EK. 52[157].

2. Bei subjektiv-dinglichen Rechten.

§ 21. Steht ein Recht, das durch die Eintragung betroffen wird[1]), dem jeweiligen Eigentümer eines Grundstücks zu[2]), so bedarf es der Bewilligung derjenigen, deren Zustimmung nach § 876 Satz 2 des Bürgerlichen Gesetzbuchs zur Aufhebung des Rechtes erforderlich ist, nur dann[3]), wenn das Recht auf dem Blatte des Grundstücks vermerkt ist[4]).

II 20. D. 17.

[1]) § 13 A. 1. [2]) § 8 A. 1.

[3]) § 19 A. 5. Ausnahme von § 19 u. BGB. §§ 876, 877 (dazu EG.BGB. a. 120[2] Nr. 21). [4]) Gemäß § 8.

3. Bei Grundbuchberichtigung.

§ 22. Zur Berichtigung des Grundbuchs[1]) bedarf es der Bewilligung[2]) desjenigen, dessen Recht von der Berichtigung betroffen wird, nicht[3]), wenn die Unrichtigkeit nachgewiesen[4]) wird. Dies gilt insbesondere für die Eintragung oder Löschung einer Verfügungsbeschränkung[5]).

Die Berichtigung des Grundbuchs durch Eintragung eines Eigentümers[6]) oder eines Erbbauberechtigten[7]) darf, sofern nicht der Fall des § 14 vorliegt[8]), nur mit Zustimmung des Eigentümers[9]) oder des Erbbauberechtigten erfolgen[10])[11]).

II 21. D. 17.

[1]) Begriff und Gegensatz § 13 A. 1. Aber es kommen auch Vormerkungen (z. B. Wegfall durch Erlöschen des Anspruchs, EFG. 11[60]) in Betracht. Beispiele aus dem Erwerb von Erbanteilen EK. 38[233], FG. 14[71], [76]. Dagegen rechtsändernd Begründung einer vom Erblasser angeordneten Stiftung, EBay. 12[556]. Berichtigung einer unrichtigen Löschung eines Eigentümerpfandes auf Grund versehentlich eingereichter Unterlagen EK. 48[184]. Im Falle Eintragung eines unrichtigen Berechtigten Löschung, nicht Umschreibung, EK. 39[175]. Wegen bloßer Änderung staatlicher Verwaltungsstellen AllgVf. § 4 A. 5. Zu Unrecht erfolgte Löschung einer Vormerkung kann nicht berichtigt werden, EK. 50[173]. Über Vereinigung des gesicherten Anspruchs mit dem Eigentum EBay. 13[175], wegen Anfechtung einer Hypothek EK. 49[200]. — Antragserfordernis nach allg. Grundsätzen bei unrichtig gewordenem GB. § 13 mit A. 2, ER. 88[90]. Nicht berechtigt der noch nicht eingetragene Auflassungsempfänger, EK. 26[245]. Für den Antrag auf Löschung einer unrichtigen Auflassungsvormerkung EK. 52[162]. Antrag entfällt bei dem auch andere Besonderheiten habenden Falle ursprünglicher Unrichtigkeit im Rahmen des § 54, nach dem auch zu beurteilen,

ob Löschung oder nur Eintragung eines Widerspruchs zulässig EBay. 10[90]. Wegen tatsächlicher, insbesondere den Bestand betreffender Angaben EBay. 16[153].

2) § 19 A. 3. Ist diese vorhanden, so bedarf es des Nachweises der Unrichtigkeit nicht, unbeschadet des Ablehnungsrechts bei sachlich begründeten Zweifeln oder Kenntnis der Unrichtigkeit der beabsichtigten Eintragung, § 19 a. 2, EFG. 9[206], [220], 10[224], 11[227], K. 37[262], 48[186], z. B. Kenntnis der Nichtigkeit des eingetragenen umzuschreibenden Rechts, EK. 38[175], des Todes des Einzutragenden EFG. 3[199], der doppelten Abtretung EK. 49[204]. Verzicht auf ein bereits erloschenes Recht ist Bewilligung der berichtigenden Löschung, ER. 106[114].

3) Anwendung auch in § 27. Ausnahmen in Abs. 2, in § 23 und unter Umständen auch in § 27.

4) ER. 48[56], K. 33[217], 35[291], 49[296], Bay. 8[239], 10[335], 12[463], 13[67] (§ 27 A. 8), 14[258]. Form des Nachweises § 29. Es genügt in den Fällen BGB. §§ 1144, 1145, 1167 bloße Quittung (BGB. § 368). Wegen Bezeichnung des Grundstücks dabei EFG. 8[164]. Im Falle BGB. § 1173[2] Nachweis, daß der Eigentümer keine Ersatzansprüche gegen die anderen Eigentümer hat, EK. 24[256]; vgl. K. 47[214] (BGB. § 1182). Im Falle BGB. § 1164 Nachweis der Befriedigung durch den persönlichen Schuldner und der Ersatzansprüche gegen den Eigentümer, regelmäßig durch dessen Anerkenntnis, EBay. 11[31], Nachweis des Übergangs auf den zahlenden Bürgen (BGB. § 765) EBay. 12[537]. Berichtigung bei Nachweis der Unrichtigkeit des Bestandsverzeichnisses, EK. 25[98], [106]. Nachweis des Gemeinschuldners kann auch nach Konkurseröffnung noch berücksichtigt werden, § 19 A. 2, EK. 40[278]. Fehlt es am Nachweis, so erübrigt nur Klage auf Bewilligung, EBay. 11[493]. Berichtigung durch Erbeneintragung setzt Erbennachweis (§ 36) voraus; Bewilligung des Testamentsvollstreckers genügt nicht, EFG. 13[57]. — Eintritt des Endtermins einer Hypothek, EFG. 13[59], einer durch einstweilige Verfügung angeordneten Verfügungsbeschränkung, EKG. 43[205] (Löschung, auch wenn nachträglich Fortbestehen angeordnet wird). —

EKG. 46[193] (Berichtigung während des Sperrjahres bei Aktiengesellschaften aus HGB. § 306[5]).

5) BGB. §§ 135 ff., 888[2], 892, 1518, 2113, 2211. — ER. 61[233], K. 33[230].

6) Z. B. BGB. §§ 900, 927, 828, 1438, 1922. — Auflassung (§ 20) statt Berichtigung zulässig EFG. 9[59].

7) Weitere Fälle § 84. 8) EFG. 1[162].

9) D. h. des wahren, noch nicht eingetragenen E., EFG. 1[161], K. 25[98], 41[188], Bay. 7[46]. Alle Miteigentümer, auch Miterben trotz BGB. § 2038[1] müssen zustimmen, auch die Erbeserben, EFG. 3[199], K. 25[113], Bay. 10[358], 11[103]. Auch wenn nur das Gemeinschaftsverhältnis berichtigt werden soll EFG. 17[161]. Wegen der gütergemeinschaftlichen Ehefrau EBay. 7[46], 14[243], 15[111], K. 38[209], FG. 11[75], 13[160], [163], 14[69], [243], R. 84[326]. Wegen Nacherben § 52. Testamentsvollstrecker kann Umschreibung auf Erben ohne deren Zustimmung veranlassen, EFG. 11[175]. Die Übertragung eines Grundstücks an einen Miterben bedarf der Auflassung, wenn nicht der Weg des BGB. § 2033 gewählt wird, EFG. 3[202], K. 22[301], R. 52[177]. — Gilt nicht, wenn dem als Alleineigentümer Eingetragenen nur Miteigentum zusteht, EBay. 9[328].

10) Entspricht § 20. Auflassungsform nicht erforderlich, sondern nur die des § 29 S. 1, EBay. 13[151]. Stillschweigende Zustimmung möglich EFG. 13[163].

11) Anwendung auf Bergwerke pr. AG. a. 28.

4. Bei Löschung von Rechten auf Lebenszeit.

§ 23. Ein Recht, das auf die Lebenszeit des Berechtigten beschränkt ist[1]), darf nach dessen Tode, falls Rückstände von Leistungen nicht ausgeschlossen sind, nur mit Bewilligung des Rechtsnachfolgers gelöscht werden[2]), wenn die Löschung vor dem Ablauf eines Jahres nach dem Tode des Berechtigten erfolgen soll oder wenn der Rechtsnachfolger der Löschung[3]) bei dem Grundbuchamte widersprochen hat⁴); der Widerspruch ist von Amts wegen in das Grundbuch einzutragen⁵). Ist der Berechtigte für tot erklärt, so beginnt die einjährige Frist mit der Erlassung des die Todeserklärung aussprechenden Urteils⁶).

Der im Abs. 1 vorgesehenen Bewilligung des Rechtsnachfolgers bedarf es nicht, wenn im Grundbuch eingetragen ist⁷), daß zur Löschung des Rechtes der Nachweis des Todes des Berechtigten genügen soll.

II 22. D. 18.

[1]) Z. B. BGB. § 1061 mit § 1090⁴. Auch Hypothek auf Lebenszeit, EK. 33²³⁸, 34³¹². — Entsprechende Anwendung § 24 (§ 24 A. 1 a. E.).

[2]) An sich würde nach § 22 der Nachweis des Todes genügen, EBay. 11²⁷¹. — Wegen vormundschaftl. Genehmigung EFG. 4¹⁸¹.

[3]) Vor ihrer Ausführung. Der Widerspruch liegt also außerhalb des Rahmens des BGB. § 899.

[4]) Ausnahme für beide Alternativen in Abs. 2.

[5]) Pr. AllgVf. § 14. [6]) BGB. § 18.

[7]) Mit Bewilligung des Berechtigten auch bei ursprünglicher Miteintragung EFG. 13⁶⁴.

5. Bei Löschung anderer zeitlich beschränkter Rechte.

§ 24. Die Vorschriften des § 23 finden entsprechende Anwendung, wenn das Recht mit der Erreichung eines bestimmten Lebensalters des Berechtigten oder mit dem Eintritt eines sonstigen bestimmten Zeitpunkts¹) oder Ereignisses erlischt.

II 23. D. 18.

[1]) Für Hypotheken EFG. 13⁶¹, für eine ältere Reallast EK. 44²⁴⁸.

6. Bei Löschung einer Vormerkung oder eines Widerspruchs.

§ 25. Ist eine Vormerkung oder ein Widerspruch auf Grund einer einstweiligen Verfügung[1]) eingetragen, so bedarf es zur Löschung[2]) nicht der Bewilligung des Berechtigten, wenn die einstweilige Verfügung durch eine vollstreckbare Entscheidung aufgehoben ist[3]). Diese Vorschrift findet entsprechende Anwendung, wenn auf Grund eines vorläufig vollstreckbaren Urteils nach den Vorschriften der Zivilprozeßordnung[4]) eine Vormerkung oder ein Widerspruch eingetragen ist.

II 24. D. 18.

[1]) BGB. §§ 885^1, 899^2. — § 19 A. 5.

[2]) Auf Antrag des Betroffenen § 13^2.

[3]) Auch wenn sie nicht bloß den Antragsteller schützte, EFG. 13^{132}. Gehört das Grundstück zum eingebrachten Gut, muß die Entscheidung auch gegenüber dem Manne ergangen sein, EK. 22^{137}, Fall der GB.Berichtigung (§ 22), EK. 41^{220}. Löschung auf Grund von § 22 nicht ausgeschlossen, EK. 43^{207}.

[4]) ZPO. § 895.

7. Bei Übertragung und Belastung von Briefpfändern.

§ 26. Soll die Übertragung einer Hypothek, Grundschuld oder Rentenschuld, über die ein Brief erteilt ist[1]), eingetragen werden[2]), so genügt es, wenn an Stelle der Eintragungsbewilligung[3]) die Abtretungserklärung[4]) des bisherigen Gläubigers[5]) vorgelegt wird[6]).

Diese Vorschrift findet entsprechende Anwendung, wenn eine Belastung der Hypothek, Grundschuld oder Rentenschuld[7]) oder die Übertragung oder Belastung einer Forderung, für die ein eingetragenes Recht als Pfand haftet[8]), eingetragen werden soll[9]).

I 36, II 25. M. 70; D. 19 § 40.

1) Briefpfand BGB. §§ 1116, 1192, 1199. Ausdruck Pfand wird vom BGB. und der GBO. vermieden, weil das BGB. im Widerspruch mit dem allgemeinen Sprachgebrauch unter Pfand nur ein Mobiliarpfand versteht.

2) Nur fakultativ. — BGB. §§ 1154, 1192[1].

3) Ausnahme von § 19.

4) Form § 29, Angabe, ob mit oder ohne Zinsen abgetreten, EK. 40[273], 51[285]. — Statt Abtretung genügen gemäß BGB. § 1155 S. 2 Überweisungsbeschluß (ZPO. §§ 835 bis 837, auch § 831) und Anerkenntnis eines gesetzlichen Überganges (BGB. § 412). Kein Nachweis der Übergabe des Briefes EK. 51[280].

5) Oder Rechtsnachfolger, EFG. 9[214]. Wegen des Ausweises der Erben EK. 26[92].

6) Annahmeerklärung auch bei mehreren aufeinanderfolgenden Abtretungen nicht erforderlich, EFG. 9[214]. Für Übertragung einer Nachlaßhypothek an einen Miterben bedarf es nicht des Nachweises der Zustimmung des Erwerbers, EK. 51[282]. Wegen Vorlegung des Briefs §§ 41, 43.

7) Nießbrauch (BGB. §§ 1069, 1154, 1192), Pfandrecht (BGB. §§ 1274, 1154, 1292).

8) BGB. § 401. EFG. 7[275].

9) Also zulässig. Aber kein GB.Rechtsschein (BGB. § 892) für Bestand der Forderung und Legitimation des Gläubigers. Angabe über Mitverpfändung der Zinsen nicht erforderlich, EK. 53[186].

8. Bei Löschung von Pfandrechten und deren Belastung.

§ 27. Eine Hypothek, eine Grundschuld oder eine Rentenschuld 1) darf nur mit Zustimmung 2) des Eigentümers 3) des Grundstücks gelöscht werden 4).

Ein Recht 5), mit dem eine Hypothek, eine Grundschuld oder eine Rentenschuld belastet ist, darf nur mit Zustimmung 6) desjenigen gelöscht werden, welchem die Hypothek, die Grundschuld oder die Rentenschuld zusteht 7).

Für eine Löschung, die zur Berichtigung des Grundbuchs erfolgen soll[8]), ist die Zustimmung nicht erforderlich[9]), wenn die Unrichtigkeit nachgewiesen wird[10]).

I 35, II 26. M. 70; D. 20.

[1]) Auch beim Buchpfand. Für Briefpfand § 69.

[2]) Einseitiges Rechtsgeschäft, nicht dinglicher Vertrag (§ 19 A. 4), EBay. 16 B159.

[3]) Des wahren Eigentümers. Dem bloßen Bucheigentümer gibt der gegen ihn eingetragene Widerspruch (§ 54) kein Verfügungsrecht, EK. 26[250]. Sämtliche Miteigentümer müssen zustimmen, EFG. 1[121], auch solche, welche das Verfügungsrecht des Eigentümers beschränken, insbesondere Nacherben, EFG. 7[270], K. 35[306], letztere aber nicht, wenn eine Eigentümergrundschuld nicht zum Nachlasse gehört, EK. 50[215] oder ihre Aufhebung ein entgeltliches Geschäft des befreiten Vorerben ist, EK. 43[263]. Bei ehelichem Gesamtgut nur der Mann, EK. 22[140], EFG. 2[89], EBay. 2[219, 796]. Für den Antrag auf Löschung EFG. 4[168], Bay. 16 B159. Beschränkt sich nicht auf den Fall einer möglichen Eigentümerhypothek, gilt auch für Freigabe bei Gesamthypotheken, EK. 24[135]. Im Falle BGB. § 1173 Löschung auf den übrigen Grundstücken ohne Zustimmung und vorgängige Eintragung der Eigentümer, EK. 4, FG. 4[267]. Wegen Pfändung EK. 52[257]. Löschung einer durch den Grundstückseigentümer gepfändeten Hypothek auf dessen Bewilligung EK. 52[204]. Gilt nicht, wenn eine zuständige Behörde ersucht, § 39 A. 2.

[4]) Geht unter Umständen über §§ 19, 22 hinaus, Bewilligung der Berechtigten genügt nicht. Gilt auch für 47², EFG. 11[154], Herabsetzung des Zinsfußes, EFG. 10[219]. Gilt nicht für die Verzichtseintragung aus BGB. § 1168², EBay. 7[433], für die Verteilung von Gesamthypotheken, EFG. 10[53], K. 37[307] gegen FG. 2[240], für die Löschung einer Gesamthypothek bei einem der Pfandgrundstücke, wenn bei diesem Verzicht des Gläubigers (BGB. § 1175 Abs. 1 S. 2) vorher eingetragen ist, EFG. 14[210].

— Wegen Vorlegung weiterer Urkunden vgl. § 44. — Löschung auf Ersuchen § 39. — Keine Löschung zum Zwecke einer, überhaupt unzulässigen, Vereinigung mit einem anderen Pfandrecht, EFG. 8[45]. [5]) § 26 A. 6.

[6]) BGB. § 878 kommt nicht zur Anwendung.

[7]) Anwendung von § 19 unter Berücksichtigung der BGB. §§ 1063, 1068, 1256, 1273. [8]) § 22 A. 1.

[9]) Entsprechend dem § 22, EBay. 13[67] (Löschung einer Hypothek für eine gepfändete und dann eingezogene Forderung ohne Zustimmung nachstehender Pfandgläubiger).

[10]) Z. B. BGB. § 1255 mit § 1273.

III. Bezeichnung des Grundstücks und des Geldbetrags.

§ 28. In der Eintragungsbewilligung[1]) oder, wenn eine solche nicht erforderlich ist[2]), in dem Eintragungsantrag[3]) ist das Grundstück übereinstimmend mit dem Grundbuch[4]) oder durch Hinweisung auf das Grundbuchblatt[5]) zu bezeichnen. Einzutragende Geldbeträge sind in Reichswährung anzugeben[6])[7]).

I 25, 29, II 27. M. 60, 64; D. 21.

[1]) § 19, K. 21[124]. — Eine von der Bew. getrennte Angabe genügt nicht, K. 21[127]. — § 28 gilt auch für Bew. pfandfreier Abschreibung, EK. 38[243]. [2]) § 19 A. 5—8.

[3]) § 13 A. 3 bzw. in dem Ersuchen, § 39 A. 3. EBay. 8[339].

[4]) § 2[2]. EFG. 16[346]. Für Teilstücke EBay. 3[1053], 7[49]. Anwendung auf das herrschende Grundstück EFG. 8[141], K. 35[242].

[5]) §§ 3 ff., sofern sich daraus das Grundstück zweifellos ergibt. Auch bei Löschungen genügt die Bezeichnung: „überall im Grundbuch, wo das Recht eingetragen ist", nicht, EFG. 8[162]. Anwendung auf Quittungen, welche die Bewilligung ersetzen sollen, EFG. 8[162].

[6]) BGB. § 1115 und § 56. Zwangshypotheken für in ausl. Währung ausgedrückte Schulden konnten nur als Maximalhypotheken nach dem im Eintragungsantrage anzugebenden Kurswerte des Tages der Antragstellung eingetragen werden, ER. 106[81]. — Solche Maximalhypotheken konnten überhaupt zur Sicherung gegen Valutaschäden u. Kursschwankungen eingetragen werden, EBay. 21[A213]. Die Bestimmung gilt auch für Reallasten (BGB. §§ 1105ff.), soweit sie auf Geld gehen und im Falle BGB. § 882. Nach § 28 S. 2 durfte die schuldrechtlich-wirksame Goldklausel nicht eingetragen werden, die Praxis stand aber auf anderem Standpunkte und ließ zur Verdinglichung der Klausel Bezugnahme genügen, ER. 50[149], gab ihr aber nur beschränkte Wirkung, EJW. 22[112], R. 104[352]. Gegen nachträgliche Eintragung EFG. 15[157]. Bek. 28. 9. 14 (RGBl. S. 417) erklärt die vor dem 31. 7. 14 getroffenen Goldzahlungsvereinbarungen bis auf weiteres nicht für verbindlich. — Über polnisches Valutages. 20. 11. 20 EJW. 22[1120]. — Über Goldhypotheken schweizerischer Gläubiger Abkommen 6. 12. 20 mit RG. 9. 12. 20 (RGBl. S. 2023) dazu EJW. 22[1316], ferner Zusatzabkommen 25. 3. 23 mit RG. 23. 6. 23 (RGBl. II, S. 284, 314) und AusfVO. 28. 6. 23 (RGBl. II S. 291), 9. 11. 23 (RGBl. II S. 410). — VO. 13. 2. 20 (RGBl. S. 231) ermöglichen bis zum 31. 12. 25 Eintragung von Grundpfändern in ausländ. Währung (auch Umwandlung mit Zustimmung der Gleich- und Nachstehenden) mit (einzutragender) Genehmigung der Landeszentralbehörde die in Pr. nur ausnahmsweise gegeben wird, Allg. Vf. 21. 1. 24 (JMBl. S. 29). Sie ist nicht erforderlich bei schweizer. Grundschulden, Zusatzabkommen a. 13. — Jetzt auch wertbeständige Grundpfänder zulässig nach RG. 23. 6. 23 (RGBl. I S. 407) mit den auf Grund des § 11 d. G. erlassenen VO. 29. 6. 23 (RGBl. I S. 482), 5. 10. 23 (RGBl. I S. 933) und 2. 11. 23 (RGBl. I S. 1075) u. pr. AllgVf. 22. 8. 23 (JMBl. S. 612). In Betracht kommen für das GB. namentlich:

§ 1. Eine Hypothek kann in der Weise bestellt werden, daß die Höhe der aus dem Grundstück zu zahlenden Geldsumme durch den amtlich festgestellten oder festgesetzten Preis einer bestimmten Menge von Roggen, Weizen oder Feingold bestimmt wird. Die Reichsregierung kann mit Zustimmung des Reichsrats auch den in gleicher Weise festgestellten oder festgesetzten Preis einer bestimmten Menge von Kohle, Kali oder anderen Waren oder von Leistungen als Maßstab zulassen. (Wertbeständige Hypothek.)

§ 2. Die Höhe der Geldsumme kann auch in der Weise bestimmt werden, daß, falls der als Maßstab gewählte Preis einer Ware oder einer Leistung den Preis einer anderen Ware oder Leistung nicht erreicht oder überschreitet, dieser letztere Preis maßgebend sein soll.

§ 3. Bei der Eintragung der wertbeständigen Hypothek im Grundbuch ist der Geldbetrag durch Art und Menge der Ware oder Leistung zu bezeichnen, deren Preis als Maßstab gewählt ist.

§ 8. Für Grundschulden und Rentenschulden gelten die Vorschriften der §§ 1—7 entsprechend.

Wegen Wertberechnung für die Gebühren § 7. Umwandlung von wertbeständigen Reallasten zur Sicherung von Teilschuldverschreibungen in wertbeständige Hypotheken § 11. Inkrafttreten mit der Verkündung (29. 6.) § 13.

⁷) Weitere Angaben ergeben sich für den einzelnen Fall, z. B. für Grunddienstbarkeiten aus BGB. § 1018, für beschränkte persönliche Dienstbarkeiten aus BGB. § 1090, für Wohnungsrecht aus BGB. § 1093 (EK. 53[157]), für Pfandrechte aus BGB. §§ 1115, 1192, 1199, für Sicherungshyp. aus BGB. § 1184, Höchstbetragshyp. aus BGB. § 1190, zulässig auch zur Sicherung von Gesta tungsverträgen, EBay. 21[A98], Notopferhyp. aus VO. 15. 11. 21 (RGBl. S. 1359) § 16.

IV. Nachweis der Voraussetzungen.

§ 29. Eine Eintragung soll[1]) nur erfolgen, wenn die Eintragungsbewilligung[2]) oder die sonstigen zu der Eintragung erforderlichen Erklärungen[3]) vor dem Grundbuchamte zu Protokoll gegeben[4]) oder durch öffentliche[5])

oder öffentlich beglaubigte 6) Urkunden nachgewiesen 7) werden. Andere Voraussetzungen der Eintragung 8) bedürfen, soweit sie nicht bei dem Grundbuchamt offenkundig 9) sind, des Nachweises durch öffentliche 10) Urkunden 11) 12).

I 39, 40, II 28. M. 72, 75; D. 21.

1) Ordnungsvorschrift. Nichtbeurkundung der Auflassung vor dem GBA. beeinträchtigt nicht die Gültigkeit der Eintragung des Eigentums, ER. 99[65].

2) Oder deren Ersatz, soweit erforderlich. § 19 nebst A. EBay. 6[495].

3) Namentlich Bewilligung nach §§ 23[1], 24, Abtretungserklärung nach § 26 und Zustimmung nach §§ 22[2], 27, 66, Erklärung des § 58[3], Bestimmung nach § 60[2], Ablehnungserklärung der Kreditanstalt bei Notopferhyp., VO. 15. 11. 21 (RGBl. S. 1359) § 8, auch erforderliche Vollmachten, EFG. 1[122], 2[190], K. 43[156], EBay. 2[290], 10[421] (eingetr. Genossenschaft). Doch genügt Offenkundigkeit stillschweigender Bevollmächtigung, EFG. 13[163]. Vorlegung der förmlichen Vollmachtsurkunde nicht erforderlich, ER. 104[361]. Notar kann in Pr. bezeugen, daß der Erklärende im Besitz der Vollmacht gewesen sei, EK. 23[120]. Vgl. aber EBay. 6[212]. Seine Angabe über Form und Inhalt erübrigt nicht Vorlegung und eigene Prüfung, EK. 43[154], FG. 10[159], insbes. nicht seine Angabe, daß die Vollmacht zur Erklärung ermächtige, EFG. 10[159]. Vollmacht „für mich und meine Erben" oder ähnlich berechtigt zur Vertretung der Erben, ohne daß Erbennachweis oder vormundschaftsgerichtl. Genehmigung aus der Person eines Erben zu erfordern wäre, ER. 88[345], 106[185], K. 50[157], § 41 A. 2. Über die Grenzen der Auflassungsvollmacht EK. 51[202], Generalvollm. der Ehefrau, EK. 51[205]. BGB. § 181 auch hier zu beachten, EK. 41[168]. Notar kann nicht Vollmacht auf sich selbst beurkunden, EK. 24[2], Bay. 16 A[140], 18 A[210], [300]. — Ausnahmen für Antrag und Vollmacht dazu § 30. Anwendung auf Rücknahme und Vollmachtswiderruf

§ 32. — EBay. 2[540], [555]. — Für Verschuldungsgrenze pr. G. 20. 8. 06, §§ 2[1], 11[1].

[4]) § 1 A. 1 u. 3. Der durch das Landesrecht (§ 1 A. 1) zu bestimmende Beamte des GBA. (in Pr. der Richter, a. 5 AG.) ist verpflichtet, die Erklärungen zu Protokoll zu nehmen. Landesrecht kann diese Verpflichtung erweitern. Auf das Protokoll finden, soweit darin ein Rechtsgeschäft beurkundet wird, die reichs- und landesgesetzlichen Vorschriften über gerichtliche Beurkundung von Rechtsgeschäften (FG. §§ 168 ff., pr. FG. a. 40 ff.) Anwendung. Über Notwendigkeit der Verlesung der Anlagen EFG. 5[103].

[5]) ZPO. § 415, EFG. 15[325]. Pr. AG.BGB. A. 12 § 2 bezieht sich nur auf das obligatorische Geschäft und schafft nicht die Form des § 29, EK. 29[135]. Erklärungen öffentlicher Behörden (EK. 43[180]) (auch kommunaler oder kirchlicher Behörden, sofern sie nach Landesrecht als öffentliche anzusehen sind, über Gemeindesparkassen EK. 33[200], über Organe kirchl. Genossenschaften EK. 47[132]), in eigenen Angelegenheiten in gesetzlicher Form ausgestellt, bedürfen keiner weiteren Beglaubigung. So auch Erklärungen des Kulturamtsvorstehers über Abtretung von Wiederkaufsrechten bei Anliegersiedlung, Gutachten des K. 30. 9. 20 (JM. S. 594). Zugehörigkeit der Unterzeichner zur Behörde braucht nicht nachgewiesen zu werden, EK. 21[101], 33[193], [194], 43[183], auch bei Behörden der anderen Bundesstaaten (§ 1 RG. 1. 5. 78), pr. AllgVf. 25. 3. 85 (JM. S. 128) für Mecklenburg-Strelitz. Für Feststellung der Unterschrift bei Erklärungen ausländischer Behörden durch Legalisation § 2 RG. 1. 5. 78, Staatsverträge mit Österreich-Ungarn 25. 2. 80 (RGBl. 1881 S. 4) und 13. 6. 81 (RGBl. S. 253). Zuständigkeit kann in jeder Weise festgestellt werden. Für Pr. AG. a. 9. — Stiftungsvorstände EK. 35[217]. — Gilt auch für Erklärungen der deutschen Rentenbank, DurchführgsBest. 15. 11. 23 (RGBl. I S. 1092) § 4.

[6]) D. h. Privaturkunden mit Unterschriftsbeglaubigung, BGB. § 129. In Bezug genommene, nicht körperlich beweis-

sicher verbundene Anlagen bedürfen ebenfalls der Beglaubigung EK. 48[178]. Beigefügte Zeichnungen müssen öffentliche Urkunden sein, EFG. 15[322]. Wegen Bezugnahme auf die Satzung einer Kreditanstalt EK. 47[206]. Im Zeitpunkte der Beglaubigung muß die Legitimation vorhanden sein, EK. 21[277]. Bei offenen Handelsgesellschaften genügt bloße Unterschrift mit der Firma, EK. 21[108]. Bei Genossenschaften Zeichnung der Genossenschaftsfirma nicht erforderlich, K. 21[105], 33[156]. Befugnis zur Beglaubigung nach Reichs- oder Landesrecht muß vorhanden sein (FG. §§ 167, 183, 184, 200). Kenntnis ausländischen Rechtes behufs formaler Prüfung muß sich das GBA. beschaffen, EK. 25[117]. Zusätze, nachträglich ohne besondere Beglaubigung hinzugefügt, machen die Urkunde ungeeignet, EFG. 2[101], K. 29[116]. Daher keine nachträgliche Einfügung des Namens des Bevollmächtigten, wohl aber Vollmacht auf den Inhaber oder eine von einem Dritten zu bestimmende Person, EK. 35[227]. Wenn nicht, wie z. B. bei Vollmachten (§ 33 A. 3) der Besitz der Urkunde selbst einen wesentlichen Bestandteil der Legitimation bildet, so genügt auch beglaubigte Abschrift der Urkunde, EFG. 1[130], EK. 20[285], 25[120]. — Für Unterwerfung unter sofortige Zwangsvollstreckung genügt wegen ZPO. § 794 Z. 5 die bloße Unterschriftsbeglaubigung nicht, aber FG. § 176[2].

[7]) Ob durch die Urkunde die Erklärungen nachgewiesen sind, bleibt zu prüfen, Bedenken gegen die nicht ausdrücklich oder unzureichend festgestellte Identität und Geschäftsfähigkeit sind nur aus besonderen Gründen und nicht aus bloßen Möglichkeiten zu erheben, dann aber auch gegenüber ausdrücklicher Feststellung, EK. 20[177], [281], 23[7], 31[245], 35[199], 40[133], FG. 9[226], Bay. 9[652]. Vgl. § 22 A. 2. — Die beim Einschreiten des GBA. von Amts wegen bestehende Pflicht zu Ermittelungen von Amts wegen (FG. § 12) ist für den Nachweis der Eintragungsvoraussetzungen ausgeschlossen, EFG. 14[65], 15[76]. Über den Nachweis des Alleinbesitzes aller Kuxe einer Gewerkschaft neuen Rechts EK. 52[209].

[8]) Z. B. die Legitimation eines gesetzlichen Vertreters

(§ 13 A. 10), EBay. 6[298], aber auch 9[413], FG. 8[219], das Fortbestehen einer Vollmacht bei Geschäftsunfähigkeit des Erteilers, EBay. 14[319], Genehmigung des Vormundschaftsgerichtes EGr. 52[698], Rechtsnachfolge (trotz erteilter Vollstreckungsklausel) EBay. 8[452], der Nachweis der Unrichtigkeit nach § 22[1], der Nachweis des Todes (§ 23) oder des in § 24 gedachten Ereignisses oder der Aufhebung einer einstweiligen Verfügung (§ 25). Für Enteignung EBay. 8[944], [555]. Über den Nachweis der Ausnahme von der Zustimmung des Ehemanns nach BGB. § 1401 EFG. 16[307]. Kein solcher Nachweis der Nichtbeschränkung der elterlichen Gewalt der Mutter, der überhaupt nur aus besonderen Gründen zu erfordern ist, EFG. 6[246]. Kein Nachweis der Übergabe des Briefes an den Vorleger seitens des Gläubigers, EFG. 7[138]. Für Witwenschaft genügt Bezeichnung in dem Notariatsprotokoll, EK. 44[208], 52[110]. Die Entgeltlichkeit der Verfügungen eines Vorerben, Testamentsvollstreckers, Ehemannes, kann in anderer Weise festgestellt werden, z. B. durch übereinstimmende Angaben des Vorerben und des miterbenden Vollerben, Nachweis der Bewilligung als Bestandteil eines entgeltl. Geschäfts, die auch als durch die Sachlage ausgeschlossen erscheinen kann, EFG. 8[153], 11[123], EK. 35[209], 38[233], 41[176], Bay. 12[553], 13[176]. Nachweis des Nichtbestehens der fortgesetzten Gütergemeinschaft § 36 A. 8. Identitätsprüfung EFG. 16[342]. Nachweis der Übermittlung der Gläubigererklärung bei Schweizer Goldhyp. (§ 28 a. 6) bedarf nicht der Form des § 29, VO. 9. 11. 23 (RGBl. II S. 410). — GBA. kann, auch nach erfolgter Auflassung, das Verfügungsrecht des Veräußerers auf Grund ihm sonst zugänglich gewordener Urkunden beanstanden, EK. 25[117]. Vgl. §§ 33—38 bezüglich der nach ihnen zu erbringenden Nachweise, — BGB. § 2356[1].

[9]) ZPO. § 291. Auch Aktenkundigkeit, insb. wenn der Vorgang in den Akten des GBA. oder des Gerichts zur Entstehung gelangt ist, EFG. 1[171], R. 48[400], 61[233], 69[258], K. 37[230], Bay. 16 B[60], AllgVf. § 35[2]. Offenkundigkeit beim Notar genügt nicht, EBay. 12[706].

10) A. 5, EK. 22[210], 40[114]. Unterschriftsbeglaubigung genügt nicht. Dagegen kann statt Ausfertigung beglaubigte Abschrift genügen (A. 6). Jedenfalls genügt bei den Gerichtsakten befindliche Urschrift, EK. 40[207]. Bescheinigung der im Statut einer Privatsparkasse bestimmten Behörde über die Zusammensetzung des Vorstandes, EK. 30[165].

11) Wer ein Urteil auf Eintragung erlangt hat, kann nach ZPO. § 896 an Stelle des Schuldners die Erteilung, bei Behörden und Beamten, insbesondere Notaren, verlangen. — § 40 A. 5.

12) Wegen Aufbewahrung § 11.

1. Antrag und Vollmacht.

§ 30. Für den Eintragungsantrag 1) sowie für die Vollmacht zur Stellung eines solchen 2) gelten die Vorschriften des § 29 3) nur, wenn durch den Antrag zugleich eine zu der Eintragung erforderliche Erklärung 4) ersetzt werden soll.

I 43, II 79. M. 29; D. 22.

1) §§ 13—15. Wegen Rücknahme § 32.

2) § 13 A. 10. § 31. — Wegen Widerrufs § 32. — Nachweis des Fortbestehens ohne besondere Veranlassung nicht zu erfordern, EK. 33[150], FG. 17[155]. Erklärung der V. gegenüber dem Bevollmächtigten schon aus dem Besitz der V. zu schließen, EK. 37[223]. Auf Legitimation des gesetzlichen Vertreters oder Güterpflegers (Konkursverwalter [über Eintragungen auf dessen Namen EBay. 14[444]], Testamentsvollstrecker, Pfleger nach BGB. § 1914, „Vertreter" nach ZPO. § 58), sowie der Organe privater oder öffentl. jur. Personen (vgl. z. B. pr. AllgVf. 14. 8. 97, 2. 11. 98, für Militärbehörden 6./17. 11. 00, betr. Strombau- u. Kanalverwaltg.), sowie das Erfordernis einer Ermächtigung, Genehmigung u. dgl. (vgl. z. B. pr. AllgVf. § 4 A. 2) bezieht sich das nicht.

3) § 29 A. 3. — Schriftform aber stets erforderlich, EK. 44[176].

[4]) Insbesondere die Bewilligung (§ 19 EK. 24[87]), die Zustimmung (§ 22[2], EBay. 13[151]) oder die in § 26 erwähnte Abtretungserklärung. Keine Form für den Antrag auf Eintragung der Erhöhung der Zinsen oder Verwaltungskostenbeiträge bei Tilgungsdarlehen, RG. 3. 6. 22 (RGBl. I S. 485) § 7, pr. AllgVf. 4. 7. u. 6. 11. 22 (JMBl. 256 u. 473), für den Antrag des Erben auf Umschreibung einer Hypothek, wenn Erbschein und Brief vorliegen, EK. 22[154], für den auf geringere Summe gerichteten oder eine Verteilung bestimmenden Antrag bei Zwangshyp., EFG. 10[60], [142], 11[54]. — EK. 28[265], 32B[19], FG. 5[105].

Vollmachtsstempel.

§ 31. Wird im Falle der Auflassung eines Grundstücks sowie im Falle der Bestellung oder Übertragung eines Erbbaurechts die erforderliche Einigung des Berechtigten und des anderen Teiles[1]) durch Bevollmächtigte[2]) vor dem Grundbuchamt[3]) erklärt, so ist die Vollmacht stempelfrei, wenn das der Einigung zugrunde liegende Rechtsgeschäft[4]) von einem Notar beurkundet und die Vollmacht[5]) in der Urkunde erteilt ist[6]).

Von der RTK. neu eingefügter § 29a, Bericht zu § 14.

[1]) § 20. [2]) § 13 A. 10, § 30 A. 2.

[3]) Nicht vor dem Notar, EK. 36B [66], [70]. Stempelfreiheit bleibt, wenn die Beteiligten selbst die Aufl. erklären.

[4]) § 9 A. 4. Beurkundung des Angebots oder der Annahme allein genügt nicht, EK. 102[299].

[5]) Ausschließlich zu einer mit dem beurkundeten Geschäfte sich deckenden Auflassung vor dem GBA., EK. 36B [66], [70], Bay. 15[165]. — Also nicht stempelfrei allgemeine Auflassungsvollmacht unter der Herrschaft des pr. G. 13. 5. 10. Jedoch Stempelerlaß für die Zeit vor dem 1. 6. 19 (AllgVf. 3. 7. 19, JM. S. 364).

[6]) Fehlt irgendeine Voraussetzung, so greift die landesrechtliche Stempelpflicht (§ 1 A. 5) ein, EK. 78[156].

2. Zurücknahme und Vollmachtswiderruf.

§ 32. Erklärungen, durch die ein Eintragungsantrag¹) zurückgenommen²) oder eine zur Stellung des Eintragungsantrags erteilte Vollmacht widerrufen wird, bedürfen der im § 29 Satz 1 vorgeschriebenen Form³).

II 30. D. 22.

¹) § 13.

²) Einseitige Zurücknahme nur zulässig, wenn einseitig gestellt, K. 24[92]. — EFG. 14[241].

³) § 30 findet also keine Anwendung. — Der Form bedarf auch die Zurücknahme seitens des Notars, der nach § 15 legitimiert ist (EK. 28[80], R. 60[396]), nicht aber die Festhaltung eines Teils des Antrags, ER. 35[196].

3. Handelsgesellschaften.

§ 33. Der Nachweis, daß der Vorstand¹) einer Aktiengesellschaft²) aus den im Handelsregister eingetragenen Personen besteht, wird durch ein Zeugnis des Gerichts über die Eintragung³) geführt⁴).

Das gleiche gilt von dem Nachweise der Befugnis zur Vertretung⁵) einer offenen Handelsgesellschaft⁶), einer Kommanditgesellschaft⁷), einer Kommanditgesellschaft auf Aktien⁸) oder einer Gesellschaft mit beschränkter Haftung⁹)¹⁰)¹¹).

II 31. D. 22. — RG. vom 1. 5. 89 § 26 Abs. 2, BGB. § 69.

¹) Auch die Liquidatoren u. Prokuristen, EK. 52[120]. Über den Reichshauptbevollmächtigten einer ausländischen Gesellschaft EK. 35[224].

²) HGB. § 198.

³) Nur über die Eintragung. Ein Zeugnis, daß der Vorstand an einem bestimmten früheren Zeitpunkte zur Vertretung legitimiert war, kann nicht begehrt werden, EFG. 1[150].

4) Pr. AllgVf. 7. 11. 99 § 2 (JM. S. 313), pr. FG. a. 18. Es genügt Bezugnahme im Falle des § 35. Auch vom Gerichtsschreiber beglaubigte Abschrift der Eintragung oder des Gerichtszeugnisses genügt. EFG. 1^{130}, 3^{106}, EK. 20^{285}, 24^{96}. Bei Zweifeln auch Heranziehung weiterer Beweismittel, EK. 33^{153}. Jedenfalls keine Ausschließlichkeit dieses Nachweises gegenüber § 29, EFG. 6^{274}. — Offenkundigkeitsbezeugung durch den Notar genügt nicht, EBay. $19^{A\,122}$.

5) Daß das Zeugnis nicht älter sei als die Eintragung des Vertreters, ist nur bei Zweifeln zu verlangen, EFG. 1^{78}.

6) HGB. §§ 106, 125. 7) HGB. § 161.

8) HGB. § 325. 9) RG. 20. 4. 92 § 10.

10) Für Erwerbs- und Wirtschaftsgenossenschaften RG. 1. 5. 89 § 10, für eingetragene Vereine BGB. § 69. — Für Unfallversicherungs-Berufsgenossenschaften EK. 26^{90}. (Nachweis der Behinderung des ersten Vertreters darf von dem für diesen Fall bestellten zweiten nicht gefordert werden.)

11) Auf Vertretungsbefugnis des Prokuristen bezieht sich § 33 nicht, EK. 20^{23}. — Über Eintragungen auf die Firma eines Einzelkaufmanns AllgVf. § 4 A. 2.

4. Eheliches Güterrecht.

§ 34. Der Nachweis, daß zwischen Ehegatten Gütertrennung 1) oder ein vertragsmäßiges Güterrecht 2) besteht oder daß ein Gegenstand zum Vorbehaltsgut eines Ehegatten gehört 3), wird durch ein Zeugnis des Gerichts 4) über die Eintragung des güterrechtlichen Verhältnisses im Güterrechtsregister 5) geführt 6).

II 32. D. 22.

1) BGB. §§ 1426 ff. 2) BGB. §§ 1432 ff.

3) BGB. §§ 1365 ff. Über Bedeutung des Güterrechts für Eintragung verzinslicher Forderungen der Frau gegen den Mann, EK. 52^{188}.

4) Pr. AllgVf. 6. 11. 99 (JM. S. 302 a. 3). Pr. FG. a. 18. Es genügt Bezugnahme im Falle des § 35. Nachweis durch Vorlegung des Ehevertrages nicht ausgeschlossen, FG. 6[148]. Fortbestehen anzunehmen, solange nichts Entgegenstehendes ersichtlich, EK. 39[180].

5) BGB. §§ 1558 ff.

6) Sonst ist Vermögen der Ehefrau als eingebrachtes Gut (wegen der dadurch herbeigeführten Beschränkungen BGB. § 1404) und Vermögen des Ehemannes als durch die Ehe nicht beeinflußt zu behandeln. — Gilt nicht unbedingt für bestehende Ehen, EK. 19[65].

Bezugnahme.

§ 35. Ist in den Fällen der §§ 33, 34 das Grundbuchamt zugleich das Registergericht, so genügt statt des Zeugnisses die Bezugnahme auf das Register 1).

II 33. D. 22.

1) Recht und Pflicht des GBA., den gesamten die Firmen betreffenden Inhalt des Registers und der Registerakten zu berücksichtigen, EK. 20[72].

5. Erbfolge 1) und Testamentsvollstreckung.

§ 36. Der Nachweis der Erbfolge kann nur durch einen Erbschein 2) geführt werden. Beruht jedoch die Erbfolge auf einer Verfügung von Todes wegen, die in einer öffentlichen Urkunde enthalten ist 3), so genügt es, wenn an Stelle des Erbscheins 4) die Verfügung und das Protokoll über die Eröffnung der Verfügung 5) vorgelegt werden; erachtet das Grundbuchamt die Erbfolge durch diese Urkunden nicht für nachgewiesen, so kann 6) es die Vorlegung eines Erbscheins verlangen 7).

Das Bestehen 8) der fortgesetzten Gütergemeinschaft 9) sowie die Befugnis eines Testamentsvollstreckers 10 zur

Verfügung über einen Nachlaßgegenstand ist nur auf Grund der in den §§ 1507, 2368[11]) des Bürgerlichen Gesetzbuchs vorgesehenen Zeugnisse als nachgewiesen anzunehmen; auf den Nachweis der Befugnis des Testamentsvollstreckers finden jedoch die Vorschriften des Abs. 1 Satz 2 entsprechende Anwendung[12]).

I 41, II 34. Der letzte Halbsatz ist Zusatz der RTK. — M. 76.

[1]) Für Fideikommißgüter und andere Güter mit Sondernachfolge, sowie für Güter mit Obereigentum pr. AG. a. 15 ff.

[2]) BGB. §§ 2353 ff. EBay. 11[219]. Zwingend (EK. 35[205]). Gleichwohl entbehrlich bei Offenkundigkeit. — Über notarielle Feststellung als Ersatz EBay. 7[417]. Ausnahme Satz 2. — Genügt auch für den Nachweis des Anteils oder Alleineigentums eines Miterben, EK. 35[213]. Der Erbschein muß zur Zeit des Ablegens der fraglichen Erklärungen wirksam bestanden haben. Begründete Beanstandung seines Inhalts und der Richtigkeit berechtigt zur Zurückweisung EBay. 14[560]. Vorhandensein eines vom Erblasser bestellten Bevollm. erübrigt den Erbschein nicht, EK. 41[162]. Nachlaßpfleger (BGB. § 1960, anders Pfleger eines Erbstrangs, BGB. § 1913), bedarf keines Erbscheins, EFG. 10[277]. Gegenüber ausländischen Erbscheinen freie Prüfung, § 36 bezieht sich nur auf deutsche Erbfolgen, EK. 36[162]. Bei Unrichtigkeit des Erbscheins nur Berichtigung auf Grund neuen Erbscheins oder Bewilligung, § 22, EBay. 9[509].

[3]) BGB. §§ 2231 Nr. 1 (Gegensatz Nr. 2 mit § 2267), 2249, 2276, teilweise 2250, 2251 und des RG. 2. 5. 74, § 44. Gilt nicht, wenn daneben eine die angeordnete Erbfolge berührende, nicht widerrufene und nicht offenbar ungültige private Vf. besteht, EK. 25[278], 37[245], 47[145]. Wegen ausländischer Privattestamente EK. 27[108].

[4]) Der auch hier zulässig (BGB. § 2355) und dann maßgebend ist. Ist er unverständlich, so ist nach § 18 ein anderer Schein zu erfordern, EK. 34[227].

[5]) BGB. §§ 2260, 2273, 2300.

6) Fakultativ, z. B. bei Anfechtbarkeit, EFG. 5[206], wenn sich Erbrecht nur in Verbindung mit anderen, wenn auch öffentlichen Urkunden ergeben würde. EK. 38[225]. Gegen Mißbrauch Beschwerde, EK. 24[90], EFG. 1[172], 3[137], ER. 48[400], EK. 23[139], 25[123]. Für Hann. EK. 24[224].

7) Wegen Umschreibung auf unbekannte Erben EK. 28[283]. Wegen der Eintragung eines Vorerben vgl. auch § 52 und wegen der gleichzeitigen Eintragung des Testamentsvollstreckers § 53. — Da Vermächtnisnehmer nach BGB. § 2174 lediglich eine Forderung auf Leistung haben (§ 13 A. 7), können sie nur auf Bewilligung des Beschwerten eingetragen werden.

8) Auch Nichtbestehen EFG. 13[154].

9) Auch noch nach dem Tode des Überlebenden zulässig zur Bf. vor Auseinandersetzung, EK. 41[52].

10) Überhaupt seine Legitimation, EFG. 12[63].

11) Zeugnis hat nach Prüfung der Verf. v. Todes wegen Ernennung und Annahme zu bescheinigen, EFG. 10[64]. — Beanstandung wie beim Erbschein (A. 2), EFG. 12[63], K. 45[253].

12) Es genügt regelmäßig neben dem Testament in öffentlicher Urkunde Bescheinigung des Nachlaßrichters über die Annahme des Amts, EK. 24[221], FG. 4[265]. Ist das Testament vom Nachlaßrichter für ungültig erklärt, braucht sich das GBA. auf selbständige Prüfung der Gültigkeit nicht einzulassen, EK. 34[233]. Auch A. 3. — Für ausländische Testamentsvollstrecker EFG. 6[160]. — Wegen Nachweises der Entgeltlichkeit BGB. § 2205, EFG. 8[147], 14[274] (für Erbteilung), § 29 A. 8.

6. Erbauseinandersetzung.

§ 37. Soll bei einer zu einem Nachlasse gehörenden Hypothek, Grundschuld oder Rentenschuld 1) einer von mehreren Erben 2) als neuer Gläubiger eingetragen werden, so genügt zum Nachweise der Erbfolge und der Eintragungsbewilligung der Erben ein Zeugnis des Nachlaßgerichts 3).

Das Zeugnis darf nur ausgestellt werden, wenn die Voraussetzungen für die Erteilung eines Erbscheins vorliegen und die Erklärungen der Erben[4]) vor dem Nachlaßgerichte zu Protokoll gegeben oder durch öffentliche oder öffentlich beglaubigte Urkunden nachgewiesen sind[5]).

I 42, II 35. M. 78; D. 23.

¹) § 27 A. 1. — Ausdehnbar auf Eigentum und Erbbaurecht § 99.

²) Ausgedehnt auf Gütergemeinschaft § 38.

³) § 99 A. 1. Das Zeugnis muß beides bescheinigen, EK. 44[237]. Andere Nachweise sind zulässig. Ergeben muß sich Übereignung durch die Miterben selbst. Befugnis eines dritten Übereignenden ist dem GBA. nachzuweisen, EFG. 11[149].

⁴) Bez. Test.vollstreckers EFG. 14[276], K. 48[158].

⁵) Entsprechend § 30. GBA. hat Beobachtung des Abs. 2 nicht nachzuprüfen, ebensowenig das Vorhandensein eines wichtigen Grundes für vom Testamentsvollstrecker vorgenommene vorzeitige Auseinandersetzung, EK. 52[113]. Gerichtl. Auseinandersetzung der Erben ist nicht notwendig, EFG. 14[276].

7. Auseinandersetzung einer Gütergemeinschaft.

§ 38. Die Vorschriften des § 37 finden entsprechende Anwendung, wenn bei einer Hypothek, Grundschuld oder Rentenschuld[1]), die zu dem Gesamtgut einer ehelichen Gütergemeinschaft[2]) oder einer fortgesetzten Gütergemeinschaft[3]) gehört, ein Beteiligter, auf den das Recht bei der Auseinandersetzung übertragen ist, als neuer Gläubiger eingetragen werden soll.

II 36. D. 24.

¹) § 27 A. 1. Ausdehnbar auf Eigentum und Erbbaurecht § 99.

²) BGB. §§ 1438, 1474 ff., 1519, 1546, 1549, 1550.

³) BGB. §§ 1485, 1497 ff. Für märkisches Recht EK. 44[235].

V. Eintragung auf Ersuchen einer Behörde.

§ 39. In den Fällen, in denen nach gesetzlicher Vorschrift[1]) eine Behörde[2]) befugt ist, das Grundbuchamt um eine Eintragung zu ersuchen, erfolgt die Eintragung auf Grund[3]) des Ersuchens[4]) der Behörde[5]).

I 50 S. 1, II 37. M. 90; D. 24.

[1]) Das Reichs- oder Landesrechts. Z. B. EG.BGB. a. 91. Dazu gehören insbesondere auch die gerichtlichen einstweiligen Verfügungen (BGB. § 885). Ferner ZVG. §§ 19, 34, 130 (wegen der Steuerbescheinigung RG. 12. 9. 19 (oben § 1 A. 5) § 24, AllgVf. 11. 11. 19 [JM. S. 553] § 5, EK. 52[154]) 146, 161, 172, 176, 180 KO. §§ 113, 163, 190, StGB. §§ 93, 140, RG. 31. 3. 73 § 143. Für PrAG. a. 12—14, 16, 19, 23—25, pr. VO. 20. 6. 1817, 30. 6. 34 (EK. 45[217]), G. 29. 6. 35, Dekl. 30. 7. 42 (EK. 36[182]), Deichg. 28. 1. 48. EK. 38[186], G. 2. 3. 50, 26. 6. 75, 17. 1. 83, 25. 3. 89, G. 7. 7. 91 §§ 6, 12 (EK. 36[186]), G. 2. 7. 98 §§ 3 ff. (AllgVf. § 43), G. 11. 6. 74 §§ 24[4], 33 (EK. 32[208]), VO. 24. 1. 44, AllgBergG. §§ 160, 162, 223, 234, Enteignungs G. 11. 6. 74 (EK. 41[188, 194]), G. 20. 8. 83, b. G. 2. 3. 50 § 4, G. 13. 5. 79 § 86, G. 6. 7. 75 §§ 17, 39, G. 1. 4. 79 § 28, 7. 7. 91 (EK. 40[118], 41[185], 43[196, 197], 47[102], 49[156]), VO. 15. 11. 99 §§ 51, 53, pr. VO. 11. 12. 15 §§ 9, 43, 52 (Umlegung in Ostpr., Vermerk, Änderungen, Zuschuß-, Vergütungs-, Beitragspflicht) pr. VO. 1. 5. 16 mit Ausführungsbest. des Landwirtschaftsmin. 9. 5. 16 (Sicherung der Staatsdarlehen für den Wiederaufbau nach dem Kriege), pr. G. 22. 7. 22 (GS. S. 203) (Zulassung von Feldesteilung), pr. VO. 19. 2. 21 (GS. S. 315) (Wohnungsnot), pr. G. 10. 2. 23 (GS. S. 25) § 5 (Sicherung der Strafe für Nichterfüllung von Auflagen bei Genehmigung einer Grundstücksveräußerung) und § 11 (Widerspruch bei nicht genehmigtem Grundgeschäft), oben § 13 A. 3. — RG. 27. 4. 20 § 18[2] (RGBl. S. 697) (Enteignungsrecht der Gemeinden bei Wegfall von Rayonbeschränkungen) RG. 10. 5. 20 (RGBl. S. 962) (Heimstätten) AG. a. 16 A. 3 (Ersuchen der Auf-

lösungsämter für Familiengüter). Ersuchen der Bahnaufsichtsbehörden nach BahnG. §§ 8, 13, 14, der Bauschöffenämter nach dem noch nicht in Vollzug gesetzten RG. 1. 6. 09 §§ 9—18, 27—40, 61, 65 (Bauvermerk, Bauhypothek, Baugeldhypothek), Löschungsersuchen der Schles. Landschaft EK. 31[317], a. 21. — Das GBA. hat die Innehaltung der Grenzen der der ersuchenden Behörde zustehenden Amtstätigkeit auch für den einzelnen Fall zu prüfen, z. B. ob sich das Ersuchen des Vollstreckungsrichters im Rahmen des ZVG. § 130 hält, ob bei einer einstweiligen Verfügung die allg. Zwangsvollstreckungsvoraussetzungen gegeben sind, ob die Eintragung nicht überhaupt unzulässig ist, EFG. 2[185], 3[48], [92], 8[67], 11[73], 13[147], 14[236], K. 21[179], 23[224], 33[272], 43[191], [208], Bay. 3[86], 6[716], RG. 10. 5. 20 (RGBl. S. 962) § 20 (Zwangsvollstreckung in Heimstätten). Wegen der Zwangsvollstreckungsvermerke EFG. 8[239]. Unzuständigkeit des Vormundschafts- und Nachlaßgerichtes bezüglich der Umschreibung der bei der Auseinandersetzung überwiesenen Hypotheken, EK. 32[241]. Für Enteignung EBay. 8[314], [555]. Ersuchen um Wiederherstellung versehentlich gelöschter Eintragungen EFG. 3[217], § 54 A. 2. Keine Hemmung bereits verfügter Eintragung einer Auflassung durch einstweilige Verfügung des Prozeßgerichts, keine unmittelbaren Anweisungen des Prozeßger. an das GBA., überhaupt keine Anordnung der Nichteintragung, EK. 32[185], aber das GBA. hat ihm bekannte Verbote der Eigentums- oder Rechtsverschaffung (ebenso Verbote des Antrags auf Eintragung und Gebote seiner Rücknahme) gegenüber einem davon betroffenen Antragsteller zu beachten, EJW. 23[763], [764]. — Grundlagen und materielle Rechtfertigung des Ersuchens nicht nachzuprüfen, EFG. 2[253], 11[48], EK. 24[118], 38[251], auch (über Ausnahmen) 49[160].

2) Als Behörde gilt auch die Deutsche Rentenbank, Durchführungsbest. 14. 11. 23 (RGBl. I S. 1092) § 4.

3) Das Ersuchen ersetzt Antrag (§§ 13 ff.) und Bewilligung (§§ 19 ff.), auch die etwa erforderlichen Erklärungen Dritter (z. B. §§ 23, 24, 26, 27), nicht aber die sonstigen allgemeinen

Voraussetzungen der Eintragung, insbesondere das Erfordernis der zuvorigen Eintragung des Berechtigten (§§ 40, 41) und die Vorlage des Briefes (§§ 42, 43, vgl. aber § 42 A. 3) und der in § 44 gedachten Urkunden, EFG. 1[158]. Bezeichnung des Berechtigten entbehrlich, wenn er sonst erkennbar, EK. 38[246]. — Landesrecht (§ 1 A. 5), kann die Eintragung vom Nachweis der Erfüllung der durch die Rechtsänderung begründeten Steuerpflicht abhängig machen, EFG. 10[155] (f. Bay.).

4) Der Inhalt des Ersuchens muß den §§ 28, 16, 48 genügen. Form pr. AG. § 9.

5) Bei der Behandlung des Ersuchens finden §§ 17, 18 Anwendung. Beschwerde § 71 A. 3.

VI. Vorgängige Eintragung des Berechtigten.

§ 40. Eine Eintragung 1) soll 2) nur 3) erfolgen, wenn derjenige, dessen Recht durch sie betroffen wird 4), als der Berechtigte eingetragen ist 5).

Bei einer Hypothek, Grundschuld oder Rentenschuld, über die ein Brief erteilt ist 6), steht es der Eintragung des Gläubigers gleich, wenn dieser sich im Besitze des Briefes befindet 7) und sein Gläubigerrecht nach § 1155 des Bürgerlichen Gesetzbuchs nachweist 8).

I 23, 32, II 38. M. 58, 68; D. 25.

1) Jeder Art (§ 13 A. 1, 2), auch auf Ersuchen einer Behörde (§ 39 A. 2). Ausnahme für Zwangsvollstreckungsvermerke EFG. 8[239]. Wegen Löschung von Reallasten und Ersatz durch Eintragung einer Rentenpflicht EK. 24[124], Ersuchen der Landeskulturbehörden (pr. G. 3. 6. 19) um Eintragung einer Grunddienstbarkeit für ein Rentengut EK. 26[125].

2) Ordnungsvorschrift zur Ergänzung der BGB. §§ 873, 875, 876, ohne Einfluß auf Gültigkeit.

3) Ausnahme in Abs. 2 und in § 41, EFG. 1[175], 3[146]. Eigentümerpfandrechte können aber ohne zuvorige Umschreibung

von dem eingetragenen Eigentümer, der, solange er eingetragen ist, zunächst als Gläubiger anzusehen ist, abgetreten, zur Löschung gebracht oder gepfändet werden, es sei denn, daß sich ergibt, daß der Eigentümerpfandgläubiger nicht mehr Eigentümer ist. FG. 1[125, 164], 2[198, 245], 11[62, 283], EK. [159], 22[172], 36[258]. Für die Eintragung einer Vormerkung auf Vorrangseinräumung vor einer bestehenden Eigentümergrundschuld verlangt ER. 84[85] vorherige Eintragung d. Grdst.-Eigentümers als Grundschuldgläubigers. Keine Eintragung der Pfändung künftiger, möglicherweise entstehender Eigentümerhypotheken, ER. 61[374], Bay. 6[738], 9[174], FG. 10[274], 11[112], überhaupt von Verfügungen darüber (EK. 45[268]), auch keine Eintragung einer Vormerkung auf Vorrangseinräumung vor einer künft. Eigentümergrundschuld, ER. 84[78] gegen EFG. 13[152].

[4]) § 13 A. 7. — Für gemeinschaftliche Rechte vgl. § 48. Beim Gesamtgut müssen beide Ehegatten eingetragen sein, EK. 20[189], Bay. 8[3], 11[598], FG. 17[114], auch wenn bei Eintragung einer sichernden Vormerkung nur ein Name eingetragen war, EFG. 5[114]. Überhaupt muß auch derjenige Berechtigte eingetragen sein, dessen Zustimmung zu der betreffenden Verfügung nicht nötig ist, EFG. 12[161], unter Aufgabe von EFG. 2[99]. Bei fortgesetzter Gütergemeinschaft auch die Abkömmlinge, EFG. 4[179], aber EK. 38[212]. Wegen westfäl. Gütergem. EK. 37[256], FG. 12[161]. Für Zwangshypothek nach erfolgreich angefochtener Auflassung EK. 37[303]. Nicht eingetragen ist auch der, dessen Recht nicht klar ersichtlich, z. B. dem § 48 nicht entsprechende Miteigentumseintragung, EK. 38[190], Bay. 11[103], die unrichtige (wenn auch überflüssige, AllgVf. § 4 A. 4), Bezeichnung als offene Handelsgesellschaft, EK. 39[218]. Der Antragsteller als solcher braucht nicht eingetragen zu sein, EFG. 3[42].

[5]) Und zwar vollständig und zweifelsfrei. ER. 47[302], 83[435], K. 37[266], Bay. 14[136], 15[417]. Antragsteller (§ 13) bzw. ersuchende Behörde (§ 39), haben zuvorige oder gleichzeitige (EK. 32[241]) Eintragung herbeizuführen bzw. den dazu Verpflichteten (zunächst BGB. § 895) anzuhalten. Über Herbeischaffung der er-

forderlichen Urkunden § 29 A. 10. Legitimation zu dem Berichtigungsantrage gegen eingetragenen Dritten gibt § 14, Grundlage durch Geltendmachung des im Wege der Zwangsvollstreckung zu überweisenden Berichtigungsanspruchs des einzutragenden Berechtigten oder durch Feststellungsklage (ZPO. § 256) gegen den Dritten zu beschaffen. ZBG. §§ 17, 130[3], EBay. 7[407], 18 A[264]. — Eintragung des verfügenden Berechtigten schon z. Zt. der dinglichen Einigung ist nicht erforderlich, ER. 84[165]. — Über den Fall, daß der Eingetragene nicht der Berechtigte ist, EFG. 3[39], K. 22[197]. Hat der Berechtigte sein Recht bereits weiter abgetreten, so ist es nicht mehr einzutragen, EFG. 9[212].

6) § 26 A. 1.

7) ER. 47[162], FG. 7[139], 9[209].

8) Also durch eine auf den eingetragenen Gläubiger zurückführende zusammenhängende Reihe von öffentlich beglaubigten Abtretungserklärungen oder deren Surrogate (§ 26 A. 4), EFG. 1[175], 3[146], K. 33[14], 35[290]. Ausgeschlossen bei Beerbung EFG. 3[202], 9[211]. — Mit Rücksicht auf § 26 hat § 40[2] nur Bedeutung für rechtsändernde Eintragungen (§ 13 A. 1) und solche berichtigende, die nicht auf Grund Rechtsübertragung erfolgen, §§ 22, 54, EFG. 9[211].

§ 41. Ist derjenige, dessen Recht durch eine Eintragung betroffen wird, Erbe des eingetragenen 1) Berechtigten, so findet die Vorschrift des § 40 Abs. 1 keine Anwendung, wenn die Übertragung oder die Aufhebung 2) des Rechtes eingetragen werden soll oder wenn der Eintragungsantrag durch die Bewilligung 3) des 4) Erblassers oder eines Nachlaßpflegers 5) oder durch einen gegen den Erblasser oder den Nachlaßpfleger vollstreckbaren Titel 6) begründet wird 7).

Das gleiche gilt für eine Eintragung auf Grund der Bewilligung eines Testamentsvollstreckers 8) oder auf

Grund eines gegen diesen vollstreckbaren Titels[9]**, sofern die Bewilligung oder der Titel gegen den Erben wirksam ist**[10]**.**

II 21², II 39. M. 57; D. 26.

[1]) Oder des dem Eingetragenen nach § 40² gleichstehenden, EFG. 9[209], R. 88[349]. Gilt sonst nicht zugunsten der Erben eines nicht eingetragenen Berechtigten, FG. 1[175], 3[146], [202], K. 25[119], [303], 26[151]; auch nicht bei Eigentümergrundschuld, Übertragung an einen Miterben, wohl aber zugunsten der Erben der eingetragenen Eigentümer auch hinsichtlich der nicht umgeschriebenen Pfandrechte, § 40 A. 3, EFG. 2[245]. Für Erbeserben EK. 53[305], FG. 3[202]. Für den Fall, daß ein Dritter einen Erbschaftsanteil erworben hat EFG. 4[203], K. 44² [8]. — EFG. 4[207], 5[81], K. 26[96]. Keine Anwendung auf Vormerkung zur Erhaltung des Rechts auf Auflassung gegen die Erben EFG. 6[56]. Wegen Löschung im Falle des § 1177 auch § 27 A. 3. Wegen Nacherben EFG. 3[204], [250], 4[56], 6[140], 7[221], K. 25[303], 30[215], 35[221], Bay. 6[198]. — Entsprechende Anwendung auf nicht eingetragene Nacherben nach Eintritt der Nacherfolge EFG. 13[269], auch wenn der Vorerbe bereits eingetragen war, EK. 51[188]. Auszudehnen auf Gesamtnachfolge juristischer Personen, EFG. 11[288], R. 87[234], K. 52[188], nicht auf fortgesetzte Gütergem. EK. 38[212]. Vgl. auch 52[134].

[2]) Auch Auflassung oder Entpfändung von Teilen, FG. 2[242], 4[126], § 47. Nicht Änderungen des Rechtsinhalts. — Erforderlich bleibt die Eintragung aber bei bloßer Rechtsänderung, wie Umwandlung in eine (Eigentümer-)Grundschuld EFG. 3[202]. Auch bei Belastung EK. 27[263], selbst bei Vorhandensein eines mit Vertretungsmacht für die Erben versehenen Generalbevollmächtigten, ER. 88[345], unbeschadet § 29 A. 3. — Über Umwandlung in Verbindung mit Übertragung EFG. 9[229].

[3]) D. h. die unmittelbar die Buchung bezweckende Erklärung, EFG. 15[155].

[4]) Eingetragenen.

5) BGB. §§ 1960ff., oder Nachlaßverwalters §§ 1975ff.

6) § 14 A. 5.

7) Personen der Erben brauchen noch nicht festzustehen. Entsprechende Anwendung bei Fideikommissen usw. pr. AG. a. 15².

8) BGB. §§ 2197ff., EFG. 3⁴². Auch wenn der Erbe nicht eingetragen ist, EFG. 15²⁴².

9) ZPO. §§ 748, 749.

10) Aus BGB. § 2213 mit §§ 2205 bis 2209 bzw. ZPO. §§ 325ff., 327 (auch §§ 727, 728) zu prüfen.

VII. Vorlegung von Urkunden[1]).

1. Des Hypothekenbriefes.

§ 42. Bei einer Hypothek, über die ein Brief erteilt ist[2]), soll[3]) eine Eintragung[4]) nur erfolgen, wenn der Brief vorgelegt wird[5]). Für die Eintragung eines Widerspruchs bedarf es der Vorlegung nicht, wenn die Eintragung durch eine einstweilige Verfügung[6]) angeordnet ist und der Widerspruch sich darauf[7]) gründet, daß die Hypothek oder die Forderung, für welche sie bestellt ist, nicht bestehe oder einer Einrede[8]) unterliege, oder daß die Hypothek unrichtig eingetragen sei[9])[10]).

Der Vorlegung des Hypothekenbriefs steht es gleich, wenn in den Fällen der §§ 1162, 1170, 1171 des Bürgerlichen Gesetzbuchs auf Grund des Ausschlußurteils die Erteilung eines neuen Briefes beantragt wird[11]). Soll die Erteilung des Briefes nachträglich ausgeschlossen[12]) oder die Hypothek gelöscht werden[13]), so genügt die Vorlegung des Ausschlußurteils[14]).

I 31¹, S. 1, 2, II 40. M. 65; D. 27.

1) § 98.

2) § 26 A. 1. Modifizierte Anwendung auf andere Briefpfänder in § 43.

[3]) Immer, soweit nicht Ausnahmen zugelassen sind, EJG. 14[313].

[4]) Irgendwelcher Art (§ 13 A. 1 ER. 74[78]), soweit sie nicht nur tatsächl. Bedeutung haben, EJG. 12[262], K. 44[252], auch des BGB. § 1190, des § 1179, EK. 50[203], auch für Verfügungsbeschränkungen, EJG. 14[313], Veräußerungsverbot, ER. 90[341], Vormerkung und Widerspruch, EK. 44[252] (für die schweiz. Goldhyp. Abkommen [§ 28 A. 6] a. 2d), auch auf Grund einstweiliger Verfügung, EBay. 15[328]. Ausnahme für Konkursvermerk wegen KO. § 113, EJG. 2[204]. Nötig auch bei Vermerk des Vorrangs, Näheres EJG. 4[243], 9[199], 12[256], 14[317], aber 15[71], nicht aber bei auf Ersuchen der Enteignungsbehörde mit Vorrang vor den eingetragenen Belastungen einzutragender Beschränkung, EK. 28[105] oder ihrem Ersuchen um Löschung bzw. Nichtmitübertragung, EK. 41[194]. Auch nicht bei dem Vermerk der Mitbelastung nach § 49, EJG. 8[272]. Nicht bei Vormerkung hinsichtlich des Anspruchs auf Mitbelastung, EJG. 12[267]. Nicht, wenn das GBA. den Brief aus anderem Anlaß unbrauchbar gemacht hatte, EJG. 14[314].

[5]) BGB. §§ 1154, 1155. — Vermerk § 62[1]. Recht auf Vorlegung BGB. §§ 896, 1144, 1145, ER. 47[160]. — Vorlegung der Zins- und Erneuerungsscheine (§ 70 A. 5) nicht vorgeschrieben. Amtliche Ermittlungspflicht bei Vorlegung eines mangelhaft ausgefertigten Briefes, EJG. 14[64]. — Ausnahme für die einer Liquidation unterliegenden britischen Unternehmungen, Bek. 18. 1. 17 (RGBl. S. 65). Über den Fall, daß sich der Brief aus anderem Anlasse bei GBA. oder Gericht befindet EK. 50[228].

[6]) Bei bewilligter Eintragung also stets erforderlich, EK. 36[178].

[7]) Sie bleibt also erforderlich, wenn der Widerspruch sich gegen die Übertragung des Rechts richtet oder auf eine Verfügungsbeschränkung im Sinne des BGB. § 892[1] gestützt wird, EJG. 6[164], nicht aber, wenn es sich gegen das Verfügungsrecht des Hypothekeninhabers richtet, EK. 38[294].

[8]) Dauereinrede (BGB. § 1169, EJG. 7[60], K. 30[240]) oder

aufschiebenden E. im Sinne des BGB. §§ 390, 768, 1137, 1157, 1211. Die Forderung als solche kommt bei Grundschulden nicht in Betracht, EJG. 7 60.

[9]) Das GBA. hat aber den Besitzer des Briefes zur Vorlegung anzuhalten, § 62².

[10]) Über Vorlegung bei Berichtigung „von Amts wegen" § 54².

[11]) §§ 67, 68. [12]) BGB. § 1116².

[13]) § 27.

[14]) §§ 982—987, 1024 ZPO. Keine Prüfung, ob der Antragsteller im Aufgebotsverfahren antragsberechtigt (ZPO. § 1004 Abs. 2) war, EJG. 13 270.

2. Des Grundschuld- und Rentenschuldbriefs.

§ 43. Die Vorschriften des § 42 finden auf die Grundschuld und die Rentenschuld[1]) entsprechende Anwendung[2]). Ist jedoch das Recht für den Inhaber des Briefes eingetragen[3]), so bedarf es der Vorlegung des Briefes nur dann nicht[4]), wenn der Eintragungsantrag durch die Bewilligung eines nach § 1189 des Bürgerlichen Gesetzbuchs bestellten Vertreters oder durch eine gegen ihn erlassene gerichtliche Entscheidung begründet wird[5]).

I 31¹, S. 1, 2, II 41. M. 65; D. 27, 29.

[1]) § 26 A. 1. [2]) Vermerk nach § 62¹.

[3]) BGB. §§ 1195, 1199, auch 796.

[4]) Ausnahme von § 42¹ S. 2.

[5]) Über Vorlegung bei Berichtigungen ursprünglicher Unrichtigkeiten § 54.

3. Der Inhaber- und Orderpapiere.

§ 44. Bei einer Hypothek für die Forderung aus einer Schuldverschreibung auf den Inhaber, aus einem Wechsel oder einem anderen Papiere, das durch Indossament übertragen werden kann[1]), soll eine Eintragung[2]) nur erfolgen, wenn die Urkunde[3]) vorgelegt wird; die Eintragung ist auf der Urkunde zu vermerken[4]).

Diese Vorschrift findet keine Anwendung[5]), wenn eine Eintragung auf Grund der Bewilligung eines nach § 1189 des Bürgerlichen Gesetzbuchs bestellten Vertreters[6]) oder auf Grund einer gegen diesen erlassenen gerichtlichen Entscheidung bewirkt werden soll[7]).

II 42. D. 29.

[1]) Sicherungshypothek (ohne Brief) gemäß BGB. §§ 1187, 1185 mit BGB. § 793, HGB. §§ 363 ff., WO. a. 9 ff.

[2]) Ausnahme für Eintragung bezüglich des „Vertreters" der Gläubiger von Schuldverschreibungen, RG. 14. 5. 14.

[3]) Welche als Inhaberpapier oder Orderpapier im Verkehr ist. Aber BGB. § 796. Vorlegung, abgesehen von Abs. 2, entsprechend der Vorlage des Hyp.briefes, z. B. bei Löschungsvormerkung, EK. 50^{202}. — EFG. 2^{147}.

[4]) Entsprechend § 62^{1}.

[5]) Entsprechend § 43^{2}.

[6]) Auch in sonstigen Fällen der Bewilligung des befugten Vertreters (§ 29), EK. 50^{203}.

[7]) Außerdem muß es entsprechend § 42^{2} auch genügen, daß Vernichtung oder Kraftloserklärung nachgewiesen wird.

VIII. Eintragung. 1. Datum und Unterschrift.

§ 45. Jede Eintragung[1]) soll[2]) den Tag, an welchem sie erfolgt ist[3]), angeben und mit der Unterschrift des Grundbuchbeamten versehen werden[4]) [5]).

I 52, II 43. M. 91; D. 29.

[1]) § 13 A. 1. — Pr. AllgVf. §§ 15, 16. — Wegen Verschuldungsgrenze pr. G. 20. 8. 06 § 5^{3}, AllgVf. 22. 4. 08 §§ 3^{3}, 4^{3}.

[2]) Gültigkeit dadurch nicht bedingt. Anders § 56.

[3]) BGB. § 879. — Unterschrift kann später erfolgen.

[4]) Landesrecht kann Näheres bestimmen, auch die Unterschrift mehrerer Beamten, so Pr. AG. § 6. — § 1 A. 1—3.

[5]) Weitere die Eintragung betreffende Vorschriften in §§ 46 bis 52. Eintragung kann Anlegung eines neuen GBBl. erfordern. § 3 A. 5, § 4 A. 6, § 6.

2. Reihenfolge. Vermerk über den Rang.

§ 46. Sind in einer Abteilung[1]) des Grundbuchs mehrere Eintragungen[2]) zu bewirken, so erhalten sie die Reihenfolge, welche der Zeitfolge der Anträge[3]) entspricht; sind die Anträge gleichzeitig gestellt, so ist im Grundbuche zu vermerken, daß die Eintragungen gleichen Rang haben.

Werden mehrere Eintragungen, die nicht gleichzeitig beantragt sind, in verschiedenen Abteilungen unter Angabe desselben Tages[4]) bewirkt, so ist im Grundbuche zu bemerken, das die später beantragte Eintragung der früher beantragten im Range nachsteht.

Diese Vorschriften finden insofern keine Anwendung, als ein Rangverhältnis nicht besteht[5]) oder das Rangverhältnis von den Antragstellern abweichend bestimmt ist[6]).

I 49[3], 44. M. 88; D. 30.

[1]) § 1 A. 2 und BGB. § 879[1] Satz 1.

[2]) Irgendwelcher Art. § 13 A. 1, § 17 und § 48 A. 1 aE. — BGB. § 879 hat dagegen nur Rechte im Auge. Meliorationsdarlehen EG.BGB. a. 18. — Bei Eintragung der Pfändung von Briefhypotheken gilt die Regel nur subsidiär, EK. 35[297].

[3]) D. h. des Eingangs des, wenn auch mangelhaften, Antrages oder Ersuchens, sofern keine Zurückweisung erfolgt ist, § 18, § 77 A. 3. — Verfügungsbeschränkung hinsichtlich einer Briefhypothek ist vor einer später eingehenden Abtretungsurkunde einzutragen, auch wenn die Urkunde älter ist, EK. 25[163]. — Keine Berichtigung der dem Abs. 1 zuwider eingetragenen Reihenfolge, wenn nicht entgegengesetzte Einigung der Beteiligten vorlag, EK. 34[289].

[4]) Andernfalls ergibt sich Priorität schon aus dem Datum gemäß BGB. § 879[1] S. 2.

[5]) Z. B. zwischen Eigentum und Belastung, Eigentumsregister und Zwangsversteigerungsvermerk, EK. 38[262]. Wegen der Nacherbenvermerke EFG. 14[67].

[6]) Die Abweichung ist dann in das GB. einzutragen, BGB. § 879[3]. Die (vorläufig nicht einzutragende) Rentenbankgrundschuld (§ 13 A. 1) gilt als öffentl. Last und hat gesetzl. den Vorrang vor allen Lasten. Die Notopferhyp. (§ 13 A. 3) hat ihn nur vor allen privatrl. Lasten, RG. 6. 7. 21 § 6. Rangvermerk nicht erforderlich, EK. 53[208]. — Über Rangänderung BGB. § 880, Rangvorbehalt BGB. § 881 (Art der Eintragung und Bezugnahme EFG. 14[181]), Rangbestimmung durch Vormerkung BGB. § 883[3]. — Der getilgte Teil einer Eigentümerhypothek ist mit dem Range nach dem ungetilgten umzuschreiben, EK. 25[303].

3. Löschung und Nichtübertragung.

§ 47. Die Löschung eines Rechts oder einer Verfügungsbeschränkung erfolgt[1]) durch Eintragung eines Löschungsvermerkes[2]).

Wird bei der Übertragung eines Grundstücks oder eines Grundstücksteils auf ein anderes Blatt ein eingetragenes Recht nicht mitübertragen[3]), so gilt es[4]) in Ansehung des Grundstücks oder des Teiles[5]) als gelöscht.

I 34, II 45. M. 69; D. 31.

[1]) In allen Fällen, auch bei der Grundbuchberichtigung, BGB. § 894. — § 13 A. 1.

[2]) Eine Durchstreichung oder Unterstreichung, welche die Landesjustizverwaltungen daneben vorschreiben können (§ 1 A. 2), genügt nicht. — EBay. 7[396], 19 B[46].

[3]) Entpfändung, Enteignung, BGB. § 1026, EG.BGB. a. 120.

[4]) Auch wenn ein Versehen vorliegt. Nachträgliche Über-

tragung ist grundsätzlich unzulässig, EK. 46[211], Ausnahme EK. 27[115], § 54 A. 2. — EFG. 11[154].

[5]) EFG. 2[242].

4. Gemeinschaftliche Rechte.

§ 48. Soll ein Recht für mehrere gemeinschaftlich eingetragen werden[1]), so soll die Eintragung in der Weise erfolgen, daß entweder die Anteile der Berechtigten in Bruchteilen angegeben werden[2]) oder das für die Gemeinschaft maßgebende Rechtsverhältnis[3]) bezeichnet wird[4])[5]).

I 27, II 46. M. 62; D. 31.

[1]) Auch bei Berichtigung (§ 22) und bei Gemeinschaftlichwerden des bereits eingetragenen Rechts, EK. 39[205]. — BGB. § 1438[3], pr. AllgVf. § 10 Nr. 1. — Sämtliche Mitberechtigte namentlich einzutragen, doch Hypothek für unbekannte Erben zulässig, EFG. 4[256]. Mehrheit rhein. Landbürgermeistereien EK. 28[76]. Gemeinsame Eintragung über verschiedene Hypotheken verschiedener Gläubiger unzulässig, EK. 20[101], zulässig gemeinsame Hypothek nach Verhältnis der Forderungen, EFG. 6[151], auch einheitliche Hyp. für mehrere Gläubiger als Gesamtgläubiger, EFG. 14[73]. Aber nicht für die Regreßansprüche mehrerer Bürgen, EFG. 4[128]. Keine gemeinsame Zwangshypothek, wenn eine Forderung unter 300 M., EFG. 4[245]. Aber VA. 12. 12. 23 (RGBl. S. 1239) hier ZPO. § 866[3] für wertbeständige Zwangshypotheken außer Anwendung gesetzt. — § 48 gilt auch bei Eintragung einer Vormerkung auf den Anteil eines Miteigentümers, EFG. 5[262]. Dagegen nicht, wenn Vormerkung auf dem Ganzen zur Sicherung des Anspruchs auf Einräumung einer Hypothek für ein Vermächtnis zugunsten noch nicht erzeugter entfernter Abkömmlinge des Erblassers erfolgen soll, EK. 25[151], wenn auf dem ganzen gemeinschaftl. Eigentum lastende Hyp. umzuschreiben sind, EK. 39[190], wenn sämtliche Miteigentümer eine Löschung auf dem Ganzen beantragt haben, EK. 27[143]. Über Eintragung eines Rechts gütergemeinschaftl. Gatten zu Rechtsanteilen EK. 53[129]. § 48 un-

anwendbar auf die — zulässige — Eintragung eines Altenteils für mehrere Berechtigte, wenn gemäß § 50 Bezug genommen wird, EJG. 13[135]. § 40 A. 4.

[2]) Im Falle der regelmäßigen Gemeinschaft nach Rechtsanteilen, welche jedem Berechtigten die Verfügung über seinen Anteil gestattet. BGB. §§ 741, 747, 1095, 1106, 1114, ZPO. § 864[2]. Die Angabe, daß Miteigentum zu gleichen Anteilen bestehe, genügt, EK. 29[179], 32[243], 39[268].

[3]) Z. B. Gesellschaft (BGB. § 719 bzw. HGB. §§ 105, 161, 335), eheliches Gesamtgut (BGB. §§ 1438, 1442, 1471[2], 1485[3], 1487, 1519, 1549, EK. 50[150]), wobei die Art der Gütergemeinsch. anzugeben, EK. 105[53], auch bei beendigter, aber noch nicht auseinandergesetzter Gütergemeinschaft, EBay. 21[A17], Erbengemeinschaft (§ 2033[2]). Hier ist regelmäßig eine Verfügung über den Anteil oder doch die über die Anteile an den einzelnen Gegenständen ausgeschlossen. Bei einer auf testamentarischer Anordnung beruhenden Gemeinschaft oder Mehrheit genügt der Hinweis auf das Testament, wenn die Angabe der Rechtsanteile nicht möglich ist, EJG. 3[136]. — EBay. 1[737], 6[716], 9[109], R. 76[409]. — Über güterrechtl. Gemeinschaften früheren preuß. Rechts EKG. 45[333], für bayer. Miteigentum EBay. 10[355], 15[415], 16[A63].

[4]) Der Antrag (§ 13) oder das Ersuchen (§ 39) muß die nötigen Angaben und Unterlagen enthalten. Soweit Bewilligung (§ 19) nötig, muß sie sich auf diesen Punkt mitbeziehen. Ergänzung durch bloße Erklärung des Berechtigten genügt nicht. — Wegen der Mitwirkung des Ehegatten dazu BGB. § 1438[3]. 48 gilt auch bei Eintragung auf Ersuchen von Behörden (§ 39), EK. 23[224], 26[103].

[5]) Fehlen diese Angaben, so ist das GB. unrichtig, EK. 50[151], und auch bei Eintragungen aus älterer Zeit zu berichtigen. EK. 50[150]. Zur nachträglichen Berichtigung bedarf es der Unterlagen der §§ 22, 29, aber keiner Auflassung, EK. 25[134], Bay. 10[355].

5. Mitbelastung.

§ 49. Werden mehrere Grundstücke[1]) mit einem Rechte[2]) belastet, so ist auf dem Blatte jedes Grundstücks die Mitbelastung der übrigen von Amts wegen erkennbar zu machen[3]). Das gleiche gilt, wenn mit einem an einem Grundstücke bestehenden Rechte nachträglich noch ein anderes Grundstück belastet oder wenn im Falle der Übertragung eines Grundstücksteils[4]) auf ein anderes Grundbuchblatt[5]) ein eingetragenes Recht mitübertragen wird.

Soweit eine Mitbelastung erlischt[6]), ist dies von Amts wegen zu vermerken[7]).

I 33, II 47. M. 68; D. 32.

[1]) Gleichzeitig. Gegensatz Satz 2.

[2]) Irgendwelcher Art, soweit eine Mitbelastung möglich ist.

[3]) Nach näherer Bestimmung des Landesrechts, pr. AllgVf. § 12². — Wegen Vorlegung des Hypothekenbriefs § 42 A. 3.

[4]) Für Übertragungen eines ganzen Grundstücks von einem gemeinschaftlichen GBBl. auf ein anderes Blatt ergibt sich das gleiche ohne weiteres. — § 4 A. 5, 6.

[5]) § 3 A. 5.

[6]) Z. B. nach BGB. §§ 1132², 1173, 1181², in Verbindung mit §§ 1192, 1199, EJG. 10⁵³.

[7]) Bezieht sich lediglich auf die Löschung des die Mitbelastung des anderen Grundstücks ergebenden Vermerks, EJG. 3²⁴¹. Ausnahme von § 27 EJG. 4²⁸⁷.

6. Leibgedinge.

§ 50. Werden Dienstbarkeiten[1]) und Reallasten[2]) als Leibgedinge, Leibzucht, Altenteil oder Auszug[3]) eingetragen, so bedarf es nicht der Bezeichnung der einzelnen Rechte, wenn auf die Eintragungsbewilligung[4]) Bezug genommen wird[5])

I 28, II 48. M. 63; D. 33.

¹) Nießbrauch (BGB. §§ 1030 ff.) und beschränkte persönliche Dienstbarkeiten (BGB. §§ 1190 ff.), dazu die in § 84 genannten Rechte.

²) BGB. §§ 1105 ff., auch Geldrenten, soweit sie unter die Reallasten fallen. Für einmalige Abfindungen an Stelle von Altenteilsleistungen nur Hypothek EK. 53[166]. Über anderweite Festsetzung von Geldbezügen aus Altenteilsverträgen RG. 18. 8. 23 (RGBl. I S. 815) und pr. VO. 8. 9. 23 (GS. S. 433).

³) EG. BGB. a. 96.

⁴) Aufbewahrung nach § 9. — Bewilligung muß über Art und Inhalt des Rechts Aufschluß geben, EFG. 2[191]. — EK. 40[250].

⁵) Das entspricht der für Vormerkungen geltenden Vorschrift des BGB. § 885², geht jedoch über BGB. §§ 874, 877 hinaus, die nur wegen des Inhalts der Rechte, nicht aber zum Ersatz ihrer Bezeichnung die Bezugnahme gestatten. Unzulässig Eintragung einer Geldrente unter Bezeichnung als Betriebs- und Zinsgarantie, EK. 51[267]. — Für Hypotheken BGB. § 1115 S. und GBO. § 57² Nr. 3.

7. Inhaberteilpfänder.

§ 51. Bei der Eintragung einer Hypothek für Teilschuldverschreibungen auf den Inhaber ¹) genügt es, wenn der Gesamtbetrag der Hypothek unter Angabe der Anzahl, des Betrages und der Bezeichnung der Teile ²) eingetragen wird.

Diese Vorschrift findet entsprechende Anwendung, wenn eine Grundschuld oder eine Rentenschuld für den Inhaber des Briefes ³) eingetragen und das Recht in Teile zerlegt werden soll ⁴).

I 49. D. 23. — pr. G. v. 19. 8. 95 § 20.

¹) Nach BGB. § 1187. — § 44. — Auch für indossable Teilschuldverschreibungen anzuwenden, EFG. 2[147], K. 35[329]. — Für Bahnpfandschulden BahnG. § 18.

²) So wird hier für diesen Fall BGB. § 1115 näher bestimmt.
³) BGB. § 1195 in Verbindung mit § 1199. § 43.
⁴) § 70².

8. **Vorerbe.**

§ 52. Bei der Eintragung eines Vorerben¹) ist zugleich das Recht des Nacherben²) und, soweit der Vorerbe von den Beschränkungen seines Verfügungsrechts befreit ist³), auch die Befreiung von Amts wegen⁴) einzutragen⁵).

II 50. D. 84.

¹) § 36. Keine selbständige Eintragung des Nacherbenrechts, EK. 83[436]. — Gilt auch für Erbfälle vor dem 1. 1. 00 (EK. 20[81], 23[129]), insbesondere für Universalfideikommisse (EK. 22[300]). A. M. für das gemeine Recht, EGr. 48[1023]. — Gilt auch bei Erwerb mit Mitteln der Erbschaft, EK. 40[190]. Für teilweise Verwendung eigener Mittel des Erben EK. 89[53].

²) BGB. §§ 2113[1 u. 3], 2114 zur Sicherung des Rechtsscheins BGB. § 892, EK. 65[214], 102[333], Bay. 12[435]. — Der Nacherbe, für dessen Recht die urkundlichen Unterlagen (auch bei Erbteilung durch den Testamentsvollstrecker, EFG. 14[273]) beizubringen sind, EK. 40[190], ist im Erbschein möglichst bestimmt zu bezeichnen, EK. 24[186], unter Umständen genügt „für die ehelichen Abkömmlinge des H." (auch ohne Erbschein), EFG. 11[280]. Einzutragen auch der zur Ausübung der Rechte des Nacherben bestimmte Testamentsvollstrecker, EK. 40[196]. — Gilt auch bei bedingtem Nacherbrecht, EK. 33[176], also auch bei Ersatznacherben, EFG. 11[147], a. M. K. 35[215], ferner, wenn Nacherbe eine letztwillig errichtete, noch nicht genehmigte Stiftung ist, EFG. 4[228], auch hinsichtlich eines aus Mitteln der Erbschaft erworbenen Grundstücks oder Pfandes, EFG. 4[69], nicht aber, wenn einem Erben, auf dessen Erbteil Nacherben eingesetzt sind, bei der Auseinandersetzung ein Grundstück oder eine Hypothek überwiesen wird, EK. 30[212]. Nachholung zulässig, solange Vorerbe

eingetragen ist, EBay. 11[172]. Widerspruch gegen Umschreibung auf den Erwerber ohne Eintragung der Vor- und Nacherben, EJG. 16[329]. Der Nacherbe kann auf die Eintragung verzichten, EJG. 5[102], Bay. 6[198]. Wirkung des Verzichtes EK. 52[167]. Wegen entgeltlicher Verfügungen des befreiten Vorerben EK. 61[234], 65[214], Bay. 17 A[178], JG. 16[329], § 29 A. 8. Auch bei seiner zulässigen Verfügung ist Vermerk nicht ohne Zustimmung der Nacherben (§ 19) zu löschen, EJG. 11[300], a. M. Bay. 13[609]. — Eintragbar auch das, kein Recht am Grundstücke oder der Hypothek begründende, Pfandrecht am Nacherbenrechte, EK. 83[434], K. 42[228], 47[168], aber Bay. 14[561].

³) BGB. §§ 2136, 2137.

⁴) Soweit sich die Befreiung aus dem Erbschein oder der letztwilligen Verfügung ergibt, sonst nur auf Antrag (§ 13).

⁵) Pr. AllgVf. § 11 Nr. 2. Wegen Beschwerde § 71 A. 4. — Nach Eintritt der Nacherbfolge keine Neueintragung und kein Widerspruch wegen irrtümlicher Löschung, EK. 49[177].

9. Testamentsvollstrecker.

§ 53. Ist ein Testamentsvollstrecker ¹) ernannt, so ist dies bei der Eintragung des Erben ²) von Amts wegen miteinzutragen ³) es sei denn, daß der Nachlaßgegenstand der Verwaltung des Testamentsvollstreckers nicht unterliegt ⁴).

II 51. D. 34.

¹) § 36². ²) § 36¹, § 52 A. 1.

³) Wegen BGB. § 2211. — EK. 31[260]. Wegen Beschwerde § 71 A. 4. — Pr. AllgVf. § 11 Nr. 2. — Grundlage urkundl. Nachweis der Ernennung, EK. 40[190]. Erbennachweis bei Eintragung als Hypothekengläubiger, EK. 50[165]. Nicht einzutragen Name, Umfang der Vertretungsmacht und sonstige Verfügungsbeschränkungen, EK. 36[189], 50[168]. Fassung bestimmt das GBA., EK. 50[168]. — Eintragung bleibt maßgebend, solange ihre Unrichtigkeit nicht bekannt, EK. 40[196].

⁴) Was sich aus dem Zeugnis ergeben muß.

IX. Berichtigung.

§ 54. Ergibt sich, daß das Grundbuchamt unter Verletzung gesetzlicher Vorschriften [1]) eine Eintragung vorgenommen hat, durch die das Grundbuch unrichtig geworden ist [3]), so ist von Amts wegen [4]) ein Widerspruch einzutragen [5]). Erweist sich eine Eintragung nach ihrem Inhalt als unzulässig [6]), so ist sie von Amts wegen zu löschen.

Bei einer Hypothek, einer Grundschuld oder einer Rentenschuld bedarf es zur Eintragung eines Widerspruchs der Vorlegung des Briefes nicht, wenn der Widerspruch den in § 42 Abs. 1 Satz 2 bezeichneten Inhalt hat. Diese Vorschrift findet keine Anwendung, wenn der Grundschuld- oder Rentenschuldbrief auf den Inhaber ausgestellt ist [7]) [8]).

I 54, II 52. D. 35. — Abs. 2 Satz 1 ist ein Zusatz der RTK. — M. 92.

[1]) EG.BGB. a. 2 mit § 82². EFG. 1¹²⁸, 7²⁵³, EK. 47²⁰⁴, z. B. Eintragung auf einen anderen als den im pr. Flurbuchanhang angegebenen Eigentümer, EFG. 11¹³⁰ (auch K. 38²⁰⁷), Eintragung ohne die erforderliche staatliche Genehmigung, § 13 A. 3. Die Vorschrift wird durch pr. G. 10. 2. 23 (GS. S. 25) § 11¹ S. 1 (oben § 39 A. 1) nicht berührt, § 11¹ S. 2). Verschulden nicht erforderlich, EK. 40¹⁶⁷. Maßgebend Rechtslage zur Zeit der Eintragung, EBay. 12⁷³⁰. Sind gesetzliche Vorschriften nicht verletzt, aber ohne Fahrlässigkeit bzw. Erkennbarkeit Unrichtigkeiten eingetragen, so ist wie sonst bei Grundbuchberichtigung (§ 22) Antrag (§ 13) erforderlich, z. B. Eintragung für nicht existierende Personen, nicht rechtsfähige Vereine, EFG. 10¹⁵². Keine Unrichtigkeit in Pr. Eintragung der kath. Kirchengemeinde als Eigentümerin des an die Ortskirche aufgelassenen Grundstücks, EK. 40¹⁰⁹. Auch bei Unrichtigkeiten infolge fehlerhafter Beurteilung der Sachlage, EBay. 10⁹⁰, auch wenn das GBA. den Fehler erkennt, EBay. 10⁶⁰¹.

[2]) § 13 A. 1, EBay. 6[481]. Ist die Eintragung selbst ein Widerspruch oder eine Vormerkung, ein Sperrvermerk, so ist die Eintragung eines Widerspruchs nicht möglich. EK. 20[219], 21[148], [286], 26[77], FG. 14[183], Bay. 13[174]. Zu Unrecht erfolgte Löschungen sind durch Wiedereintragung nach Möglichkeit unschädlich zu machen, EK. 27[115]. — Lediglich die Form berührende Schreibfehler können von Amts wegen berichtigt werden, EK. 27[244]. — Wegen Unrichtigkeiten in Katasterbezeichnung zu pr. AllgVf. § 29. — Unrichtigkeit muß glaubhaft sein (EFG. 14[212], Bay. 16 A[157]), auch noch fortdauern, wie nach BGB. §§ 894, 899. Wiedereintragung oder Eintragung des Widerspruchs ausgeschlossen, wenn durch sie das später eingetragene Recht eines Dritten betroffen wird, zu dessen Gunsten der Inhalt des GB., gegen den sich der Widerspruch richtet, nach BGB. § 892 als richtig gilt, EFG. 6[243], K. 33[277].

[3]) und auch zurzeit noch unrichtig ist, EFG. 6[243], R. 65[98], K. 45[214], § 22 A. 1. Glaubhaftmachung der Unrichtigkeit genügt EFG. 16[333]. — Sonst kann der Verstoß nicht berücksichtigt werden, EBay. 8[200], so nicht die unrichtige Löschung einer Vormerkung oder eines Widerspruches, EFG. 13[142], 15[239], K. 43[214] oder ein Verstoß gegen § 46[1], EFG. 15[74], [160].

[4]) Oder auf Antrag, auch im Beschwerdeweg § 71[2] (§ 71 A. 6). — In der unzulässigen Beschwerde gegen die Eintragung liegt das Verlangen, das GBA. zur Eintragung eines Widerspruchs oder Löschung anzuhalten, sofern dem Beschwerdeführer dadurch ein Vorteil erwächst, EK. 29[171], 49[151], FG. 3[259]. Bei unzulässiger Zwangsvollstreckung kann im Beschwerdewege Eintragung eines Widerspruchs bei der Zwangshypothek verfolgt werden, EK. 27[138]. Auch auf Anordnung des vorgesetzten Amtsgerichts ohne Beschwerde im Falle des § 101. Daher Amtspflicht zu jeder zweckdienlichen Aufklärung, EFG. 15[76].

[5]) Auch zur möglichsten Vermeidung des in § 12 statuierten Schadensersatzanspruchs, EFG. 13[263]. Also, wenn nicht der Fall des Satzes 2 vorliegt, keine Löschung. Kein Widerspruch bei offensichtlicher Zwecklosigkeit, EFG. 13[265].

Er muß die Unrichtigkeit und den Berechtigten angeben, EK. 23[133], 43[254], 47[212]. Für begrenzte Ungewißheit über den Berechtigten EK. 45[214]. Bei Berichtigung der Haupteintragung wird er gegenstandslos. Sonst nur Löschung des Widerspruchs auf Antrag, zu dem Bewilligung (§ 19) des Berechtigten erforderlich, aber auch ausreichend, EFG. 15[227], auch im Falle der Eintragung des Widerspruchs auf Grund unrichtiger Auslegung von Urkunden, EFG. 3[258]. — Kein Widerspruch zugunsten eines zu Unrecht Eingetragenen, EFG. 14[200].

6) Nach dem zur Zeit der Vornahme geltenden Rechte, EK. 43[120], doch kann auch nachträgliche Unzulässigkeit, z. B. bei Verfügungsbeschränkung in Frage kommen, EK. 40[227]. — Die GB.rechtl. Unzulässigkeit überhaupt (im Gegensatz zu dem Mangel der Voraussetzungen, EBay. 15[377]) muß aus dem Inhalte der Eintragung ohne Hilfe außerhalb liegender Nachweise hervorgehen, ER. 88[83], Bay. 17[A 51]. Teilunzulässigkeit ist nicht notwendig Vollunzulässigkeit, EK. 43[224]. — Keine Heilung oder Ergänzung durch spätere Rechtshandlungen, EFG. 12[254], 13[138], im Gegensatz zur wirksamen, bloß äußeren Benutzung bei einer späteren zulässigen Eintragung, EFG. 14[179]. — Verstoß gegen ZPO. § 867[2], EK. 49[235], Fristversäumung aus ZPO. § 929[2] und Verstoß gegen ZPO. § 930[1], EBay. 13[251], Veräußerungsverbot zugunsten eines Ungenannten, EK. 45[255]. — EG.BGB. a. 189, EBay. 15[374]. — Keine Bindung des GBA. an eine Prozeßentscheidung über den Rechtsbestand einer Hypothek, EBay. 15[376].

7) Entspricht den §§ 43, 44.

8) Wegen nachträglicher Beschaffung des Briefes § 62[2].

X. Benachrichtigung der Beteiligten.

§ 55. Jede Eintragung soll dem Antragsteller 1) und dem eingetragenen Eigentümer sowie im übrigen allen aus dem Grundbuch ersichtlichen Personen bekannt gemacht werden 2), zu deren Gunsten die Eintragung erfolgt

ist oder deren Recht durch sie betroffen wird[3]), die Eintragung eines Eigentümers auch denjenigen, für welche eine Hypothek, Grundschuld, Rentenschuld, Reallast oder ein Recht an einem solchen Rechte im Grundbuche eingetragen ist[4]). Auf die Bekanntmachung kann verzichtet werden[5]).

I 55 S. 1, II 53. M. 70; D. 35.

[1]) oder der ersuchenden Behörde (§ 39), EFG. 15[237].

[2]) Dazu genügt Übersendung des Hypothekenbriefes ohne besondere Nachricht auch gegenüber einer Behörde, EFG. 15[237], pr. AllgVf. 5. 11. 23 (JM. 712).

[3]) § 13 A. 7. EK. 28[152]. FG. 6[50]. Vermutung vorschriftsmäßiger Bekanntmachung, EGr. 55[270].

[4]) Zugesetzt durch RG. 14. 7. 05. — In Pr. ist Veräußerungspreis, event. der Kostenberechnung zugrunde gelegter Wert in die Mitteilung aufzunehmen (AllgVf. 30. 9. 11, JM. S. 380).

[5]) Weitere Bek. pr. AllgVf. § 31. — Auf Verlangen Bekanntmachung an Bevollmächtigte EFG. 8[159], 11[307]. — EBay. 7[388]. — Über Mitteilungen bei Grundstücken mit Erbbaurecht VO. 15. 1. 19 § 17 zu GBO. § 7.

Dritter Abschnitt.

Hypotheken-, Grundschuld-, Rentenschuldbrief.

I. Hypothekenbrief.

1. Erteilung und Inhalt.

§ 56. Der Hypothekenbrief[1]) wird von dem Grundbuchamt[2]) erteilt. Er muß[3]) die Bezeichnung als Hypothekenbrief enthalten, den Geldbetrag der Hypothek[4]) und das belastete Grundstück[5]) bezeichnen sowie mit Unterschrift[6]) und Siegel[7]) versehen sein[8]) [9]).

I 56, II 54. M. 97; D. 36.

[1]) BGB. § 1116. — Fällt weg bei Ausschließung nach BGB. § 1116[2] (§ 19 A. 3) und bei Sicherungshyp. (BGB. § 1185). Regelmäßig auch bei Notopferhyp., VO. 15. 11. 21 (RGBl. S. 1359) § 17[2] oben § 13 A. 3. Wegen der Rentenbankgrundschuld (oben § 13 A. 2) VO. 15. 10. 23 § 12. Nach dem schweiz. Zusatzabkommen 23. 6. 23 a. 12 (oben § 28 A. 6) Brief nur für die Gläubigergrundschuld, nicht für die Eigentümergrundschuld.

[2]) BGB. § 1117[2]. — Ausnahme § 61[1].

[3]) Wesentlich anders §§ 57, 58.

[4]) § 28 A. 6. — Gemeinschaftliche Briefe § 66.

[5]) §§ 2[2], 3, 4 A. 5. Dazu § 57[2] Nr. 1. — Für Gesamthypotheken § 59.

[6]) § 45 A. 3. Mechanische Vervielfältigung nur § 70[2]. Pr. AG. a. 7. In Pr. hat das GBA. wegen AG. a. 1 als Amtsgericht zu unterzeichnen, EK. 53[222].

[7]) Nicht Stempel, EK. 20[15], pr. AllgVf. 6. 4. 00 (JMl. S. 297). Anders a. 21 A. 1. — Pr. AG. a. 21 A. 1.

[8]) Für Teilhypothekenbriefe s. § 61[2], für nachträgliche Eintragungen § 62[1]. Über gemeinschaftliche Briefe § 66.

[9]) Im GB. wird nur Ausschluß (BGB. § 1116[2]), nicht Erteilung vermerkt. Anders bei Erneuerungen § 68[3].

§ 57. Der Hypothekenbrief soll[1]) die Nummer des Grundbuchblatts angeben und einen Auszug aus dem Grundbuch enthalten.

In den Auszug sollen[2]) aufgenommen werden:

1. die Bezeichnung des Grundstücks nach dem Inhalte des Grundbuchs[3]);
2. die Bezeichnung des Eigentümers[4]);
3. der Inhalt der die Hypothek betreffenden Eintragungen[5]) und, soweit zur Ergänzung einer Eintragung auf eine Urkunde Bezug genommen ist[6]), auch der Inhalt dieser Urkunde[7]); im Falle des § 1115 Abs. 2 des Bürgerlichen Gesetzbuchs braucht

der Inhalt der Satzung nicht aufgenommen zu werden[8]);

4. die kurze Bezeichnung des Inhalts der Eintragungen, welche der Hypothek im Range vorgehen oder gleichstehen[9]).

Der Auszug ist auf Antrag[10]) zu ergänzen, wenn sich der Inhalt des Grundbuchs ändert[11]).

I 57[1], 62, II 55. M. 97; D. 36.

[1]) Nicht wesentlich. Landesrecht kann ein den §§ 56, 57 entsprechendes Formular vorschreiben, aber den sachlichen Inhalt nicht erweitern oder beschränken. Für Pr. § 38 AllgVf. und § 40 mit Anlagen.

[2]) Dazu § 97. [3]) §§ 2[2], 3, 28.

[4]) Nicht aber Beschränkungen seiner Verfügung, EK. 38[299].

[5]) EK. 35[294]. [6]) § 50 mit A. 5.

[7]) Z. B. Abtretungserklärung EFG. 3[207]. Aber § 58[2]. Auch unterbleibt die Aufnahme, soweit der Inhalt für die Rechtsgestaltung der Hypothek ohne Bedeutung ist, EFG. 7[276].

[8]) Pr. AllgVf. § 38[2] Nr. 1.

[9]) Wenn sie nur den Anteil eines anderen Miteigentümers belasten, sind sie nur im Falle zwischenzeitlicher gemeinschaftlicher Belastung aufzuführen, EFG. 4[36], K. 52[213]. Über den etwa eingeräumten Vorrang (BGB. §§ 880, 881) ist ein ausdrücklicher Vermerk in den Brief aufzunehmen, EFG. 4[177], auch auf Grund der Z. 3 der Vermerk bei der vortretenden Post. Über den Vermerk bei der zurücktretenden Post, EFG. 13[257]. — Hierher gehört auch das Recht des Nacherben (§ 52), EK. 38[299].

[10]) EK. 34B[24]. Z. B. bei einer Vorrechtseinräumung Angabe des Rangverhältnisses, EFG. 11[152]. Besondere Anwendung § 63 aE. Wegen Vermerks der Minderung des Betrages s. § 97 aE.

[11]) Handelt es sich um Eintragungen bei der Hypothek selbst, so findet § 62[1] Anwendung.

2. **Verbindung mit der Schuldurkunde.**

§ 58. Ist eine Urkunde über die Forderung, für welche eine Hypothek besteht [1]), ausgestellt, so soll [2]) die Urkunde mit dem Hypothekenbriefe verbunden werden [3]). Erstreckt sich der Inhalt der Urkunde auch auf andere Angelegenheiten [4]), so genügt es [5]), wenn ein öffentlich beglaubigter Auszug aus der Urkunde mit dem Hypothekenbriefe verbunden wird.

In den Fällen des Abs. 1 unterbleibt die im § 57 Abs. 2 Nr. 3 vorgesehene Aufnahme des Inhalts der Urkunde in den Hypothekenbrief [6]).

Zum Nachweise, daß eine Schuldurkunde nicht ausgestellt ist, genügt eine darauf gerichtete Erklärung des Eigentümers [7]).

I 58, II 56. D. 37.

[1]) BGB. § 1115. [2]) Nicht wesentlich.

[3]) Teilhypothekenbriefe § 61. Umwandlungen § 65 A. 7. — Pr. AllgVf. § 41. Abtretungsurkunden nicht zu verbinden, EFG. 3 [207]. Bei Urkunden über Änderung von Zahlungsbedingungen und Verzinsung ist die Verbindung Sache des Ermessens, EK. 30 [276], 53 [226].

[4]) Z. B. Kauf, Gutsübernahme, Erbauseinandersetzung.

[5]) Zweckmäßigkeitsfrage. Gegen Mißbrauch Beschwerde EK. 37 [311].

[6]) Pr. AllgVf. § 38 [2] Nr. 1. — Gilt auch bei sachlichen Änderungen, EK. 34 B [20].

[7]) Form § 29 S. 1. Kennt GBA. ihre Unrichtigkeit, Ablehnung, EFG. 2 [196].

3. **Gesamthypothek.**

§ 59. Über eine Gesamthypothek [1]) **soll nur ein Hypothekenbrief erteilt werden** [2]).

Sind die belasteten Grundstücke in den Bezirken verschiedener Grundbuchämter belegen, so soll jedes Amt für die Grundstücke seines Bezirkes einen besonderen Brief erteilen; die Briefe sind miteinander zu verbinden[3].

I 59, II 57. M. 100; D. 38.

[1]) BGB. § 1132. § 49.

[2]) Muß sämtliche Grundstücke bezeichnen, daher kann eine Gesamthypothek nicht zum Teil Sicherungshypothek sein, EFG. 2[96], R. 77[175]. Keine Zwangshypothek für eine Forderung, für welche bereits Briefhypothek besteht, EFG. 12[206], 14[223], a. M. 14[202], Ausnahme von Abs. 1 in Abs. 2. — Über nachträgliche Belastung anderer Grundstücke § 63. — Über Verteilung § 64. — Pr. AllgVf. § 38[2] Nr. 2.

[4]) Pr. AllgVf. § 41.

4. Aushändigung.

§ 60. Der Hypothekenbrief ist dem Eigentümer[1]) **des Grundstücks, im Falle der nachträglichen Erteilung dem Gläubiger**[2]) **auszuhändigen**[3]).

Auf eine abweichende Bestimmung des Eigentümers oder des Gläubigers[4]) **findet die Vorschrift des § 29 Satz 1**[5]) **entsprechende Anwendung**[6]).

I 60, II 58. M. 101; D. 39.

[1]) Mit Rücksicht auf BGB. §§ 1117[1], 1169[2]. — Er kann aber ohne urkundlichen Nachweis, daß der Gläubiger die Hypothek nicht erworben hat (§ 22), trotz des Besitzes des Briefes über die Hypothek nicht weiter verfügen, K. 22[309]. — Wegen des Notars AG. § 15.

[2]) Mit Rücksicht auf BGB. §§ 873, 952[2].

[3]) Bei Verstoß Beschwerde, § 72. Aber bei Weigerung der Herausgabe im Falle einer Pfändung nur Klage gegen den Justizfiskus, EK. 40[322].

[4]) Im Gegensatz zu BGB. § 1117[2] bedarf es nur einseitiger Bestimmung, EK. 77[107]. Aber kein einseitiger Widerruf EFG. 10[79].

[5]) Wegen der Form. Das Gesuch des Gläubigers um Aushändigung bedarf keiner Form, wenn der Eigentümer bei Bewilligung der Eintragung den Gläubiger dazu ermächtigt hatte, EK. 30[272]. In solchem Falle erwirbt der Gläubiger Hypothek und Brief schon mit der Eintragung bzw. Herstellung, sonst erst mit der Aushändigung, BGB. §§ 1117, 952, EK. 25[153].

[6]) Durch die bloße Verurteilung des Eigentümers zur Eintragung wird ein Recht des Gläubigers auf unmittelbare Aushändigung des Briefes nicht begründet, EK. 21[171].

5. Teilhypothekenbrief.

§ 61. Ein Teilhypothekenbrief[1]) kann[2]) von dem Grundbuchamt, einem Gericht oder einem Notar[3]) hergestellt werden.

Der Teilhypothekenbrief muß[4]) die Bezeichnung als Teilhypothekenbrief sowie eine beglaubigte Abschrift der im § 56 Satz 2 vorgesehenen Angaben des bisherigen Briefes enthalten, den Teilbetrag[4]) der Hypothek, auf den er sich bezieht, bezeichnen sowie mit Unterschrift und Siegel[5]) versehen sein. Er soll[6]) außerdem eine beglaubigte Abschrift der sonstigen Angaben des bisherigen Briefes und der auf diesem befindlichen Vermerke enthalten. Eine mit dem bisherigen Briefe verbundene Schuldurkunde soll[7]) in beglaubigter[8]) Abschrift mit dem Teilhypothekenbriefe verbunden werden.

Die Herstellung des Teilhypothekenbriefs[9]) soll auf dem bisherigen Briefe[10]) vermerkt werden.

I 61, II 59. M. 103; D. 36, 39.

[1]) BGB. §§ 1145[1], 1152. Muster Anlage C pr. AllgVf. — Kein Teilhypothekenbrief bei Verteilung einer Gesamthypothek oder Einzelhypothek, § 64 A. 1.

[2]) Eintragung der Abtretung darf von der Herstellung nicht abhängig gemacht werden, EK. 21[330].

³) Notar nicht befugt bei Teilung einer Eigentümergrundschuld Teilhypothekenbrief herzustellen, EFG. 11[138].

⁴) Wesentlich, entsprechend § 56.

⁵) Ohne bestimmten Betrag ist Teilung nicht buchungsfähig. EFG. 3[108].

⁶) § 56 A. 7.

⁷) Nicht wesentlich, entsprechend § 57.

⁸) Nicht wesentlich, entsprechend § 58. In Pr. ohne Zeugnisstempel für die Beglaubigung, AllgVf. 10. 8. 11 (JM. S. 313),

⁹) Sie darf nicht in den Brief selbst aufgenommen werden, EFG. 2[141]. Vgl. Anm. zu Anlage C der pr. AllgVf.

¹⁰) Nicht wesentlich.

¹¹) Der vorgelegt werden muß. — Aber BGB. § 1145 Abs. 1.

6. Vermerk späterer Eintragungen.

§ 62. Eintragungen¹), die bei der Hypothek²) erfolgen, sind von dem Grundbuchamt³) auf dem Hypothekenbriefe⁴) zu vermerken; der Vermerk ist mit Unterschrift und Siegel zu versehen⁵).

In den Fällen des § 54 Abs. 1 hat das Grundbuchamt den Besitzer des Briefes zur Vorlegung anzuhalten⁶). In gleicher Weise hat es, wenn in den Fällen des § 42 Abs. 1 Satz 2 und des § 54 Abs. 2 der Brief nicht vorgelegt ist, zu verfahren, um nachträglich den Widerspruch auf dem Briefe zu vermerken⁷).

I 31², II 60. M. 65; D. 28, 35, 30.

¹) Mit Ausnahme der vollständigen Löschung, für welche § 69 gilt, also auch Widersprüche, EK. 21[148], 53[219]. — Gilt nicht für das bei Eintragung in Bezug Genommene, EK. 34B[22].

²) Vormerkung zur Sicherung des Vorrechts auf Löschung, EK. 21[175], 30[282], Vorrang EFG. 4[243], Recht des Nacherben EK. 38[290], lastenfreie Abschreibung eines Teiles des belasteten Grundstücks EFG. 5[200]. — EFG. 7[276].

3) Ohne Antrag. — § 57 A. 7 und 8.

4) Vorlegung erfolgt nach § 42. Für Fälle einer Berichtigung ohne Antrag Abs. 2. Rückgabe an den Vorleger bzw. den von diesem (unbeglaubigt) Benannten. Keine Entscheidung über Streitigkeiten betr. Besitz oder Recht dazu, EK. 25[322], 31[341]. Wegen Beschwerde § 71 A. 1. Abtretung eines Teilbetrags einer Teilhypothek auch auf dem Stammbrief zu vermerken. EK. 30[236]. Kein Löschungsvermerk der GBA. auf dem Briefe bei Teilerlöschen durch die Zwangsversteigerung, weil ZVG. § 131 den § 62 ausschließt, EK. 51[309].

5) Entsprechend dem § 56. — §§ 63, 65[1].

6) FG. § 33 pr. FG. a. 15—17, EK. 21[289]. Gegenwärtiger Besitz muß festgestellt werden. Früherer Besitzer braucht Verlust nicht glaubhaft zu machen, EK. 38[291].

7) Pr. AG. a. 26 EK. 53[219]. — Nicht aber in anderen Fällen, insbesondere dem des § 42[1] S. 1, EK. 38[294], R. 83[290] (nicht zur Anbringung einer Löschungsvormerkung).

7. Vermerk der Mitbelastung.

§ 63. Wird nach 1) der Erteilung eines Hypothekenbriefes mit der Hypothek noch ein anderes, in dem Bezirke desselben Grundbuchamts belegenes Grundstück belastet, so ist, sofern nicht die Erteilung des neuen Briefes über die Gesamthypothek beantragt wird 2), die Mitbelastung auf dem bisherigen Briefe zu vermerken 3) und zugleich der Inhalt des Briefes in Ansehung des anderen Grundstücks nach § 57 4) zu ergänzen. 5)

II 61.

1) Gegensatz § 59. 2) § 69. 3) Entsprechend § 62[1].

4) Also nur auf Antrag. — § 57 A. 7.

5) Für Verteilung § 64.

8. Verteilung einer Gesamthypothek.

§ 64. Im Falle der Verteilung einer Gesamthypothek[1]) auf die einzelnen Grundstücke ist[2]) für jedes Grundstück ein neuer[3]) Brief zu erteilen[4]).

II 62. D. 40.

[1]) BGB. §§ 1132[2], 1172, 1175. Für Rentenbankgoldgrundschulden VO. 15. 10. 23 (oben § 13 A. 1). — Ebenso bei Teilung des Grundstücks und Verteilung der Hypothek auf die einzelnen Teile, EFG. 4[170].

[2]) Zwingend, sofern nicht die Erteilung des Briefes nachträglich ausgeschlossen wird (§ 1116[2]). — § 65 A. 3.

[3]) Benutzung der nach §§ 59, 63 ausgestellten Briefe also ausgeschlossen. Kein Teilhypothekenbrief.

[4]) Und dem berechtigten Gläubiger (§ 1132[2]), bzw. Eigentümer (BGB. §§ 1171, 1172, 1175) auszuhändigen.

9. Umwandlung von Hypothek und Forderung.

§ 65. Tritt nach § 1177 Abs. 1[1]) oder nach § 1198 des Bürgerlichen Gesetzbuchs eine Grundschuld oder eine Rentenschuld[2]) an die Stelle der Hypothek, so ist[3]), sofern nicht die Erteilung eines neuen Briefes beantragt wird[4]), die Eintragung der Rechtsänderung[5]) auf dem bisherigen Briefe zu vermerken[6]) und eine mit dem Briefe verbundene Schuldurkunde abzutrennen[7]).

Das gleiche[8]) gilt, wenn nach § 1180 des Bürgerlichen Gesetzbuchs an die Stelle der Forderung, für welche eine Hypothek besteht, eine andere Forderung gesetzt wird.

II 63. D. 41.

[1]) Im Gegensatz zu Abs. 2. [2]) BGB. § 1199[1].

[3]) Auch ohne Antrag.

[4]) Oder gemäß § 64 erfolgen muß. Sonst keine Bildung eines neuen Briefes. — Vgl. dazu § 68.

5) BGB. § 877. 6) Entsprechend § 62[1].

7) Mit Rücksicht auf BGB. § 1192. Rückgabe gemäß § 69 aE. — EFG. 1[164].

8) Nicht bloß das Entsprechende. Eine neue Schuldurkunde darf also mit dem alten Briefe nicht verbunden werden, ist dagegen bei Erteilung eines neuen Briefes gemäß § 58[1] zu verbinden.

10. Gemeinschaftlicher Brief.

§ 66. Stehen einem Gläubiger mehrere Hypotheken zu, die gleichen Rang haben oder im Range unmittelbar aufeinander folgen1), so ist ihm auf seinen Antrag mit Zustimmung des Eigentümers2) über die mehreren Hypotheken ein Hypothekenbrief3) in der Weise zu erteilen, daß der Brief die sämtlichen Hypotheken umfaßt4).

II 64. D. 41.

1) BGB. §§ 879, 880. — Sind Teilhypotheken (§ 61) darunter, so kann der gem. Brief nur verlangt werden, wenn der zu bildende Brief ein Stammbrief, EFG. 1[15], K. 39[271], und alle Teile einer früher geteilten Hypothek in einer Hand wieder vereinigt werden, EFG. 3[260]. Das Dazwischenstehen eines anderen Rechts (pr. Abt. II) hindert, EK. 39[276].

2) Form § 29 Satz 1.

3) Unter Anwendung der §§ 56—58.

4) Auf den Bestand der einzelnen Hypotheken ohne Einfluß. — EK. 38[299].

11. Erneuerung.

§ 67. Einem Antrage des Berechtigten1) auf Erteilung eines neuen Briefes ist2) stattzugeben3), wenn der bisherige Brief oder in den Fällen der §§ 1162, 1170, 1171 des Bürgerlichen Gesetzbuchs das Ausschlußurteil4) vorgelegt wird5).

I 64, 65, II 65. D. 41. — § 42.

[1]) EFG. 13[255]. Auch des vom Gläubiger ein Recht ableitenden z. B. auf Grund gerichtl. Überweisung zur Einziehung, EFG. 15[320].

[2]) Ohne weitere Voraussetzungen, insbesondere ohne Zustimmung des Eigentümers. EFG. 8[158].

[3]) Inhalt und Vermerk im GB. § 68.

[4]) Antragsteller und dessen Berechtigung sind gleichgültig, EK. 45[297].

[5]) Wegen des alten Briefes § 68.

§ 68. Wird ein neuer Brief erteilt, so hat er die Angabe zu enthalten, daß er an die Stelle des bisherigen Briefes tritt[1]).

Vermerke, die nach den §§ 1140, 1145, 1157 des Bürgerlichen Gesetzbuchs für das Rechtsverhältnis zwischen dem Eigentümer und dem Gläubiger in Betracht kommen, sind auf den neuen Brief zu übertragen[2]).

Die Erteilung des Briefes ist im Grundbuche zu vermerken[3]).

I 66, II 66. M. 108; D. 42.

[1]) Im übrigen gemäß §§ 56 ff. nach gegenwärtiger Lage des GB. zu erteilen. Pr. Muster Anlage E, EFG. 8[58]. Außerhalb des GB. erfolgte Änderungen nur bei Antrag auf Berichtigung des GB. zu berücksichtigen, EFG. 8[158]. Vgl. auch Abs. 2.

[2]) Zur Sicherung des Eigentümers. Auch Privatvermerke dieser Art sind zu übertragen.

[3]) § 56 A. 9. — Pr. AllgVf. § 12[2].

12. Vernichtung.

§ 69. Wird eine Hypothek gelöscht[1]), so ist der[2]) Brief unbrauchbar zu machen[3]); das gleiche gilt, wenn die Erteilung des Briefes über eine Hypothek nachträglich ausgeschlossen[4]) oder an Stelle des bisherigen Briefes

ein neuer Hypothekenbrief[5]), ein Grundschuldbrief oder ein Rentenschuldbrief[6]) erteilt wird. Eine mit dem bisherigen Briefe verbundene Schuldurkunde ist abzutrennen und, sofern sie nicht mit dem neuen Hypothekenbriefe zu verbinden ist[7]), zurückzugeben.

I 64[7], II 67. M. 106; D. 42.

[1]) § 27. Für bloß teilweise Löschung (BGB. § 1145) nicht § 69, sondern § 62. — ZVG. § 127.

[2]) Gemäß § 42 vorzulegender.

[3]) EN. 63[425]. Weise der Unbrauchbarmachung und ob er zurückbehalten wird, bestimmt Landesjustizverwaltung. — Pr. AllgVf. § 42.

[4]) BGB. § 1116[2]. Ebenso im Falle der Umwandlung in eine Sicherungshypothek BGB. § 1186.

[5]) §§ 63, 64, 67. [6]) § 65.

[7]) im Falle des § 67.

II. Grundschuld- und Rentenschuldbrief.

§ 70. Die Vorschriften der §§ 56 bis 69 finden auf den Grundschuldbrief[1]) und den Rentenschuldbrief[2]) entsprechende Anwendung[3]). Der Rentenschuldbrief muß auch die Ablösungssumme[4]) angeben.

Ist eine für den Inhaber des Briefes eingetragene Grundschuld oder Rentenschuld in Teile zerlegt[5]), so ist über jeden Teil ein besonderer Brief herzustellen[6]).

I 67 S. 2, II 68. M. 108; D. 43.

[1]) BGB. § 1192 EFG. 5[200]. [2]) BGB. § 1199.

[3]) In Wegfall kommt Schuldurkunde §§ 58, 61[2]. — § 65[1]. Pr. AllgVf. § 38[4].

[4]) BGB. § 1201.

[5]) § 51[2]. Den Briefen können Zins- und Erneuerungsscheine beigegeben werden. — § 1195 mit §§ 803 ff. BGB.

6) Unterzeichnung auch im Wege mechanischer Vervielfältigung. — BGB. §§ 793 S. 2, 1195 S. 2, § 57 A. 8.

Vierter Abschnitt.
Beschwerde.

1. Zulässigkeit.

§ 71. Gegen die Entscheidungen 1) des Grundbuchamts findet das Rechtsmittel der Beschwerde 2) statt 3).

Die Beschwerde gegen eine Eintragung ist unzulässig 4). Im Wege der Beschwerde kann jedoch verlangt werden 5), daß das Grundbuchamt angewiesen wird, nach § 54 einen Widerspruch einzutragen oder eine Löschung vorzunehmen 6).

I 68[1], 69, 74, II 69. M. 109; D. 43.

1) D. h. an und für sich gegen jede nach Maßgabe der Grundbuchgesetze oder anderer vom GBA. anzuwendender materieller oder formeller Vorschriften (EFG. 1[80], ER. 48[243], EK. 23[221], 44[214], § 36 A. 6) ergehende sachliche Anordnung oder Entscheidung (Verfügung im Sinne von FG. § 19[1], auch betreffend Terminsbestimmung, EK. 48[171]) auch gegen Entscheidung über den Antrag eines Dritten, ihm statt des bisherigen Besitzers den Hypothekenbrief herauszugeben, EK. 25[322] (anders bei Weigerung der Herausgabe seitens des GBA. wegen Pfändung des Herausgabeanspruchs, § 60 A. 3), auch gegen Entscheidungen im Kostenpunkte, EFG. 2[142], 6[271], 12[249] — nach Erledigung der Hauptsache EFG. 16[314] — gegen Abhängigmachung der Eintragung von Stempelsicherung und deren Höhe, EK. 38[B3], 39[B62], auch gegen Zwischenverfügungen nach § 18 (§ 74 A. 1) und gegen Nichtanwendung des § 18, EKG. 44[214], 46[179], und zwar auch nach Fristablauf, EK. 44[214], 46[179], nicht gegen vom Gesetze nicht erwähnte Zwischenvf., z. B. Anheimgeben der Rücknahme eines Antrages, EK. 46[176]; ferner gegen eine dem Buch-

berechtigten bekanntgemachte Löschungsanordnung aus § 54[1] S. 2, EFG. 15[165] (nicht gegen jede Eintragungsanordnung), gegen Nichterteilung einer vollstreckbaren Ausfertigung (ZPO. § 797[3]), EFG. 14[190], nicht aber gegen eine gutachtliche Auskunft über in Zukunft etwa zu stellende Anträge, EFG. 1[211], K. 37[218], 48[173], auch nicht zur Erzielung bloß lehrhafter Aussprüche, EBay. 16 A[105], wohl aber gegen bestimmte Entschließung über Ablehnung künftiger Eintragungsanträge, EK. 38[255], 39[278], 43[182]. Zulässig gegen den Inhalt eines Hypothekenbriefes, EK. 52[213]. Über die Pflicht zur Auskunftserteilung gegenüber Behörden nur Beschwerde im Aufsichtswege § 1 A. 1. Über Sach- und Dienstbeschwerde bei Ablehnung der Entgegennahme einer Auflassung EK. 44[214]. Gegen Entscheidungen des pr. Rechtspflegers (a. 1, A. 1b) zunächst Nachsuchung der Entscheidung des Richters und dann Beschwerde gegen letztere pr. G. 14. 12. 20 § 2.

2) Diese Beschwerde ist sachlich der einfachen der ZPO. nachgebildet. Vorschriften der ZPO. finden aber keine Anwendung, selbst wenn es sich um Eintragung einer Zwangshypothek auf Grund des ZPO. § 866 handelt, EFG. 1[17], 3[100], K. 43[244]. Auch die FG. §§ 19—29 finden keine Anwendung obwohl es sich um freiwillige Gerichtsbarkeit handelt. Vielmehr ist die B. in GB.Sachen durch die §§ 71—81 für sich erschöpfend geordnet, EFG. 1[80], K. 46[178].

3) Die Sachlegitimation des B.Führers ist nach der besonderen Lage des Falles zu prüfen. Im Antragsrecht liegt jedenfalls auch das Beschwerderecht gegen Abweisung, EK. 45[205]. Grundsätzlich ist es aber (abweichend von FG. § 20) nicht auf den Antragsteller bzw. die ersuchende Behörde beschränkt, vielmehr jedem Beteiligten zu gewähren, der durch die Entscheidung in seinem Rechte getroffen wird und an ihrer Beseitigung ein rechtliches Interesse hat, § 13[2], EFG. 2[41], 6[239], 8[238], Bay. 2[578], 11[724], K. 25[93], 33[305], 41[253], 44[177], 47[210], 50[218]. Es genügt auch Verletzung einer persönl., selbst öffentl.-rechtl. Befugnis, z. B. wegen Beeinträchtigung eines Auf-

sichtsrechts bezüglich des Güterhandels, EFG. 12[153]. Aber der schuldrechtlich zur Herbeiführung der Löschung einer Auflassungsvormerkung Verpflichtete hat kein Beschwerderecht zur Durchsetzung der Löschung wegen Unrichtigkeit, EK. 52[162]. Der schuldige GB.beamte und der Staat haben ein Recht auf Eintragung des Widerspruchsrechts. Keine B. des Nachhypothekars wegen unterbliebener Löschung einer Vorhypothek, EFG. 12[50]. Aber im Verfügungsbereich des Testamentsvollstreckers hat der Erbe kein Beschwerderecht, EK. 51[214]. Behörden, welche weder Vertretung noch Zuständigkeit zu einem Ersuchen haben, sind nicht legitimiert, EK. 20[11], 32[243]. Kein Beschwerderecht eines GBA. über ein anderes bei gemeinsch. Obligenh. EK. 52[102]. Wegen Beschwerde des Notars EFG. 7[136]. Der nach § 15 legitimierte Notar ist in eigenem Namen nicht legitimiert, auch nicht zur Vermeidung eines Regreßanspruchs, EK. 35[200], Bay. 11[335, 590, 626]. Hat er den Antrag nicht gestellt, sondern nur Urkunden überreicht, so bedarf er auch für B. namens der Antragsteller Vollmacht, EBay. 11[335, 590, 626], 12[339].

[4]) D. h. mit Rücksicht auf die Rechte Dritter darf die einmal erfolgte (EK. 23[183]) Eintragung (auch eine Löschung EFG. 1[168], 13[141], auch die eines Widerspruchs, EK. 20[217], 21[149]), sowie die Nichtübertragung eines Rechts (§ 47[2]), EK. 46[211] — nicht ungeschehen gemacht, sondern im Beschwerdewege nur Antrag nach S. 2 gestellt werden. Bay. 8[437], 10[219]. Bezieht sich nicht auf B. gegen Fassung der Eintragung, EK. 37[213], 43[231], FG. 15[240]. Wegen der Vereinigung von Grundstücken EFG. 6[247], Umschreibung des Anteils eines Miterben EK. 40[167], der Unterlassung der Miteintragung des Testamentsvollstreckers EK. 31[260]. Auch die Beschwerde über die Zurückweisung einer gegen die Eintragung gerichteten Remonstration gehört hierher, EK. 26[290], R. 55[404], ebenso über Zurückw. eines nicht auf eingetretene Rechtsänderung (§ 22 A. 1) gestützten Berichtigungsantrags, EK. 39[283], 46[212], 48[185], FG. 15[185], 16[123], jedoch R. 88[90], nicht aber B. und weitere B. gegen die Ablehnung einer **beantragten** Eintragung, EK. 57[344]. Ge-

stattet ist auch B. zur Berichtigung oder Beseitigung einer nicht unter dem öffentlichen Glauben stehenden Eintragung, EFG. 7[150], Bay. 15[328], wegen Löschung der Rittergutseigenschaft EK. 31[231], wegen Berichtigung durch Eintragung der Zweigniederlassung an Stelle der Hauptfirma EK. 32[199]. Wegen altpr. Grunddienstbarkeiten EK. 34[270], 51[252]. Durch Antrag nach S. 2 kann jedoch im übrigen der gleiche Erfolg erreicht werden. Gegen die Anordnung der Eintragung (z. B. in der Beschwerdeinstanz) gibt es, solange sie nicht erfolgt ist, ohne weiteres B. bzw. weitere B., EK. 23[133], FG. 4[48], später nur nach S. 2, EFG. 10[55]. Gegen die Ausführung der Anordnung der Beschwerdeinstanz hat Beschwerdeführer keine selbständige B., sondern nur weitere Beschwerde gegen die Anordnung, EBay. 12[126], [543]. Dritte haben B. im Rahmen des Abs. 2 S. 2, EK. 36[149]. Die Eintragung von Vormerkungen und Widersprüchen gehört nicht zu den Eintragungen im Sinne des § 71[2], EFG. 4[66], 13[140], [247], 14[184], K. 31[324], 33[273], 35[261], 38[206], 44[302], Bay. 8[20], wohl aber deren Löschung, EFG. 13[140], 15[238]. Auch gehören nicht dazu Eintragungen aus § 52, EK. 34[236].

5) Auch stillschweigend, § 54 A. 3, EK. 31[260].

6) EFG. 1[128], 7[253], Bay. 10[439], 15[416], Löschung im Falle § 54[1] S. 2, EK. 34[259], 38[262], 39[210], [283], Widerspruch nur im Falle § 54[1] S. 1, EBay. 11[111]. Widerspruch bei der Hypothek wegen Nichteintragung einer Kündigungsbeschränkung, EK. 53[173]. Anweisung zur Widerspruchseintragung nur auf Verlangen eines Beschwerdeberechtigten EFG. 12[65]. — § 80[3]. — Ausnahme in § 100.

2. Beschwerdegericht.

§ 72. Über die Beschwerde entscheidet das Landgericht¹), in dessen Bezirke das Grundbuchamt seinen Sitz hat²).

I 68[2], II 70. M. 111; D. 44. — ZPO. § 568[1], GVG. § 71. — FG. § 19[2].

1) Zivilkammer § 81[1].

²) Für den Fall, daß nicht das Amtsgericht GBA. ist (§ 1 A. 1), kann durch Landesrecht zunächst Anrufung des Amtsgerichts vorgeschrieben werden. § 100.

3. Einlegung.

§ 73. Die Beschwerde kann bei dem Grundbuchamt oder bei dem Beschwerdegericht¹) eingelegt werden.

Die Einlegung erfolgt durch Einreichung einer Beschwerdeschrift²) oder³) durch Erklärung⁴) zum Protokolle des Grundbuchamts oder des Gerichtsschreibers des Beschwerdegerichts⁵).

I 70¹, II 71. M. 113; D. 44. — § 100. — FG. § 21.

¹) Nicht bloß, wie nach ZPO. § 569¹ in dringenden Fällen. Das Beschwerdegericht wird sie aber regelmäßig zur Beifügung der Akten und um Gelegenheit zur Anwendung des § 75 zu geben, dem GBA. übersenden.

²) Eigenhändige Unterschrift auch bei Behörden, EFG. 11¹. Ohne Anwaltszwang. Anders § 80¹. Frist besteht nicht.

³) Auch hier, im Gegensatz zu ZPO. § 569², in allen Fällen.

⁴) Unterschrift zwar nicht nötig. Ihre Ablehnung kann aber Unwirksamkeit der Niederschrift ergeben, EK. 49¹⁴⁴.

⁵) Beschwerde hat nicht die in § 17 bestimmten Wirkungen eines Eintragungsantrages.

4. Neues Vorbringen.

§ 74. Die Beschwerde¹) kann auf neue Tatsachen und Beweise gestützt werden²).

I 72, II 72. M. 115; D. 45. — ZPO. § 570. — § 100. — FG. § 23.

¹) Sie eröffnet dem Beschwerdegericht eine vollständige Nachprüfung in tatsächlicher und rechtlicher Beziehung (anders §§ 78, 79), auch bezüglich der in das Ermessen des GBA. gestellten Dinge, z. B. § 18 A. 3. Bei Zwischenverf. (§ 18) keine Beschränkung auf das erhobene Bedenken, EK. 35²⁰². Zur Vorbereitung der Entscheidung durch Berichte, Beweisaufnahmen usw. kann die Mitwirkung des GBA. in Anspruch genommen werden.

Doch hat das Beschwerdegericht nicht Beweis zu erheben, wenn auch das GBA. nicht dazu verpflichtet war. § 18 A. 1, EK. 20[281]. Wegen der Priorität § 77 A. 2.

²) Auch Nachholung solcher Angaben und Nachweise, von denen das GBA. die Eintragung abhängig gemacht hatte, ist zulässig, EBay. 4[860]. Wegen § 17 A. 4 ist aber unter Umständen ein erneuter Antrag der Beschwerde vorzuziehen. — Die durch neues Vorbringen erfolgreiche Beschwerde führt zur Aufhebung der Vorentscheidung, EK. 52[120].

5. **Abhilfe durch das Grundbuchamt.**

§ 75. Erachtet das Grundbuchamt die Beschwerde für begründet, so hat es¹) ihr abzuhelfen²).

I 71, II 73. M. 114; D. 45. — § 571 ZPO. — § 100. — FG. § 18.

¹) Anders bei der weiteren Beschwerde § 80.

²) Andernfalls ist die Beschwerde dem Beschwerdegericht vorzulegen. Wenn das Landgericht die bei ihm eingelegte Beschwerde dem GBA. übersendet (§ 73 A. 1), so ist letzteres mit der Abhilfe bezüglich des einheitl. Beschwerdeantrages im vollen Umfange befaßt, EK. 43[243]. Es handelt sich aber nicht um Abhilfe, sondern um ein neues Verfahren des ersten Rechtszuges, wenn zugleich mit der Beschwerde ein neuer begründeter Antrag gestellt wird, EFG. 12[69]. Abhilfe auch ohne Beschwerde (entspr. FG. § 18), aber nicht gegenüber vollzogenen Eintragungen, EFG. 14[198], auch § 80 A. 6 aE. Bei der Abhilfe kann § 54 in Frage kommen.

6. **Einstweilige Anordnung.**

§ 76. Das Beschwerdegericht kann vor der Entscheidung durch eine einstweilige Anordnung dem Grundbuchamt aufgeben¹), eine Vormerkung²) oder einen Widerspruch³) einzutragen⁴).

Die Vormerkung oder der Widerspruch wird von

Amts wegen gelöscht, wenn die Beschwerde zurückgenommen oder zurückgewiesen ist[5]).

73² S. 1, II 74. M. 116; D. 45. — ZPO. § 572. — §§ 80³, 100. — FG. § 24.

¹) EBay. 7³³², FG. 10¹⁶⁰. Mitteilung an den Beschwerdeführer ist anders wie § 77 nicht vorgeschrieben.

²) Im Falle des BGB. § 883.

³) Im Falle des BGB. § 894.

⁴) §§ 18², 55. — Pr. AllgVf. § 14. Die Beschwerde hat keine aufschiebende Wirkung.

⁵) Anders §§ 54, 71². — Im entgegengesetzten Falle wird sie als definitive aufrecht erhalten, EFG. 10¹⁶⁰.

7. Endgültige Entscheidung.

§ 77. Die Entscheidung des Beschwerdegerichts[1]) ist mit Gründen zu versehen[2]) und dem Beschwerdeführer mitzuteilen[3]).

I 74, 75, II 75. M. 117; D. 46. — §§ 80², 100. — FG. 25.

¹) Bei völlig begründeter Beschwerde regelmäßig Anweisung zur Eintragung (im Falle des § 71² eines Widerspruches), auf Grund deren dann das GBA. die Eintragung vorzunehmen hat. § 76 A. 5.

²) Gilt auch für Zwischenverfügungen, EK. 48¹⁷⁰. Neben der Rechtsanwendung müssen die Gründe auch die Feststellung der tatsächl. Verhältnisse, welche der Entscheidung zugrunde gelegt sind, enthalten, EK. 48².

³) Einer in der Beschwerdeinstanz angeordneten Eintragung steht die durch den abgewiesenen Antrag begründete Priorität (§ 46, § 18 A. 3) zu. Nur wenn sie auf neuem Vorbringen beruht und das GBA. auch nicht von § 18¹ hätte Gebrauch machen sollen, wird das Beschwerdegericht die Priorität zu versagen haben. — Anordnung des Beschwerdegerichts hindert nicht abweichendes Verhalten des GBA. aus neuen Gründen, EBay. 18 A²⁸⁸.

8. Weitere Beschwerde.

a) Zulässigkeit.

§ 78. Gegen die Entscheidung des Beschwerdegerichts ist das Rechtsmittel der weiteren Beschwerde zulässig, wenn die Entscheidung auf einer Verletzung des Gesetzes beruht [1]). Die Vorschriften der §§ 550, 551, 561, 563 der Zivilprozeßordnung finden entsprechende Anwendung [2]).

I 76[1], II 76. M. 118; D. 46. — FG. § 27.

[1]) Das weicht von ZPO. § 568[2] ab und nähert sich entsprechend FG. § 20 der Revision, auf welche Satz 2 in mehreren Punkten verweist, Bay. 12[63]. Wie bei der Revision bedarf es keiner Angabe der unrichtig angewendeten Rechtsnormen, EBay. 13[729]. — EFG. 1[17]. Also Gebundenheit an die Feststellung der Tatsachen, EBay. 13[304]. Keine neuen Behauptungen und Beweismittel, EBay. 12[593, 706], 13[68], FG. 14[241], K. 48[2], vgl. aber EFG. 12[75], K. 43[207] über Ausnahmen. Das verletzte Gesetz braucht nicht gerade ein GB.Gesetz zu sein. Nicht entgegen EFG. 1[80]. Anders § 80[2]. — Vgl. A. 1 vor pr. AllgVf. § 1. — Keine Unzulässigkeit, weil der zurückgewiesene Antrag nur als Anregung anzusehen sei, EK. 89[56]. — Zulässigkeit der weiteren Beschwerde, gegen den eine Zwischenvfg. bestätigt. Beschluß nicht dadurch ausgeschlossen, daß inzwischen der Eintragungsantrag endgültig zurückgewiesen ist, EFG. 13[136], 14[74], K. 46[226] anders wenn nur hinsichtlich eines von zwei bestätigten Beanstandungsgründen weitere Beschwerde eingelegt wird, EK. 43[141].

[2]) § 74 kommt nicht zur Anwendung. Für im Felde stehende Personen Bek. 8. 3. 17 § 4 (RGBl. S. 219).

b) Gericht.

§ 79. Über die weitere Beschwerde entscheidet das Oberlandesgericht [1]).

Will das Oberlandesgericht bei der Auslegung [2]) einer

das Grundbuchrecht betreffenden reichsgesetzlichen Vorschrift[3]) von der auf weitere Beschwerde ergangenen Entscheidung eines anderen Oberlandesgerichts[4]), falls aber über die Rechtsfrage bereits eine Entscheidung des Reichsgerichts[5]) ergangen ist, von dieser abweichen[6]), so hat es die weitere Beschwerde unter Begründung seiner Rechtsauffassung dem Reichsgerichte vorzulegen. Der Beschluß über die Vorlegung ist dem Beschwerdeführer mitzuteilen[7]).

In den Fällen des Abs. 2 entscheidet über die weitere Beschwerde das Reichsgericht[8]).

I 76^{2}, II 77. M. 118; D. 46. — §§ 120, 123, 137 GVG. — FG. § 28.

1) D. h. der Zivilsenat des Bezirks-Oberlandesgerichts § 81^{1}. Abweichung zulässig nach § 102. — Zustellung durch das GBA. auf Anordnung nach pr. AllgVf. 19. 8. 11 (JM. S. 327).

2) Nicht bei sonstigen Abweichungen in Rechtsansichten EBay. 10^{439}.

3) Daß sie in den Grundbuchgesetzen steht, ist nicht erforderlich, z. B. Auslegung von BGB. § 181, EBay. 13^{22}, von GenG. § 42, EBay. 14^{313}; dagegen handelt es sich nicht um zur Anwendung gelangende allgemeine Vorschriften. Über Fortdauer einer Vollmacht nach dem Tode als Frage des GB.rechts, ER. 88^{345}, 106^{186} (§ 29 A. 3). Auch ZPO. §§ 866, 867 sind, soweit es sich um die Tätigkeit des GBA. handelt, grundbuchrechtliche Vorschriften, ER. 48^{245}, $78^{398, 406}$, 106^{74}, K. $24^{A 214}$, $27^{A 138}$, $30^{A 246}$, 32^{273}, 43^{246}, 46^{18}, ebenso die Regelung der Anteilsanwachsung bei Gemeinschaften. Bezügl. der landesbehördl. Zwangsmaßnahme nach § 62 ER. 83^{293}. Nicht reichsrechtliche Vorschriften, deren Anwendbarkeit (z. B. auf alte Ehen) auf Landesrecht beruht, EBay. 2^{800}, 9^{339}, R. 102^{26}. Wegen Kostenpunkt ER. 62^{142}.

4) Vorausgesetzt ist, daß die Justizverwaltungen diese Entscheidungen sammeln und veröffentlichen. Erfordert wird eine wirkliche Entscheidung über die Auslegung, so daß ein bloßes

Streifen einer Rechtsfrage in den Gründen nicht genügt, EBay. 15[533].

[5]) In Frage kommen kann immer nur die jüngste Entscheidung des Reichsgerichts über die Auslegung der Vorschrift. Die Entscheidung braucht nicht in Grundbuchsachen ergangen zu sein, ER. 65[279]. Reichsgericht behält die Entscheidung, wenn es findet, daß die bestehende Kontroverse nicht entschieden zu werden braucht, EBay. 13[22].

[6]) ER. 68[80], EBay. 7[433], 10[261].

[7]) Wenn das OLG. eine Beschwerde als unzulässig oder selbst unter Verletzung des § 79², sachlich zurückgewiesen hat, kann die Partei das Reichsgericht nicht anrufen, ER. 52[249].

[8]) Auch das oberste Landesgericht für Bayern ist insoweit dem Reichsgericht nachgeordnet.

e) **Verfahren.**

§ 80. Die weitere Beschwerde kann bei dem Grundbuchamte, dem Landgericht oder bei dem Oberlandesgericht eingelegt werden[1]). Erfolgt die Einlegung durch Einreichung einer Beschwerdeschrift[2]), so muß diese von einem Rechtsanwalt[3]) unterzeichnet sein[4]). Der Zuziehung eines Rechtsanwalts bedarf es nicht, wenn die Beschwerde von einer Behörde[5]) oder von dem Notar[6]) eingelegt wird, der nach § 15 den Eintragungsantrag gestellt hat[7]).

Das Grundbuchamt und das Landgericht sind nicht befugt, der weiteren Beschwerde abzuhelfen[8]).

Im übrigen finden die Vorschriften über die Beschwerde entsprechende Anwendung[9]).

I 76³, II 78. M. 120; D. 4. — FG. § 29.

[1]) Für geschäftl. Behandlung pr. AllgVf. 28. 4. 11 (JM. S. 177).

[2]) Sie kann auch zu Protokoll des Gerichtsschreibers der beiden Gerichte bzw. des GBA. erfolgen, § 73².

[3]) Mit schriftl. Vollmacht, EBay. 13[251].

[4]) Ebenso etwaige weitere Begründungsschriften. Aber § 78 A. 1, EBay. 13[729].

[5]) Z. B. schles. Generallandschaftsdirektion, EK. 25[93], Vorstand der ostpreuß. Landschaftsbank, EK. 53[203], Berliner Pfandbriefamt, EK. 29[112], Handelskammer, EK. 40[217], Reichsbankstelle, nicht Nebenstelle, EK. 38[146]. Gilt auch, wenn die Behörde als Bevollmächtigte einer Privatperson Beschwerde einlegt, EK. 46[176]. Aber auch hier ist eigenhändige Unterschrift erforderlich, EFG. 11[1].

[6]) Aber nur im Namen des Berechtigten, EK. 30[236].

[7]) Daß er den Antrag des Beteiligten beurkundet hat, genügt nicht, EFG. 4[174], Bay. 7[187], 13[729]. Er bedarf dann Vollmacht und Unterzeichnung durch Rechtsanwalt, EBay. 11[335], 12[339], [553], [626].

[8]) Abweichend von § 75. Sie dürfen also auch die angefochtene Eintragungsanordnung nicht zurücknehmen, EFG. 10[95]. Das Landgericht darf, auch wenn weitere Beschwerde nicht eingelegt ist, seine zugestellte Entscheidung nicht ändern, EFG. 14[196]. [9]) Insbesondere §§ 71[2], 76, 77, EFG. 1[18], 10[5b].

9. Gericht. Ausschließung der Gerichtspersonen.

§ 81. Die Entscheidungen über Beschwerden erfolgen bei den Landgerichten durch eine Zivilkammer, bei den Oberlandesgerichten[1]) und dem Reichsgerichte durch einen[2]) Zivilsenat.

Die Vorschriften der Zivilprozeßordnung über die Ausschließung und Ablehnung der Gerichtspersonen[3]) sowie die Vorschriften des § 137 des Gerichtsverfassungsgesetzes finden entsprechende Anwendung[4]).

II 79. D. 48. — FG. § 30.

[1]) § 102. [2]) Oder mehrere. [3]) ZPO. §§ 41—49.
[4]) § 1 A. 1 und § 10 A. 1.

Fünfter Abschnitt.

Schlußbestimmungen.

Inkrafttreten.

§ 82. Dieses Gesetz tritt, soweit es die Anlegung des Grundbuches betrifft, gleichzeitig mit dem Bürgerlichen Gesetzbuch[1]), im übrigen für jeden Grundbuchbezirk mit dem Zeitpunkt in Kraft, in welchem das Grundbuch als angelegt anzusehen ist[2]).

Die Artikel 2 bis 5, 32, 55 des Einführungsgesetzes zum Bürgerlichen Gesetzbuche finden entsprechende Anwendung[3]).

I 77, II 80. M. 121; D. 49.

[1]) Am 1. Januar 1900, EG.BGB. a. 1.

[2]) EG.BGB. a. 186[1], auch a. 187 ff., insbesondere a. 189, — pr. AG. a. 34, — pr. V. a. 3 ff.

[3]) D. h. die das Grundbuchwesen betreffenden Vorschriften der Reichsgesetze bleiben grundsätzlich in Kraft, die landesrechtlichen treten grundsätzlich außer Kraft. Das vorliegende Gesetz läßt aber teils durch ausdrückliche Verordnung, teils durch beabsichtigte Lücken dem Landesrecht (Landesgesetz, landesherrliche Verordnung, Anordnungen der Landesjustizverwaltung) einen großen Spielraum. Vgl. §§ 1, 2, 83—102, Einleitung S. 16 ff., § 1 A. 1, § 2 A. 5, pr. G. a. 1 A. 1. Über spätere Änderung des Landesrechts EG.BGB. a. 218.

Vorbehalte zugunsten des Landesrechts.

1. Allgemeine.

§ 83. Soweit im Einführungsgesetze zum Bürgerlichen Gesetzbuche zugunsten der Landesgesetze Vorbehalte gemacht sind[1]), gelten sie auch[2]) für die Vorschriften der Landesgesetze über das Grundbuchwesen[1]); den Landesgesetzen stehen nach Maßgabe der Artikel 57, 58 des Ein-

führungsgesetzes zum Bürgerlichen Gesetzbuche die Hausverfassungen gleich.

I 5², 78, II 81. M. 31; D. 50.

¹) Von a. 55 ab. Befugnis zum Erlaß der Übergangsbestimmungen innerhalb dieses Rahmens. § 82 A. 3. Vgl. neben der allgemeinen Bestimmung des EG.BGB. a. 218, a. 57—74, 77—79, 83, 88, 91, 96, 109—133, 141—143, 167, 168, 180—197, 200. Pr. AG. a. 21 ff., 27, EK. 31[279], 41[188], [194], Bay. 9[301]. Zulässigkeit besonderer Grundbücher für Eisenbahngrundstücke (a. 112), für Anerbengüter (a. 64, pr. G. 2. 7. 98, pr. AllgVf. § 43) der Eintragung von Verfügungsbeschränkungen auf Grund des landesgesetzlichen ehelichen Güterrechts (a. 200), Aufrechterhaltung der Sonderstellung der landschaftlichen Kreditanstalten a. 167, vgl. pr. G. 3. 8. 97), pr. AG. a. 21. Zulässig Eintragung der sog. Generalgarantie, EK. 53[203]. Für a. 63 (Erbpacht) und a. 68 (Recht zur Gewinnung eines Minerals) gibt jedoch § 84 eine Einschränkung.

²) Neben den in diesem Gesetz gemachten Vorbehalten (§ 82 A. 3).

Einschränkung für Erbpacht und Abbaurechte.

§ 84¹). Die Vorschriften des § 20 und des § 22 Abs. 2 über das Erbbaurecht sowie die Vorschrift des § 50 finden auf die in den Artikeln 63, 68 des Einführungsgesetzes zum Bürgerlichen Gesetzbuche bezeichneten Rechte²) entsprechende Anwendung³)⁴).

Ist auf dem Blatte eines Grundstücks ein Recht der in den Artikeln 63 und 68 des Einführungsgesetzes zum Bürgerlichen Gesetzbuch bezeichneten Art eingetragen, so ist auf Antrag für dieses Recht ein besonderes Grundbuchblatt anzulegen. Die Anlegung erfolgt von Amts wegen, wenn das Recht veräußert oder belastet werden soll. Sie wird auf dem Blatte des Grundstücks vermerkt.

Die Landesgesetze können bestimmen, daß statt der

Vorschriften des Abs. 2 die Vorschriften der §§ 14 bis 17 der Verordnung über das Erbbaurecht entsprechend anzuwenden sind[5].

II 82. D. 51.

[1]) Geändert durch VO. 15. 1. 19 (Einl. S. 14).

[2]) Kein Vorbehalt zugunsten des Landesrechts, sondern Einschränkung des allgemeinen Vorbehalts (§ 83 A. 1). Für Pr. ohne Bedeutung.

[3]) Möglichst auch dann anzuwenden, wenn für die Gerechtigkeit kein besonderes GBBl. angelegt ist.

[4]) Landesrecht kann das gleiche für Stockwerkseigentum (EG.BGB. a. 182) und andere vererbliche und übertragbare Nutzungsrechte (EG.BGB. a. 196) bestimmen. Pr. AG. a. 28.

[5]) RG. 10. 5. 20 (RGBl. S. 962) (Heimstättengesetz) § 27. In Ländern, in denen Erbpachtrechte (Büdnerrechte, Häuslerrechte) bestehen, kann das Landesrecht entsprechende Anwendung der §§ 1—20 hierauf anordnen. § 5 A. 3, § 13 A. 1 u. 7, § 19 A. 3.

2. Besondere.

a) Abweichungen von den Grundbuchbezirken.

§ 85. Durch landesherrliche Verordnung kann bestimmt werden, daß für gewisse Gattungen von Grundstücken[1]) besondere nicht für Bezirke eingerichtete Grundbücher geführt werden[2]).

II 83. D. 3, 51.

[1]) Z. B. für die Rittergüter in Mecklenburg. In Pr. ist von diesem Vorbehalt kein Gebrauch gemacht. Wegen des BahnGB. BahnG. § 10.

[2]) Ausnahme von § 2[1].

b) Gemeinschaftliche Blätter.

§ 86. Durch landesherrliche Verordnung kann bestimmt werden, daß die Vorschrift des § 4 auch dann[1])

Anwendung findet, wenn mehrere Grundstücke desselben Eigentümers in den Bezirken verschiedener Grundbuchämter[2]) belegen sind.

II 84. D. 6, 51.

[1]) Diese Ausdehnung des § 4 dient namentlich der Ausführung des EG.BGB. § 119 Nr. 2. Dem entsprechend in Pr. nur für Familienfideikommisse verordnet (pr. V. a. 37). Zuständigkeit nach Landesrecht.

[2]) Liegen sie in verschiedenen Bundesstaaten, so muß ein Staatsvertrag hinzukommen.

c) Anpassung älterer Bücher.

§ 87. Durch landesherrliche Verordnung kann bestimmt werden, daß ein bisher geführtes Buch[1]) oder mehrere bisher geführte Bücher[2]) für sich allein oder zusammen mit einem neuen Buche oder mehreren neuen Büchern als Grundbuch gelten sollen[3]). Die Bestimmung kann auch dann getroffen werden, wenn für Grundstücke, die nicht denselben Eigentümer haben, ein gemeinschaftliches Blatt besteht; die Vorschrift des § 4[4]) findet entsprechende Anwendung[5])[6]).

I 8 S. 1, 10[1], II 85. M. 35, 36; D. 51.

[1]) Soll dieses für sich allein als GB. gelten, so muß es den Vorschriften dieses Gesetzes genügen oder entsprechend umgestaltet werden. — § 89.

[2]) Namentlich ein Grundbuch und ein Pfandbuch.

[3]) Ausnahme von § 3, der nur ein GB. will, lediglich zugunsten bereits bestehender Bücher, insbesondere in Baden, Hamburg, Hessen, Meiningen, Württemberg. Dazu § 88. — ER. 61[201].

[4]) Auch diese Ausdehnung des § 4 für Grundstücke verschiedener Eigentümer z. B. Ehegatten, Eltern und Kinder gilt nur für bereits bestehende Blätter.

[5]) Insbesondere hinsichtlich der Beseitigung des gemeinschaftlichen Blattes wegen Verwirrung. Solange eine Verwirrung nicht zu besorgen ist, können Eintragungen auf die einzelnen Grundstücke vorgenommen werden.

[6]) Für Pr. V. a. 3 u. 4, AllgVf. § 27.

§ 88. Werden nach § 87 mehrere Bücher geführt, so muß jedes Grundstück in einem der Bücher eine besondere Stelle haben[1]). An dieser Stelle ist auf die in den anderen Büchern befindlichen Eintragungen zu verweisen. Die Stelle des Hauptbuchs und die Stellen, auf welche verwiesen wird, gelten zusammen als das Grundbuchblatt[2]).

I 10², II 86. M. 37; D. 52.

[1]) Entsprechend § 3 Satz 1.

[2]) § 3 A. 5.

§ 89. Sind in einem Buche, das zufolge landesherrlicher Verordnung als Grundbuch gilt, die Grundstücke nicht nach Maßgabe des § 2 Abs. 2 bezeichnet, so ist diese Bezeichnung von Amts wegen zu bewirken[1]).

I 9, II 87. M. 36; D. 52.

[1]) EK. 35²⁴⁵. — Wenn mehrere Bücher geführt werden (§§ 87, 88), ist diese Bezeichnung in allen Büchern durchzuführen, soweit sich nicht durch Verweisung (§ 88) dasselbe Ergebnis erreichen läßt. — § 96.

d) **Befreite Grundstücke.**

§ 90. Durch landesherrliche Verordnung kann[1]) bestimmt werden, daß die Grundstücke des Fiskus[2]) oder gewisser juristischer Personen, die öffentlichen Wege und Gewässer sowie solche Grundstücke, welche einem dem öffentlichen Verkehre dienenden Bahnunternehmen gewidmet sind[3]), nur auf Antrag[4]) ein Grundbuchblatt erhalten[5]). Das gleiche gilt von den Grundstücken eines

Landesherrn und den Grundstücken, welche zum Hausgut oder Familiengut einer landesherrlichen Familie, der Fürstlichen Familie Hohenzollern oder der Familie des vormaligen Hannoverschen Königshauses, des vormaligen Kurhessischen oder des vormaligen Herzoglich Nassauischen Fürstenhauses gehören[6].

Steht demjenigen, welcher nach Abs. 1 von der Verpflichtung zur Eintragung befreit ist, das Eigentum an einem Grundstücke zu, über das ein Blatt geführt wird, oder erwirbt er ein solches Grundstück[7], so ist auf seinen Antrag das Grundstück aus dem Grundbuch[8]) auszuscheiden, wenn eine Eintragung, von welcher das Recht des Eigentümers betroffen wird, nicht vorhanden ist[9].

I 11¹, 12¹, II 88. M. 37, 39; D. 52.

¹) Dauernd. Für Pr. Art. 1 V.

²) Reichsfiskus oder Landesfiskus. EG.BGB. a. 122.

³) EG.BGB. a. 112.

⁴) Auch Dritter nach Maßgabe des § 14².

⁵) Damit sind dann aber bezüglich dieses Grundstücks bis zur Anlage des GBBl. alle durch Eintragung im GB. zu bewirkenden Rechtsveränderungen ausgeschlossen. — Vgl. aber § 84 A. 1. Rechtsgeschäftliche Eigentumsübertragung ohne Anlegung des GBBl. ist möglich, wenn der Erwerber vom Buchungszwange befreit ist, EK. 26¹¹⁵, 49¹⁶⁰.

⁶) EG.BGB. a. 57. — In Pr. ist eine entsprechende VO. nicht erfolgt.

⁷) Oder einen Teil desselben.

⁸) Ohne vorherige Übertragung auf ein neues GBBl.

⁹) Pr. AllgVf. § 8⁶ Nr. 2.

e) Nachträgliche Anlegung von Grundbuchblättern.

§ 91. Das Verfahren zum Zwecke der Eintragung von Grundstücken, die bei der Anlegung des Grundbuchs[1]) ein Blatt nicht erhalten haben²), wird durch landesherrliche Verordnung bestimmt³).

I 17, II 89. M. 47; D. 54.

¹) D. h. bis zu dem in EG.BGB. a. 186¹ gedachten Zeitpunkte. — § 1 A. 2.

²) Aus irgendeinem Grunde, z. B. wegen der Befreiung aus § 90 oder weil sich Hindernisse ergeben oder auch weil das Grundstück übersehen ist. Dagegen sind Anlandungen oder bei einer Zurückführung des Grundbuchs auf das Kataster übersehene Rechte sowie bei Umschreibung nicht mitübertragene subjektiv-dingliche Rechte als gebucht anzusehen, EKG. 43[118], [122].

³) Pr. V. a. 15 und 16 ff.

f) Wiederherstellung von Grundbüchern.

§ 92. Das Verfahren zum Zwecke der Wiederherstellung eines ganz oder teilweise zerstörten oder abhanden gekommenen Grundbuchs¹) wird durch landesherrliche Verordnung bestimmt²). Die Verordnung kann auch darüber Bestimmung treffen, in welcher Weise bis zur Wiederherstellung des Grundbuchs die zu einer Rechtsänderung erforderliche Eintragung ersetzt werden soll³).

I 18, II 90. M. 47; D. 54.

¹) Einschließlich der Grundakten und mit dem GB. zerstörten oder verloren gegangenen Briefe und sonstigen Urkunden.

²) Eine solche wird im einzelnen Falle erlassen. Vgl. z. B. pr. V. für Bochum 12. 3. 06 (GS. S. 33), für Ostpr. 31. 8. 15 (GS. S. 132), Altona 8. 3. 20 (GS. S. 79), Goldap 1. 12. 22 (GS. S. 490), Pyritz 27. 4. 23 (GS. S. 150).

³) Über Ersatz der Eintragung des im polnischen Besitz verbliebenen GB. V. 16. 7. 20 (GS. S. 395), 16. 8. 22 (GS S. 281) (Oberschlesien).

g) Einsicht des Buchs und der Akten. Abschriften.

§ 93. Die Landesjustizverwaltung kann anordnen, daß die Einsicht des Grundbuchs und der im § 11 Abs. 1 Satz 2 bezeichneten Schriftstücke in weiterem Umfange[1]) gestattet und die Erteilung von Abschriften in weiterem Umfange zulässig sein soll, als es im § 11 vorgeschrieben ist.

II 91; D. 10.

[1]) Also auch jedermann ohne weiteres. Für Pr. AllgVf. §§ 32, 33.

h) Grundakten.

§ 94. Die Landesjustizverwaltung kann anordnen, daß Grundakten gehalten werden und, unbeschadet der Vorschriften des § 11, auch Anordnungen über die Einsicht der Grundakten und über die Erteilung von Abschriften treffen[1]).

I 16, II 92. M. 47; D. 55.

[1]) § 11 A. 6. — Pr. AllgVf. §§ 34—36.

i) Verweisung auf andere Akten.

§ 95. Die Landesjustizverwaltung kann anordnen, daß, wenn eine der im § 9 Abs. 1 bezeichneten Urkunden in anderen Akten der das Grundbuch führenden Behörde enthalten ist, statt einer beglaubigten Abschrift der Urkunde eine Verweisung auf die anderen Akten genügt[1]).

II 93.

[1]) Pr. AllgVf. § 35^{2}, EFG. 1^{173} und § 29 A. 8.

k) Abschreibung.

§ 96. Durch die Landesjustizverwaltung[1]) kann darüber Bestimmung getroffen werden, inwieweit für die Fälle, in denen ein Teil eines Grundstücks von diesem abgeschrieben[1]) oder ohne Abschreibung mit einer Dienstbarkeit oder einer Reallast belastet[2]) werden soll, die Eintragung von einer Änderung des amtlichen Verzeichnisses der Grundstücke[3]) oder von der Beibringung einer die Lage und die Grenzen des Grundstücksteils darstellenden Karte[4]) abhängig sein soll[5]).

I 26, II 95. M. 61; D. 55.

[1]) § 3 A. 5, § 6 A. 4. EK. 20^{80}. Bay. 10^{41}.
[2]) Gemäß § 6 S. 2. [3]) § 2^{2}.
[4]) § 2 A. 3. [5]) Pr. AllgVf. § 30.

l) Inhalt des Briefes.

§ 97. Durch die Landesjustizverwaltung kann angeordnet werden[1]), daß der im § 57 bezeichnete Auszug[2]) aus dem Grundbuche noch andere als die dort vorgeschriebenen Angaben über das Grundstück enthalten und daß, wenn sich der Betrag der Hypothek, Grundschuld oder Rentenschuld mindert, auf dem Briefe durch einen Vermerk ersichtlich gemacht werden soll, für welchen Betrag das Recht noch besteht[3]).

I 57, II 96. M. 99; D. 55.

[1]) Pr. AllgVf. §§ 37—40.
[2]) § 57 A. 2. [3]) § 57 A. 7.

m) Veräußerungsvertrag.

§ 98. Durch Landesgesetz[1]) kann bestimmt werden, daß das Grundbuchamt die Erklärung der Auflassung nur entgegennehmen soll[1]), wenn die nach § 313 des Bürgerlichen Gesetzbuchs erforderliche Urkunde[3]) vorgelegt wird[2]).

II 96; D. 55.

[1]) Reichsrechtlich nicht erforderlich. — § 9^{2}.

²) In der dort bestimmten bzw. der nach EG.BGB. a. 142 zulässigen Form.

³) In Pr. nur für Rhein., G. 2. 1. 24 (GS. S. 5) § 4.

n) Erbauseinandersetzung.

§ 99. Durch Landesgesetz kann bestimmt werden, daß die Vorschriften der §§ 37, 38 entsprechende Anwendung finden, wenn bei einem zum Nachlaß oder zu dem Gesamtgut einer ehelichen Gütergemeinschaft oder einer fortgesetzten Gütergemeinschaft gehörenden Grundstück oder Erbbaurecht einer von den Beteiligten als Eigentümer oder Erbbauberechtigter eingetragen werden soll[1]).

II 97; D. 55.

¹) Statt des Nachlaßgerichts kann dabei die Teilungsbehörde, auch ein für die Teilung zuständiger Notar in Betracht kommen. — Pr. AG. a. 10.

o) Unterstellung der Grundbuchämter unter die Amtsgerichte.

§ 100. Durch die Gesetzgebung eines Bundesstaats, in welchem die Amtsgerichte nicht zugleich Grundbuchämter sind[1]), kann bestimmt werden, daß die Abänderung einer Entscheidung des Grundbuchamts bei dem Amtsgerichte nachzusuchen ist, in dessen Bezirke das Grundbuchamt seinen Sitz hat[2]). In diesem Falle finden auf das Verfahren die Vorschriften des § 71 Abs. 2 und der §§ 73 bis 77 entsprechende Anwendung[3]).

Die Beschwerde findet gegen die Entscheidung des Amtsgerichts statt[4]).

II 98. D. 56. — ZPO. § 576. — EG.ZVG. § 13.

¹) Kommt in Pr. nicht vor. Pr. AG. a. 1.

²) Abweichung von §§ 71^1, 72.

³) Weitere Befugnis dieses Amtsgerichts § 101.

⁴) Gemäß §§ 71 ff.

§ 101. Durch Landesgesetz kann dem im § 100 bezeichneten Amtsgerichte die Befugnis erteilt werden, von Amts wegen das Grundbuchamt zu einer nach § 54 zulässigen Eintragung anzuhalten[1]).

Gegen die Anordnung des Amtsgerichts findet Beschwerde nach Maßgabe der Vorschriften des vierten Abschnitts statt[2]).

II 99; D. 56.

[1]) § 54 A. 1. [2]) § 100 A. 1.

p) Zuständigkeit für die weitere Beschwerde.

§ 102. Durch die Gesetzgebung eines Bundesstaats, in welchem mehrere Oberlandesgerichte errichtet sind, kann die Entscheidung über das Rechtsmittel der weiteren Beschwerde einem der mehreren Oberlandesgerichte oder an Stelle eines solchen Oberlandesgerichts dem obersten Landesgerichte zugewiesen werden[1]).

II 100; D. 48.

[1]) Abweichung von § 79^1. Für Pr. und Waldeck (K. 22^{196}) in erster Linie Kammergericht in Berlin unbeschadet der Zuständigkeit des Reichsgerichts nach GVO. § 79^3. Pr. FG. a. 7, 8. — In Bayern das Oberste Landesgericht, das aber in dieser Beziehung ganz als Oberlandesgericht anzusehen ist.

II. Ausführungsgesetz zur Grundbuchordnung[1].

Vom 26. September 1899.

(GS. S. 307 ff.)

[1]) Entsprechende Anwendung auf BahnGB. BahnG. § 9.

I. Grundbuchämter. 1. Zuständigkeit.

Art. 1. Die Amtsgerichte[1]) sind die Grundbuchämter[2]) für die in ihrem Bezirke belegenen[3]) Grundstücke.

[1]) GBO. § 1. Zufolge dieser Bestimmung gehören die GB.Sachen in Pr. zur landesrechtlich begründeten ordentlichen freiwilligen Gerichtsbarkeit. Anwendung finden die allgemeinen Bestimmungen des pr. FG. (a. 3—6 bleiben wegen GBO. §§ 71 ff. außer Betracht) und zufolge pr. FG. a. 1, 2 auch die dort angezogenen §§ d. FG., ferner die sonstigen allgemeinen auf freiwillige Gerichtsbarkeit bezüglichen Landesgesetze, insbesondere pr. AG.GVG. in der Fassung des pr. FG. a. 130. — Wegen FG. § 34 AllgVf. § 36 A. 3. Im einzelnen:

a) Gerichtsverfassung. Besetzung des Amtsgerichts mit Amtsrichtern und Gerichtsschreibern, GVG. §§ 22, 54, Gerichtsschreiber in GB.Sachen pr. G. § 5 3. 3. 79 i. d. F. des pr. FG. a. 131. Geschäftsverteilung und Vertretung bezüglich der Richter pr. AG.GVG. §§ 23, 24. Ausschließung und Ablehnung der Gerichtspersonen FG. §§ 6, 7 mit GBO. §§ 81², 10, pr. FG. a. 2. Dienstaufsicht einschließlich der Beschwerden über Verzögerungen pr. AG.GVG. §§ 70—80, 85. (Über sachliche Beschwerden GBO. §§ 71 ff. Örtliche Zuständigkeit a. 1—3. — Beschäftigung der Katasterlandmesser AllgVf. 14. 5. 06 (JM. S. 145).

b) Insb. Teilung der Funktionen zwischen Richter und Gerichtsschreiber a. 4—7. — Nach pr. G. 14. 12. 20 (GS. 21 S. 75) § 1 (entspr. RG. 11. 3. 21 [RGBl. S. 229 a. VI § 2]). kann der Justizminister in GB.Sachen Gerichtsschreiber mit der selbständigen Erledigung richterl. Geschäfte beauftragen und Geschäfte der Gerichtsschreiber Kanzleibeamten übertragen. Dazu im allgem. AllgVf. 8. 3. 21 (JM. S. 178) u. 11. 6. 21 (JM. S. 339) u. insb. für GB.Sachen 25. 1. 21 (JM. S. 75) u. 7. 6. 21 (JM. S. 341). AllgVf. 28. 5. 23 (JM. S. 401) §§ 1—14 bestimmt allgemein, daß einfachere Geschäfte des Richters durch Beamte des mittleren Dienstes als Rechtspfleger wahrgenommen werden können, soweit eine Entlastung angeordnet ist. Dann gelten die in § 23 als geeignet bezeichneten, sowie die von den Landgerichtspräsidenten (Amtsgerichtspräsidenten) auf Grund des § 24 bezeichneten Geschäfte als übertragen. Für GB.Sachen bestimmen:

§ 23. Zur selbständigen Wahrnehmung geeignet sind:

a) das Unterschreiben der vom Richter verfügten Eintragungen und der Hypotheken, Grundschuld- und Rentenschuldbriefe sowie der beglaubigten Abschriften aus dem Grundbuch und der Vermerk auf den Briefen,

b) die Beurkundung der der Form des § 29 GBO. bedürfenden Eintragungsbewilligungen und der sonstigen zur Eintragung erforderlichen Erklärungen sowie die Entgegennahme von Auflassungen, und zwar einschließlich der folgenden regelmäßig damit verbundenen Beurkundungen: der Schuldurkunden, der Unterwerfung unter die sofortige Zwangsvollstreckung aus der Urkunde, der Abtretungs- und Verpfändungserklärungen sowie der Empfangsbescheinigungen.

Ausgenommen sind die Beurkundungen und Auflassungen in den Fällen, in denen die im § 26 aufgeführten Rechtsverhältnisse vorliegen sowie in den Fällen, in denen es sich um Grundstücke außerhalb des Amtsgerichtsbezirks handelt,

c) die Verfügungen, betreffend Eintragung und Löschung auf Ersuchen einer zuständigen Behörde,

d) die regelmäßigen Verfügungen zur Erhaltung der Übereinstimmung zwischen Grundbuch und Steuerbuch einschließlich der Fortschreibungen, die eine Zerlegung der bislang unter einer Katasterbezeichnung geführten Parzelle in mehrere Parzellen mit verschiedener Katasterbezeichnung und die eine Zusammenfassung mehrerer Parzellen in eine einheitlich bezeichnete Parzelle enthalten.

Ausgenommen von der Übertragung sind jedoch die Fortschreibungen, die eine Grenzveränderung unter Berichtigung eines materiellen Irrtums enthalten,

e) die Erledigung von Anträgen auf Erteilung von Abschriften und auf Bescheinigungen über den Inhalt des Grundbuchs oder der Grundakten sowie auf Rückgabe von Urkunden,

f) die Antwort auf Anfragen über den Inhalt des Grundbuchs,

g) die Entscheidung auf Anträge, betreffend die Gestattung der Einsicht des Grundbuchs und der Grundakten,

h) die Entscheidung über Versendung von Grundakten an andere Behörden und die Überwachung der Rücksendung.

Soweit eine Übertragung erfolgt ist, hat die Vorlegung nach § 5 in den Geschäften zu d bis h zu unterbleiben.

§ 24. Der Landgerichtspräsident (Amtsgerichtspräsident) kann die Entscheidung auf Eintragungsanträge einfacherer Art als geeignet bezeichnen. Er kann auch die Entscheidung auf alle Eintragungsanträge als geeignet bezeichnen, soweit sich nicht der Richter die Entscheidung im Einzelfalle vorbehält.

§ 25. Vollzieht der Rechtspfleger statt des Richters die Unterschriften unter den Eintragungen im Grundbuch und unter den beglaubigten Abschriften, Briefen und Vermerken, so unterzeichnet als Grundbuchführer ein zweiter Bürobeamter, ein Registraturassistent oder Kanzleisekretär oder ein anderer durch den Landgerichtspräsidenten (Amtsgerichtspräsidenten) ermächtigter Kanzleibeamter. Diesem Beamten kann auch die Vornahme der Eintragung übertragen werden.

§ 26. Der Richter soll von dem Vorbehalte Gebrauch machen,

a) wenn derjenige, dessen Recht von der Eintragung betroffen wird, nicht im Grundbuch eingetragen ist (z. B. der Eigentümer hinsichtlich der getilgten Teile einer Hypothek), insbesondere wenn derjenige, dessen Recht von der Eintragung betroffen wird, Rechtsnachfolger des eingetragenen Berechtigten ist, es sei denn, daß die Rechtsnachfolge durch öffentliche oder öffentlich beglaubigte Urkunde, und zwar im Falle der Erbfolge durch Erbschein, nachgewiesen wird;

b) wenn das von der Eintragung betroffene Recht einer Mehrheit von Personen zusteht und die Eintragung nicht von allen Berechtigten bewilligt und beantragt ist (z. B. nur von einem Beteiligten bei Miteigentum, Erbengemeinschaft, Gütergemeinschaft, einem Gesellschafter der Gesellschaft des Bürgerlichen Rechtes, der offenen Handelsgesellschaft, der Kommanditgesellschaft);

c) wenn die Eintragung von einem Vorerben bewilligt oder beantragt ist;

d) wenn das Grundbuchblatt angelegt ist oder angelegt werden soll

1. für ein Grundstück, das zu einem Fideikommiß, Lehen, Stammgut, standesherrlichen Hausvermögen oder zu einem Hausgut der in Artikel 57, 58 EG.BGB. bezeichneten Familien, des herzoglich holsteinischen Fürstenhauses oder des ehemaligen Königshauses gehört,

2. für einen Schutzforst, einen Weinberg. ein Wald-, Deich-, Wein- oder Landgut im Sinne der AV., betreffend den Waldschutz usw., vom 31. Dezember 1920 (JMBl. 1921 S. 30) und der §§ 12—16 der Zwangsauflösungsverordnung vom 19. November 1920 (GS. S. 463),

3. für eine Reichsheimstätte,

4. für eine Bahneinheit,

5. für ein Bergwerk, eine selbständige Kohlenabbaugerechtigkeit oder eine andere selbständige Gerechtigkeit (Art. 22 AG.GBO., Art. 40 AG.BGB.),

6. für ein Stockwerkseigentum;

e) wenn die Eintragung betrifft:

1. einen Erwerb durch eine juristische Person auf Grund einer Schenkung oder Zuwendung von Todes wegen,

2. einen Grunderwerb durch eine ausländische juristische Person;

f) wenn es sich um ein Recht an einem buchungsfreien Grundstück oder um die Ausbuchung eines Grundstücks handelt;

g) wenn es sich um die Umschreibung unübersichtlich gewordener Grundbücher handelt.

c) Allgemeine Grundsätze des Verfahrens. Zulässigkeit von Bevollmächtigten und Beiständen FG. § 13 unbeschadet GBO. §§ 29—32, Gerichtssprache und Dolmetscher FG. §§ 8, 9, 179, Aufrechterhaltung der Ordnung pr. AG.GVG. § 88, Einfluß der Gerichtsferien pr. AG.GVG. § 91, Berechnung von Fristen FG. § 17, Anberaumung von Terminen EFG. 9^{57}. Zeitpunkt der Wirksamkeit gerichtlicher Vf. FG. $§ 16^{1}$ (unbeschadet der Bestimmungen über die sofortige Wirksamkeit von Eintragungen und deren Anordnungen, vgl. z. B. BGB. §§ 879, 891, 892, GBO. §§ 13, 17), Ausfertigung gerichtlicher Vf. pr. FG. a. 18. Zeugnisse der Rechtskraft FG. § 31 Form der Bekanntmachung der Vf. (Zustellungen) FG. $§ 16^{2,3}$, Kostenwesen pr. GKG. i. d. F. d. Bek. 6. 8. 10 (Stempel- und Steuerwesen GBO. § 1 A. 5), §§ 57—70, G. 28. 5. 13 (RBP., GS. S. 271), Verurteilungen zu den Kosten des Verfahrens und deren Festsetzung pr. FG. a. 9—14 (Anwendbarkeit des a. 9 EK. 43^{248}). Armenrecht FG. § 14. (Auch für Kosten der Eintragung einer Zwangshypothek, nicht durch Bewilligung im Rechtsstreit, ZPO. § 115, gedeckt, EBay. 10^{435}), Zwangsmaßregeln (Gewalt, Ordnungsstrafen, Offenbarungseid) FG. § 33 mit a. 15—17 pr. FG. (GBO. §§ 62^{2}, 70^{1}, pr. B. a. 32), Beweisaufnahme FG. § 15, pr. B. a. 31, § 13 A. 4 aE., Folge der Aufhebung einer Vf., durch welche die Geschäftsfähigkeit erlangt ist, FG. § 32, Rechtshilfe in pr. AG.GVG. § 87, Beistand von Behörden anderer Bundesstaaten pr. AllgVf. 12. 3. 01 (JM. S. 62) u. 19. 11. 01 (JM. S. 266) Hessen betr.

d) Bureauverwaltung. Neben der Geschäftsordnung für die Gerichtsschreibereien der Amtsgerichte 18. 2. 14 (JM. S. 199) §§ 1—22, 42, 45—49, 65, 66 sind zu beachten: AllgVf. 1. 9. 72 (JM. S. 177), 14. 11. 72 (JM. S. 302 ff.), 14. 10. 74 (JM. S. 273 ff.), 6. 12. 80 (JM. S. 272), 9. 6. und 2. 7. 83 (JM. S. 178 und 219), 13. 9. 84 (JM. S. 218), 15. 7. 85 (JM. S. 251), 22. 10. 85 (JM. S. 354), 31. 1. 87 (JM. S. 43), 4. 8. 87 (JM. S. 195), 4. 5. 88 (JM. S. 120), ferner 23. 9. 73 (JM. S. 259) für Hz., 24. 9. 73 (JM. S. 259) für Hann., 31. 10. 73 (JM. S. 293) für Ehr., 9. 5. 74 (JM. S. 141) für Kassel, 9. 11. 74 (JM. S. 301) für Hz., 22. 6. 76 (JM. S. 129) für Kassel, 28. 8. 76 (JM. S. 152) für Schl.-H., 16. 2. 77 (JM. S. 29) für Hann., 21. 12. 78 (JM. S. 208) für Schl.-H., 21. 9. 81 (JM. S. 190) für Waldeck und Pyrmont, 14. 12. 81 (JM. S. 328) für Schl.-H. und Hann., 28. 8. 83 (JM. S. 290) für Schl.-H. und NVP., 12. 6. 85 (JM. S. 186), 21. 11. 88 (JM. S. 303) für Rhein., 9. 11. 95 (JM. S. 349) für Frankfurt, 23. 11. 95 (JM. S. 410) für Rhein., 11. 1. 96 (JM. S. 16 ohne Rhein.), 7. 4. 97 (JM. S. 86), 9. 12. 01 (JM. S. 278), 3. 6. 02 (JM. S. 117), 2. 1. 20 (JM. S. 11), betr. das Tagebuch des Grundbuchführers, 7. 5. 02 (JM. S. 105, Berichtigung S. 215), betr. die Geschäftsübersichten, 24. 3. 03 (JM. S. 63), 15. 1. 07 (JM. S. 12), 28. 12. 10 (JM. S. 2) und 27. 5. 14 (JM. S. 545) betr. Nachweisungen über den Eigentumswechsel der land- und forstwirtschaftlichen Grundstücke 17. 3. 04 (JM. S. 74) betr. Nachweisungen über Hypotheken, 12. 8. 12 (JM. S. 294). Über Verzeichnisse betr. Grundeigentum des Königl. Hauses in pr. AllgVf. 23. 4. 19 (JM. S. 269).

²) GBO. § 1¹.

³) Beseitigt Zuständigkeit der Amtsgerichte Kiel und Ratzeburg für auswärtige Güter, pr. FG. a. 130. Über Konkurrenz, a. 2, 3. Für die Anlegung der GB. u. GBBl. pr. V. a. 34. — Örtliche Zuständigkeit bei B.Einheiten BahnG. § 10⁴. — Wegen Wechsel der Zuständigkeit AllgVf. § 18.

2. Mehrheit von Grundstücken. Vereinigung.

Art. 2. Liegt ein Grundstück in den Bezirken mehrerer Grundbuchämter[1]) oder sollen mehrere in den Bezirken verschiedener Grundbuchämter belegene Grundstücke zu einem Grundstücke vereinigt werden[2]), so ist das zuständige Grundbuchamt nach § 20 des Ausführungsgesetzes zum Gerichtsverfassungsgesetze[3]) zu bestimmen[4]).

[1]) Gilt nicht bei Konkurrenz mehrerer Abteilungen.

[2]) GBO. § 5. Zuschreibung als Bestandteil a. 3.

[3]) Durch das gemeinschaftliche obere Landesgericht, sonst durch den Justizminister in unanfechtbarer Weise gemäß des auch im übrigen anwendbaren AG.GVG. § 20 (Anm. 1 zu a. 1), auch für den Fall tatsächlicher und rechtlicher Behinderung, sowie bei Streit und Ungewißheit über die örtliche Zuständigkeit.

[4]) Pr. VO. a. 37 und pr. AllgVf. § 18.

3. Zuschreibung.

Art. 3. Soll ein Grundstück einem in dem Bezirk eines anderen Grundbuchamts belegenen Grundstück als Bestandteil zugeschrieben werden[1]), so ist für die Entscheidung über den Antrag auf Zuschreibung und, wenn dem Antrage stattgegeben wird, für die Führung des Grundbuchs über das ganze Grundstück das andere Grundbuchamt zuständig[2]).

[1]) GBO. § 5, zu unterscheiden von der Vereinigung, a. 2.

[2]) Pr. AllgVf. § 18, EK. 36[191].

4. Eingänge.

Art. 4. Für die Entgegennahme eines auf eine Eintragung gerichteten Antrags oder Ersuchens[1]) und die Beurkundung des Zeitpunkts, in welchem der Antrag oder das Ersuchen bei dem Grundbuchamt eingeht[2]), sind nur die mit der Führung des Grundbuchs über das betreffende Grundstück[3]) beauftragten Beamten, und zwar sowohl der Richter als auch der Gerichtsschreiber, zuständig.

Bezieht sich der Antrag oder das Ersuchen auf mehrere Grundstücke, in Ansehung deren die Führung des Grundbuchs verschiedenen Grundbuchbeamten[4]) obliegt, so ist jeder dieser Beamten zuständig[5]).

[1]) Auch des Ersuchens eines anderen Richters oder Gerichtsschreibers desselben Amtsgerichts, deren Zuständigkeit zur Aufnahme von Urkunden unberührt bleibt.

[2]) GBO. §§ 13^1, 17.

[3]) Für eine Mehrheit von Grundstücken Abs. 2.

[4]) Desselben GBA., EK. 34^{290}.

[5]) Er hat die Vorlegung auch bei den übrigen Beamten unverzüglich zu veranlassen. Für alle ist der von dem ersten Beamten vermerkte Zeitpunkt maßgebend.

5. Protokolle.

Art. 5. Wird eine Erklärung, welche der im § 29 der Grundbuchordnung vorgeschriebenen Form bedarf, vor dem Grundbuchamt abgegeben, so ist das Protokoll von dem Richter aufzunehmen[1]).

[1]) GBO. § 29 A. 4. Es genügt Unterschrift des Richters. Den Inhalt kann eine dritte Person, insbesondere der etwa nach pr. FG. Art. 2^2 zugezogene Gerichtsschreiber niederschreiben. — Wegen des Rechtspflegers AllgVf. 28. 5. 23 (oben a. 1 A. 1b).

6. Eintragungen.

Art. 6. Die Eintragungen[1]) sollen von dem Richter mit Angabe des Wortlauts[2]) verfügt, von dem Gerichtsschreiber ausgeführt und von beiden unterschrieben werden[3])[4]).

[1]) GBO. § 13. Beseitigung des Wortes „Königlich", AllgVf. 2. 7. 23 (JM. S. 477).

[2]) Bezugnahme auf den bereits anderweit (z. B. in dem Antrage oder der Grundaktentabelle, pr. AllgVf. § 34) festgestellten Wortlaut, zulässig. [3]) GBO. § 45 A. 3.

[4]) Im Falle des Rechtspflegers AllgVf. 28. 5. 23 § 25 (oben a. 1 A. 1 b).

7. Briefe.

Art. 7. Die Hypotheken-, Grundschuld- und Rentenschuldbriefe[1]) sowie die nachträglich auf sie gesetzten Vermerke[2]) sind von dem Richter und dem Gerichtsschreiber zu unterschreiben.

Auch die beglaubigten Abschriften aus dem Grundbuche[3]) sind von dem Richter und dem Gerichtsschreiber zu unterschreiben[4])[5]).

[1]) GBO. §§ 56, 70. [2]) GBO. §§ 62, 70.

[3]) GBO. § 11, AllgVf. §§ 32, 33.

[4]) Ausnahme von pr. FG. a. 35. Richter muß nach Ansicht des Reichsgerichts bei Vermeidung des Vorwurfs grober Fahrlässigkeit (a. 8) jede Abschrift selbst kollationieren, ER. 77 [423].

[5]) Im Falle des Rechtspflegers wie a. 6 A. 4.

8. Haftung.

Art. 8. Verletzt ein Grundbuchbeamter vorsätzlich oder aus grober[1]) Fahrlässigkeit die ihm obliegende Amtspflicht, so trifft ihn dem Staate gegenüber die im § 839 des Bürgerlichen Gesetzbuchs bestimmte Verantwortlichkeit[2]). Die im § 852 Abs. 1 des Bürgerlichen Gesetzbuchs vorgesehene dreijährige Verjährung beginnt[3]) mit dem Zeitpunkt, in welchem die Ersatzpflicht des Staates von diesem dem Verletzten gegenüber anerkannt oder dem Staate gegenüber rechtskräftig festgestellt ist.

[1]) Im Falle einer nicht groben, also nicht besonders schweren Fahrlässigkeit (die Grenze ist richterlichem Ermessen überlassen,

BGB. §§ 276, 277 [ALR. I, 3 § 18 kommt nicht mehr in Betracht, EK. 77[423]]) entfällt jeder Ersatzanspruch des Staates gegen den Beamten.

[2]) An sich wäre BGB. § 839 nicht anwendbar, da er vom Ersatzrecht Dritter handelt. Die Schädigung des Staates liegt in dem dem Dritten nach GBO. § 12 zu leistenden Ersatz.

[3]) Abweichend von GBO. § 852[1].

II. Eintragungen auf Grundstücke.

1. Form der Erklärungen von Behörden.

Art. 9. Erklärungen oder Ersuchen einer Behörde[1]), auf Grund deren eine Eintragung erfolgen soll[2]), sind[3]) ordnungsmäßig zu unterschreiben[4]) und mit Siegel oder Stempel[5]) zu versehen.

[1]) Nur pr. Behörden, z. B. ländliche Schulvorstände EK. 26[85], Verbandsvorsteher der Gesamtschulverbände, EKG. 43[179]. Für außerpr. gilt das betreffende Landesrecht.

[2]) GBO. § 29 A. 5, § 39. Nicht nur solche Erklärungen, die sich als zur Eintragung erforderliche Erklärungen eines Beteiligten im Sinne von GBO. § 29 S. 1 darstellen, z. B. auch Hinterlegungsbescheinigung, EK. 43[143].

[3]) Ordnungsvorschrift, EK. 43[143].

[4]) Nachweis der Zugehörigkeit des Unterzeichners zur Behörde nicht erforderlich, GBO. § 29 A. 5. Über Unterzeichnung von Erklärungen einer Verwaltungsdeputation, namentlich die Grenzen der Unterzeichnung „im Auftrage" EK. 47[135].

[5]) FG. § 183[2], 38[239], 40[114].

2. Auseinandersetzung einer Erben- oder Gütergemeinschaft.

Art. 10. Soll bei einem zum Nachlaß oder zu dem Gesamtgut einer ehelichen Gütergemeinschaft oder einer fortgesetzten Gütergemeinschaft gehörenden Grundstück oder Erbbaurecht einer von den Beteiligten als Eigentümer oder Erbbauberechtigter eingetragen werden, so finden die Vorschriften der §§ 37, 38 der Grundbuchordnung entsprechende Anwendung[1]).

Die Vorschriften über die Zuständigkeit zur Beurkundung der Auflassung bleiben unberührt[2]).

[1]) Stützt sich auf GBO. § 99 u. gilt für ganz Pr., EK. 48^{158}, nicht aber, wenn kein pr. GBA. für die Eintragung zuständig ist, EK. 50^{105}. Vorgängige Auflassung ist Voraussetzung der Zeugniserteilung zwecks Eigentumseintragung, EK. 48^{160}. Inhalt des Zeugnisses EK. 48^{160}, 44^{235}. Entspr. anwendbar auf märkische Gütergemeinsch. v. Todes wegen, EK. 44^{235}.

[2]) GBO. § 20, AG. a. 5. Also keine von dem Nachlaßgericht beurkundete Einigung, jedoch gilt Pr. AG.GVG. § 23^{2}, EKG. 44^{236} (Verletzg. nur d. Geschäftsverteilung am gleichen Gericht unschädlich).

3. Öffentliche Lasten.

Art. 11. Die öffentlichen Lasten des Grundstücks[1]), die bei der Zwangsversteigerung und der Zwangsverwaltung den Rechten an dem Grundstück im Range vorgehen[2]), sind von der Eintragung in das Grundbuch ausgeschlossen[3]).

Unberührt bleiben die Vorschriften des § 17 Abs. 4 und des § 39 des Gesetzes, betreffend Schutzwaldungen und Waldgenossenschaften, vom 6. Juli 1875 (Gesetzsamml. S. 416).

[1]) BGB. hat über deren Eintragung nichts bestimmt. Landesrecht ist maßgebend. Wegen pr. Straßenanliegerlasten EK. 34^{271}, R. 86^{357}.

[2]) Pr. AG.ZVG. a. 1, 2. Ausnahme in Abs. 2.

[3]) GBO. § 54. Keine Löschung vor dem Inkrafttreten der GBO. erfolgter Einträge.

4. Ersuchen der Auseinandersetzungsbehörden.

a) Eintragungen.

Art. 12. Die Rentenbankrenten und die Domänen-Amortisationsrenten werden im Geltungsbereiche des Gesetzes über die Errichtung von Rentenbanken vom 2. März 1850 (Gesetzsamml. S. 112) nach dessen Vorschriften eingetragen[1]. Diese Vorschriften treten statt der entgegenstehenden bisherigen Bestimmungen auch für die Provinz Hannover in Kraft[2]. Die Vorschriften des § 6 Nr. 6 des Gesetzes, betreffend die Beförderung der Errichtung von Rentengütern, vom 7. Juli 1891 (Gesetzsamml. S. 279)[3] und des § 23 Abs. 3 Nr. 3 des Gesetzes, betreffend das Anerbenrecht bei Renten- und Ansiedelungsgütern, vom 8. Juni 1896 (Gesetzsamml. S. 124) bleiben unberührt.

Im übrigen ist der Inhalt der von den Auseinandersetzungsbehörden bestätigten Rezesse[4] nur in folgenden Fällen in das Grundbuch einzutragen:

1. wenn ein im Grundbuche vermerktes Sach- oder Rechtsverhältnis aufgehoben oder verändert wird[5];
2. wenn für ein mit dem Eigentum an dem Grundstücke verbundenes Recht eine Entschädigung durch ein bar oder in Rentenbriefen zu zahlendes Kapital von mehr als sechzig Mark gewährt wird[6];
3. wenn das Grundstück mit einem Rechte, das zu seiner Begründung der Eintragung in das Grundbuch bedarf, neu belastet wird[7].

[1]) EG.BGB. a. 114, G. 2. 3. 50 §§ 18, 64, G. 14. 7. 93 § 26, pr. AG.BGB. a. 21. Rentenbankrente ist eine privatrechtliche Last, auch wenn durch sie eine öffentliche Reallast abgelöst war, EGr. 47[397], R. 44[243].

[2]) Pr. AG.BGB. a. 22 Nr. 3 S. 2.

[3]) G. 26. 4. 86, § 2, G. 27. 6. 90 §§ 1, 2, G. 7. 7. 91 § 12.

[4]) Auf Ersuchen der Auseinandersetzungsbehörden (neue Verfassung der Landeskulturbehörden pr. G. 3. 6. 19, GS. S. 101, Umlegungsg. 21. 9. 20 (GS. S. 453), entsprechend dem a. 12^2 zu formulieren. GBO. § 39. — Über Sperrvermerke nach pr. V. 30. 6. 34 EK. 30^{196}. — Für Rezesse vor 1900 EK. 34^{271}.

[5]) EK. 38^{246}. Über den Fall, daß die Grundstücke der Teilungsmasse noch kein GBBl. haben (VO. 20. 6. 17 § 197), EK. 45^{219}.

[6]) Ablösungs-G. 2. 3. 50 § 110^{1c}. G. 25. 3. 89 § 6 Nr. 1, pr. AllgVf. § 9.

[7]) Insbesondere mit Geldrenten, festen Abgaben in Körnern, Grunddienstbarkeiten, Erbbaurechten, dinglichen Vorkaufsrechten oder Wiederkaufsrechten (pr. AG.BGB. a. 29).

b) Löschung.

Art. 13. Sind auf Ersuchen der Auseinandersetzungsbehörde über die Vorschriften des Artikel 12 hinausgehende Eintragungen erfolgt, so kann die Auseinandersetzungsbehörde das Grundbuchamt um die Löschung ersuchen[1]); auf Antrag des Eigentümers hat sie die Löschung herbeizuführen. Die Löschung erfolgt kostenfrei.

[1]) GBO. § 39.

c) Berichtigung.

Art. 14. Die Auseinandersetzungsbehörden sind in einem vor ihnen anhängigen Verfahren befugt, das Grundbuchamt um die Berichtigung des Grundbuchs durch Eintragung eines Eigentümers zu ersuchen[1]) und den Eigentümer zur Beibringung der nach ihrem Ermessen[2]) zum Nachweise des Eigentums erforderlichen Urkunden durch Ordnungsstrafen anzuhalten. Die einzelne Strafe darf den Betrag von dreihundert Mark nicht übersteigen[3]).

[1]) D. h. um Eintragung eines außerhalb des Auseinander-

setzungsverfahrens eingetretenen Eigentumswechsels, EK. 45[217]. — GBO. § 14. — Erledigung auf Grund des GBO. § 39. GBO. § 39 A. 2. Wegen Ersuchen um Eintragung einer Verfügungsbeschränkung zugunsten der zu freier Verfügung über den Nachlaß letztwillig ermächtigten Witwe, EK. 25[270].

[2]) Dem GBA. brauchen die Urkunden nicht mitgesandt zu werden, da es den Nachweis des Eigentums nicht nachzuprüfen hat.

[3]) FG. § 33 S. 2. — Wegen der Gebührenfreiheit (pr. GKG. § 7) EK. 40[346].

5. Fideikommißgüter und ähnliches[1]).

a) Art der Eintragung.

Art. 15. Lehns-, Meier-, Erbzins- und Erbleihegüter sowie sonstige Güter, an denen ein Obereigentum besteht, Erbpacht- und Familienfideikommißgüter sowie die nach dem Großherzoglich Hessischen Gesetze vom 11. September 1858 (Reg.-Bl. S. 537) errichteten landwirtschaftlichen Erbgüter sind auf den Namen des jeweilig zu Besitz und Nutzung Berechtigten einzutragen. Die Eigenschaft des Gutes ist als Verfügungsbeschränkung einzutragen[2]).

Gehört zu dem Verband eines Gutes der bezeichneten Art eine Hypothek, Grundschuld oder Rentenschuld, so finden die Vorschriften des Abs. 1 entsprechende Anwendung; gehört das Recht zu einem Familienfideikommisse[3]), so findet außer den Vorschriften des Abs. 1 auch die Vorschrift des § 41 Abs. 1 der Grundbuchordnung entsprechende Anwendung[4]).

[1]) Reichsverf. 11. 3. 19 a. 155[2], verordnet die Auflösung der Familienfideikommisse, pr. VO. 10. 3. 19 (Neufassung 30. 12. 20, GS. 21 S. 77) die der Familiengüter überhaupt und verbieten damit die Neubegründung. Zur Ausführung pr. VO. 19. 11. 20 (GS. S. 1412), für HausvermögenG. 23. 6. 20 (GS. S. 361)

mit VO. 3. 3. 21 (GS. S. 357), ferner VO. 18. 6. u. 30. 11. 21 (GS. S. 429 u. 22 S. 10), G. 7. 1. 22 (GS. S. 33) u. 3. 3. 22 (GS. S. 162). Wegen der Kosten VO. 11. 1. 24 (GS. S. 29). Für Oberschlesien VO. 23. 9. 22 (GS. S. 296). Dazu AllgVf. 30. 12. 20 (JM. 21 S. 2), 31. 12. 20 (JM. 21 S. 30), 15. 2. 21 (JM. S. 106), 2 AllgVf. 20. 9. 21 (JM. S. 498 und 499. — Bis zur Durchführung gilt für die bestehenden Familiengüter (auch Hausvermögen, Lehen und Erbstammgüter) das bisherige Recht. — Auflösungsbehörden sind die bei den Oberlandesgerichten gebildeten Auflösungsämter für Familiengüter. Beschwerden gehen an das Landesamt, VO. 19. 11. 20 §§ 27, 42, VO. 3. 3. 21 Nr. 6, AllgVf. 15. 2. 21.

²) EG.BGB. a. 61, BGB. § 892¹. — Pr. AllgVf. § 11 Nr. 2. Sie kann Erbbaurechten im Range vorgehen, pr. VO. 30. 4. 19 (GS. S. 88). — Genehmigung des Auflösungsamtes zum Erwerb von Grundbesitz für ein Familiengut VO. 30. 12. 20. § 1, zur Belastung von Waldgütern VO. 19. 11. 20 § 12.

³) Im Gegensatz zu den übrigen in Abs. 1 genannten Güterarten.

⁴) Zusatz der Kom. des AbgG. — Es bedarf also nicht der zuvorigen Eintragung der Fideikommißeigenschaft.

b) Bei beaufsichtigten Fideikommissen.

Art. 16. Bei Familienfideikommissen, die unter Aufsicht einer Fideikommißbehörde[1]) stehen[2]), erfolgt die Eintragung der Fideikommißeigenschaft auf Ersuchen dieser Behörde[3]), die Eintragung des Fideikommißfolgers auf Grund einer Bescheinigung der Behörde über seine Berechtigung, die Löschung der Fideikommißeigenschaft auf Grund einer Bescheinigung der Behörde über das Erlöschen oder auf Grund eines von der Behörde bestätigten Familienschlusses über die Aufhebung der Eigenschaft[4]).

Auf die Bescheinigung über die Berechtigung des

Fideikommißfolgers finden die für den Erbschein[5]) geltenden Vorschriften entsprechende Anwendung[6]).

[1]) a. 17[1].

[2]) Gilt jetzt für alle Familiengüter, auch die bisher unbeaufsichtigten, pr. VO. 30. 12. 20 § 13[3].

[3]) Im Verwendungsverfahren kann auch die Auseinandersetzungsbehörde die Eintragung für ein zugewiesenes Grundstück beantragen. — Über Ersuchen der Auflösungsbehörden im allgem. VO. 19. 11. 20 § 32, AllgVf. 20. 9. 21 (JM. S. 498); insb. der Löschung der Fideikommisse bzw. Lehnseigenschaft VO. §§ 31[3], 34[3], AllgVf. § 4, Vollziehung eines Familienbeschlusses auf Auflösung VO. 30. 12. 20 § 9a, Eintragungen und Löschungen betr. die Eigenschaft als Deich-, Land-, Wald-, Weingut, namentlich die Gutsschulden, VO. 19. 11. 20 §§ 12, 15, 16, VO. 30. 12. 20 §§ 9a, 10a, AllgVf. 31. 12. 20 §§ 5—8, 10, 20, AllgVf. 20. 9. 21 (JM. S. 499) mit Muster (unten S. 229), pfandrechtliche Eintragungen für Versorgungsansprüche VO. 19. 11. 20 § 20, Fideikommißgläubiger §§ 23, 25, Löschung des Zersplitterungsvermerks bei Bremischen Stammgütern § 35[7].

[4]) Im Geltungsbereiche des G. 5. 3. 55 erfolgte die nur fakultative Eintragung der Anwärter ebenfalls nur auf Grund einer solchen Bescheinigung, Gutachten des Kammergerichts 16. 2. 05 (JM. S. 143).

[5]) BGB. §§ 2353 ff.

[6]) Ebenso jetzt auf die Bescheinigung über die Folgeberechtigung bei allen anderen Familiengütern, pr. VO. 30. 12. 20 § 13[3].

Fideikommißbehörde.

Art. 17. Fideikommißbehörde[1]) im Sinne des Artikel 16 ist die Behörde, welche gesetzlich als solche bestellt[2]) oder welcher das Fideikommiß stiftungsmäßig[3]) zur Beaufsichtigung unterstellt ist.

Ein Fideikommiß kann fortan stiftungsmäßig nur dem

Oberlandesgerichte[4]) zur Beaufsichtigung[5]) unterstellt werden. Die Bestimmung bedarf der Genehmigung des Justizministers, sofern nicht die Verfügung, durch die sie getroffen wird, der landesherrlichen Genehmigung unterliegt.

[1]) Seit dem 1. 4. 21 die Auflösungsbehörde (a. 15 A. 1).

[2]) Art. 33 ließ die bisherigen Vorschriften bestehen. Für Altpr. die OLGe. (G. 5. 3. 55, AG.GVG. § 49, für Schlesien auch G. 15. 2. 40), für NVP. a. 33 A. 6, für die landrechtl. Teile von Hannover a. 33 A. 8, für Frankfurt a. 33 A. 14, für Schl.-H. OLG. Kiel (zum Teil auch für Lauenburg), VO. 26. 6. 67, AG.GVG. § 49. Nr. 1, 2, G. 18. 6. 96 § 15, für Kassel VO. 26. 6. 67 § 14 Nr. 4, G. 29. 5. 73 §§ 21[5], 54.

[3]) Abs. 2.

[4]) Sei es des letzten Wohnsitzes des Stifters oder des Bezirks, in dem das Fideikommißvermögen sich befindet.

[5]) In rechtlicher Beziehung. Die Aufsicht über den Wirtschaftsbetrieb kann stiftungsgemäß anderen Behörden mit deren bzw. der vorgesetzten Behörden Zustimmung übertragen werden.

c) Bei anderen Fideikommissen.

Art. 18[1]).

[1]) Aufgehoben durch VO. 10. 3. 19 § 13[3] (a. 15 A. 1).

d) Bei Lehen und Stammgütern.

Art. 19. Auf die Eintragung eines Lehnsfolgers und die Löschung der Lehnseigenschaft finden die Vorschriften des Artikel 16, auf die Eintragung sowie die Löschung der Stammgutseigenschaft und die Eintragung des Stammgutsnachfolgers finden die Vorschriften des Artikel 18[1]) entsprechende Anwendung[2]).

Bei Erbstammgütern nach Bremischem Ritterrechte kann die Eintragung sowie die Löschung auch auf Antrag des Präsidiums der Bremischen Ritterschaft (§ 7 des revidierten Ritterrechts vom 19. April 1847) erfolgen[3]).

[1]) Aufgehoben a. 18 A. 1.

[2]) Wegen der Zwangsauflösung VO. 19. 11. 20 §§ 33, 34, oben a. 15 A. 1.

[3]) Wegen der Zwangsauflösung VO. 19. 11. 20 § 35, oben a. 15 A. 1.

6. Abschreibung von Teilen.

Art. 20. Im Falle der Veräußerung eines Teiles eines Grundstücks, das im Lehns-, Fideikommiß-, Erbstammguts-, Stammguts- oder Leiheverbande steht oder mit Reallasten[1]), Hypotheken, Grundschulden oder Rentenschulden belastet ist, kann der Teil auf Grund eines Unschädlichkeitszeugnisses der zuständigen Behörde[2]) frei von allen oder einzelnen Belastungen des Hauptgrundstücks von diesem ohne die Bewilligung der Berechtigten unter folgenden Voraussetzungen abgeschrieben werden:

1. Wird der Grundstücksteil gegen Auferlegung einer Rente veräußert, so kann die Abschreibung nur erfolgen, wenn gleichzeitig die Rente auf dem Grundstücksteile mit dem Vorrange vor sonstigen Belastungen[3]) als Reallast zugunsten des jeweiligen Eigentümers des Hauptgrundstücks[4]) eingetragen und auf dem Blatte des Hauptgrundstücks vermerkt wird[5]). Zu den Belastungen, denen die Rente vorzugehen hat, gehören nicht die auf Grund des Gesetzes, betreffend die Beförderung der Errichtung von Rentengütern, vom 7. Juni 1891 (Gesetzsamml. S. 279) festgestellten Rentenbankrenten[6]).
2. Wird der Grundstücksteil[7]) gegen ein anderes Grundstück vertauscht, so kann die Abschreibung nur erfolgen, wenn gleichzeitig das eingetauschte Grundstück dem Hauptgrundstück als Bestandteil[8]) zugeschrieben

wird; ist ein Ausgleichungskapital festgestellt, so finden auf dieses die unter Nr. 3 für ein vereinbartes Kaufgeld gegebenen Vorschriften Anwendung.

3. Ist der Grundstücksteil verkauft, so kann die Abschreibung nur erfolgen:

a) wenn gleichzeitig auf dem Grundstücksteil eine Hypothek für die Kaufgeldforderung zur ersten Stelle und die Zugehörigkeit dieser Forderung zu dem Verbande, dem das Hauptgrundstück angehört, oder ein Pfandrecht an der Forderung für diejenigen Reallastberechtigten, Hypotheken-, Grundschuld- oder Rentenschuldgläubiger eingetragen wird, deren Bewilligung durch das Unschädlichkeitszeugnis ersetzt wird;

b) wenn die Auseinandersetzungsbehörde bescheinigt, daß das Kaufgeld zu ihrer Verfügung hinterlegt oder sichergestellt oder daß die Verwendung des Kaufgeldes erfolgt oder nicht erforderlich ist.

4. Wird der Grundstücksteil zu öffentlichen Zwecken unentgeltlich veräußert, so kann die Abschreibung nur erfolgen, wenn die Auseinandersetzungsbehörde bescheinigt, daß mit der Ausführung der öffentlichen Anlage begonnen ist.

Auf eine Eintragung, die auf Grund des Unschädlichkeitszeugnisses bei einer Hypothek, einer Grundschuld oder einer Rentenschuld zu bewirken ist, finden die Vorschriften der §§ 42 bis 44 der Grundbuchordnung keine Anwendung[9]. Wird der Hypotheken-, Grundschuld- oder Rentenschuldbrief nachträglich vorgelegt, so hat das Grundbuchamt die Eintragung auf dem Briefe zu vermerken.

[1]) D. h. privatrechtlichen, EK. 22[319], 31[281].

[2]) AG.BGB. a. 19, 20, EG.BGB. a. 120[1], GBO. § 83, pr. G. 3. 3. 50, 27. 6. 60, 12. 4. 85 (Kassel, Hz.), 22. 4. 86 (Schl.-H.) § 76, G. 12. 4. 88 (Rhein.) a. 33 A. 13, G. 25. 3. 89 (Hann., Jade, Frankf.) § 49, 19. 8. 95 § 49 (Frankf. a. 33 A. 14), G. 15. 7. 90, G. 2. 4. 87 § 8, G. 27. 6. 90 (Rentengüter) § 1[5]. Dieses Zeugnis ersetzt die in GBO. § 19 erforderte Bewilligung der Abschreibung, ohne daß eine Nachprüfung seitens des GBA. stattzufinden hätte. Mitwirkung der Fideikommißbehörde (a. 16) ist hier unnötig, EK. 27[105]. — Anwendbar auch bei einer (Auflassung nicht erfordernden) Zuschreibung zum Allodialvermögen, EK. 36[209]. [3]) Ausnahme in S. 2.

[4]) BGB. §§ 96, 1105[2], 1107, 1126, 1192, 1200.

[5]) Im Gegensatz zu GBO. § 8 ohne Antrag. GBO. § 21.

[6]) G. 7. 7. 91, §§ 2, 6 Nr. 2, RentenbankG. 2. 3. 50, § 18[1].

[7]) Nicht anwendbar auf Abschreibung eines von mehreren auf demselben Blatte gebuchten selbständigen Grundstücken, EK. 44[226]. [8]) BGB. § 890[2], EK. 97[106]. [9]) EK. 34[B 26].

7. **Satzungen der Kreditanstalten.**

Art. 21. Die satzungsmäßigen Vorschriften, welche für die zur Zeit des Inkrafttretens des Bürgerlichen Gesetzbuchs bestehenden landschaftlichen oder ritterschaftlichen Kreditanstalten über die Aufnahme, Eintragung oder Löschung der Pfandbriefdarlehen sowie über die Umschreibung eingetragener Forderungen in Pfandbriefdarlehen und die Umwandlung der Pfandbriefe ergangen sind, bleiben in Kraft[1]).

Als landschaftliche Kreditanstalten im Sinne des Abs. 1 gelten auch die provinzial-(kommunal-)ständischen öffentlichen Grundkreditanstalten[2]).

[1]) EG.BGB. a. 167 GBO. § 83, pr. G. 3. 8. 97. EK. 64[214], EK. 20[208], 21[178], 24[139], 34[317], 40[247], auch darüber, daß durch das Erfordernis des Siegels der Gebrauch eines Stempels

nicht ausgeschlossen ist. — Für die Befugnis der Landschafts-syndici zur Aufnahme von Urkunden ist nicht diese Bestimmung maßgebend, sondern pr. FG. a. 32, EK. 25[93].

[2]) G. 3. 8. 97 § 1[2].

III. Bergwerke und Gerechtigkeiten.

1. Im allgemeinen.

Art. 22. Die sich auf Grundstücke beziehenden Vorschriften der Grundbuchordnung und dieses Gesetzes finden, soweit nicht ein anderes bestimmt ist, auf Bergwerke[1]), selbständige Kohlenabbau-Gerechtigkeiten[2]) und andere selbständige Gerechtigkeiten entsprechende Anwendung[3]).

[1]) Auf verleihbare und verliehene Mineralien, EK. 24[141]. — Eigentumsübergang bei bergrechtl. Eigentumsentziehung, EK. 46[212].

[2]) Soweit solche nach in Kraft bleibendem pr. Landesrecht zulässig sind. EG.BGB. a. 67, 68, 196. — G. 4. 8. 04 § 4 (Salzabbau).

[3]) Aber nur, wenn sie gebucht oder zu buchen sind, EK. 74[318]. Pr. AG.BGB. a. 37 Nr. 1, 38 §§ 5[1], 7, 8, 40 § 1[1]. — Pr. AllgVf. §§ 22 ff. — Pr. VO. a. 33. — GBO. § 4 A. 2. Wegen selbständiger (objektiv-dinglicher) Fischereigerechtigkeiten EK. 34[218].

2. Verleihung und Bestätigung.

Art. 23. Ist das Bergwerkseigentum durch Verleihung begründet oder durch Konsolidation, Teilung von Grubenfeldern oder Austausch von Feldesteilen erworben, so hat das Oberbergamt das Grundbuchamt unter Mitteilung einer beglaubigten Abschrift der Verleihungsurkunde oder einer Ausfertigung des bestätigten Konsolidations-, Teilungs- oder Austauschakts um die Bewirkung der erforderlichen Eintragungen[1]) zu ersuchen.

[1]) Bestimmt anzugeben, EK. 32^{179}. — GBO. § 39. Vgl. a. 26 AllgBerggeſ. §§ 34, 50, 60, 94, 133, 208—231.

3. Änderung der Verleihung.

Art. 24. Wird die Verleihungsurkunde geändert, so hat das Oberbergamt das Grundbuchamt unter Mitteilung der Urkunde über die Änderung um die Eintragung der Änderung zu ersuchen[1]).

[1]) GBO. § 39. Vgl. a. 26. AllgBerggeſ. § 35^4. — Zerlegung von Feldesteilen G. 22. 7. 22 (GS. S. 203) § 9.

4. Aufhebung.

Art. 25. Wird das Bergwerkseigentum oder die Verleihungsurkunde aufgehoben[1]), so hat das Oberbergamt das Grundbuchamt unter Mitteilung einer Ausfertigung des Aufhebungsbeschlusses um die Schließung des über das Bergwerk geführten Grundbuchblatts zu ersuchen[2]).

Bei der Schließung sind die eingetragenen Belastungen von Amts wegen zu löschen.

Grundstücke, die dem Bergwerk als Bestandteil zugeschrieben sind, werden mit den darauf haftenden Belastungen in das über die Grundstücke ihres Bezirkes geführte Grundbuch eingetragen.

[1]) AllgBerggeſ. §§ 35^4, 156—164.

[2]) GBO. § 39. Vgl. a. 26.

5. Vorlegung von Urkunden.

Art. 26. Soweit in den Fällen der Art. 23 bis 25 Hypotheken, Grundschulden oder Rentenschulden von den Eintragungen betroffen werden, finden die Vorschriften der §§ 42 bis 44 der Grundbuchordnung keine Anwendung. Das Grundbuchamt hat den Besitzer des Hypotheken-, Grundschuld- oder Rentenschuldbriefs zur Vorlegung anzuhalten [1]), um nach den Vorschriften des § 62 Abs. 1, des § 69 und des § 70 Abs. 1 der Grundbuchordnung zu verfahren.

[1]) GBO. § 62² u. A.

6. Anlegung des Blattes für Gerechtigkeiten.

Art. 27. Auf die Anlegung eines Grundbuchblatts für eine selbständige Kohlenabbau-Gerechtigkeit [1]) finden die für das Erbbaurecht geltenden Vorschriften des § 7 der Grundbuchordnung entsprechende Anwendung.

Für andere selbständige Gerechtigkeiten [2]) wird ein Grundbuchblatt nur auf Antrag [3]) des Berechtigten angelegt, soweit sich nicht aus den für die Anlegung der Grundbücher geltenden Vorschriften ein anderes ergibt [4]).

[1]) G. 22. 2. 69, F. d. pr. AG.BGB. a. 38.

[2]) Pr. AG.BGB. a. 40. Über Umwandlung subjektiv-dingl. in selbst. Ger. EK. 43¹²⁸.

[3]) Im Gegensatz zu GBO. § 7¹ S. 2. — EK. 34²¹⁸.

[4]) G. 19. 8. 95 (Frankfurt) §§ 26, 34, 48 Nr. 1, G. 4. 8. 04 (Salzabbau) §§ 5, 10. — Für Hann. keine Ausnahme, EK. 74³¹⁸.

7. Auflassung. Berichtigung.

Art. 28. Die für das Erbbaurecht [1]) geltenden Vorschriften des § 20 und des § 22 Abs. 2 der Grundbuchordnung finden auf das Bergwerkseigentum, auf unbewegliche Bergwerksanteile und selbständige Gerechtigkeiten [2]) entsprechende Anwendung.

[1]) Nach a. 22 finden die für Grundstücke, d. h. für Grundstückseigentum geltenden Vorschriften Anwendung. Hier kommen

nach dem Vorbilde des GBO. § 84 Vorschriften des Erbbaurechts hinzu.

²) G. 4. 8. 04 § 4 (Salzabbau). Nachweis der Bestellung nach GBO. § 29, EK. 53^{150}.

IV. Änderung bestehender Gesetze.

1. Durch Anordnung des Justizministers.

Art. 29. Landesgesetzliche Vorschriften über die Einrichtung der Grundbücher, die neben der Grundbuchordnung in Kraft bleiben¹), können durch Anordnung des Justizministers geändert werden²).

¹) G. 19. 8. 95 § 10, G. 8. 6. 96 § 3, G. 2. 7. 98 § 3^2.

²) GBO. § 1^2. — Daher hat auch die AllgVf. 20. 11. 99 (§§ 22—26, 44, 45) wirksam solche landesgesetzliche Vorschriften ändern können.

2. Gerichtskostengesetz.

Art. 30. Das Preußische Gerichtskostengesetz vom 25. Juni 1895 (GS. S. 203) wird dahin geändert: ......¹).

¹) Als veraltet weggelassen. Vgl. a. 1 A. 1b.

3. Gesetz betr. Pfandrecht an Eisenbahnen.

Art. 31¹).

¹) Als veraltet weggelassen, Einl. S. 9.

4. Ersatzvorschriften.

Art. 32. Soweit in Gesetzen auf Vorschriften verwiesen ist, welche durch dieses Gesetz außer Kraft gesetzt werden, treten an deren Stelle die entsprechenden neuen Vorschriften¹).

¹) EG.BGB. a. 4, GBO. § 82^2.

5. Aufhebung.

Art. 33. Die nachstehenden Vorschriften werden, soweit sie nicht schon infolge Reichsgesetzes außer Kraft treten[1]) oder nach der zu erlassenden Königlichen Verordnung für die Anlegung der Grundbücher maßgebend bleiben[2]), unbeschadet der Übergangsvorschriften[3]), aufgehoben:

1. die Grundbuchordnung v. 5. Mai 1872 (Gesetzsamml. S. 446)[4]);
2. das Gesetz über das Grundbuchwesen in dem Jadegebiete vom 23. März 1873 (Gesetzsamml. S. 111)[5]);
3. das Gesetz über das Grundbuchwesen und die Verpfändung von Seeschiffen in Neuvorpommern und Rügen vom 26. Mai 1873 (Gesetzsamml. S. 229) mit Ausnahme des § 26 und des § 28 Nr. 4)[6]);
4. das Gesetz über das Grundbuchwesen und die Verpfändung von Seeschiffen in der Provinz Schleswig-Holstein vom 27. Mai 1873 (Gesetzsamml. S. 241)[7]);
5. das Gesetz über das Grundbuchwesen in der Provinz Hannover usw. vom 28. Mai 1873 (Gesetzsamml. S. 253) mit Ausnahme des § 8 und des § 14 Abs. 1[8]);
6. das Gesetz über das Grundbuchwesen in dem Bezirke des Appellationsgerichts zu Cassel usw. vom 29. Mai 1873 (Gesetzsamml. S. 273) mit Ausnahme der §§ 45, 47)[9]);
7. das Gesetz über das Grundbuchwesen in dem Bezirke des Justizsenats zu Ehrenbreitstein vom 30. Mai 1873 (Gesetzsamml. S. 287) mit Ausnahme des § 10[10]);
8. das Gesetz über das Grundbuchwesen in den Hohenzollernschen Landen vom 31. Mai 1873 (Gesetzsamml. S. 301)[11]);
9. das Gesetz, betreffend die Abänderungen der unter Nr. 2 und 7 genannten Gesetze, vom 3. Februar 1879 (Gesetzsamml. S. 17)[12]);
10. das Gesetz über das Grundbuchwesen und die Zwangsvollstreckung in das unbewegliche Vermögen im Geltungsbereich des Rheinischen Rechts vom 12. April 1888 (Gesetzsamml. S. 52) mit Ausnahme des § 1, soweit er sich auf das Gesetz, betreffend die Berichtigung des Grundsteuerkatasters

und der Grundbücher bei Auseinandersetzungen vor Bestätigung des Rezesses, vom 26. Juni 1875 bezieht, sowie der §§ 29, 31, 76[13]);

11. das Gesetz, betreffend das Grundbuchwesen und die Zwangsvollstreckung in das unbewegliche Vermögen in dem Gebiet der vormals freien Stadt Frankfurt sowie den vormals Großherzoglich Hessischen und Landgräflich Hessischen Gebietsteilen der Provinz Hessen-Nassau, vom 19. August 1895 (Gesetzsamml. S. 481) mit Ausnahme des § 1, soweit er sich auf das Gesetz vom 26. Juni 1875 bezieht, sowie der §§ 4, 7, 8, des § 21 Abs. 2, des § 22, des § 72 Abs. 2 und der §§ 74—76[14]);

12. das Gesetz über das Grundbuchwesen und die Zwangsvollstreckung in das unbewegliche Vermögen im Kreise Herzogtum Lauenburg vom 8. Juni 1896 (Gesetzsamml. S. 109) mit Ausnahme des § 1, soweit er sich auf das Gesetz vom 26. Juni 1875 bezieht, des § 59 Abs. 2 und des § 61[15]).

Soweit die aufrechterhaltenen Vorschriften noch nicht in Kraft getreten sind, treten sie gleichzeitig mit diesem Gesetz in Kraft[16]).

[1]) Pr. AG.BGB. a. 89.

[2]) Pr. V. a. 5 u. A. 3.

[3]) GBO. § 83 A. 1.

[4]) Für den Übergang kommen §§ 16[1], 50 gemäß EG.BGB. a. 200 in Frage. Aufgehoben ist auch das G. 14. 3. 82.

[5]) Für den Übergang haben noch Bedeutung §§ 6, 28, 29. Vgl. EG.BGB. a. 231, 186[2], 189. Vgl. unten Nr. 9.

[6]) „§ 26. Die in den §§ 52, 74, 99 der Grundbuchordnung vom 5. 5. 72 den Lehns- und Fideikommißbehörden übertragenen Befugnisse werden von den Behörden, welche die Aufsicht über die Kuratel führen und in deren Ermangelung von dem Appellationsgericht in Greifswald ausgeübt.

§ 28 Nr. 4. Zur Beglaubigung von Unterschriften (§ 33 der Grundbuchordnung) sind befugt:

1. ....
2. ....
3. ....
4. auf dem Lande solche zur Führung eines Amtssiegels befugte öffentliche Beamte, welche damit von dem Appellationsgericht zu Greifswald beauftragt worden sind."

Vgl. FG. § 191². — An die Stelle des Appellationsgerichts zu Greifswald ist das OLG. zu Stettin getreten. An die Stelle der pr. GBO. §§ 52, 74, 99, a. 16¹ dieses G. — Für die Übergangszeit vgl. namentlich §§ 11, 12, 14, 23, 24, 29—37.

[7]) Für die Übergangszeit kommen in Betracht §§ 34, 39.

[8]) „§ 8. Die bestehenden Rechtsnormen, nach welchen die Teilung eines Bauerhofes, die Veräußerung einzelner Teile desselben, die Vereinigung eines Bauerhofes mit anderen Grundstücken, ingleichen die Rechtsnormen, nach welchen die Veräußerung oder Teilung von Bürgergütern (auch geteilten Laischaftsgrundstücken in der Stadt Osnabrück) verboten oder an die Genehmigung einer Regiminal- oder Gerichtsbehörde gebunden sind, werden, soweit sie von dem sonst geltenden Rechte abweichen, aufgehoben und kann auf Grund derselben eine früher stattgehabte Veräußerung oder Übertragung fortan nicht angefochten werden.

Außerdem werden die für die sogenannten Höfekontrakte (Hofübertragungs-, Ehe-, Abfindungs-, Altenteils-, Interimswirtschafts-Kontrakte usw.) bestehenden besonderen Rechtsnormen, nach welchen dieselben zu ihrer Gültigkeit der Mitwirkung oder Genehmigung einer Behörde oder der öffentlichen Beurkundung bedürfen, aufgehoben, insbesondere tritt das G. 17. 6. 57, die Zuständigkeit der Verwaltungsbehörden hinsichtlich der sogenannten Höfekontrakte betreffend, außer Kraft.

§ 14 Abs. 1. In dem Geltungsbereich des Allgemeinen Landrechts werden die in der Grundbuchordnung erwähnten Obliegenheiten der Fideikommißbehörde von dem Gericht der belegenen Sache (§ 4) wahrgenommen."

Nach Maßgabe der Übergangsvorschriften haben Bedeutung §§ 13, 16, 53 Nr. 1.

[9]) „§ 45. Die nach Maßgabe der Kurhessischen Ablösungsgesetze — G. 3. 6. 32 §§ 15, 54 u. 55, G. 31. 3. 35 § 8, G. 2. 4. 35, G. 26. 8. 48 §§ 17 u. 20, VO. 20. 11. 49, G. 20. 6. 50 — zur Ablösung aufgehobener Grundzinsen, Zehnten, Dienste, Triftabgaben und anderer Grundlasten, sowie der aufgehobenen Lehns-, Meier- und sonstigen gutsherrlichen Verhältnisse und der an deren Stelle getretenen Ablösungs- und Entschädigungskapitalien aus der Landeskreditkasse erborgten Darlehne behalten, auch ohne Eintragung in die Grundbücher, ihre bisherigen gesetzlichen Pfand- und Vorzugsrechte an den ehemals pflichtigen Grundstücken, sollen jedoch, soweit sie in den General-Währschafts- und Hypotheken-, sowie sonstigen älteren gerichtlichen Büchern unter dem Titel des Eigentümers der pflichtigen Grundstücke eingetragen sind, auch in die zweite Abteilung des Grundbuchs übertragen werden.

§ 47. Soweit eine ganze Gemarkung oder mehrere vormals pflichtige Grundstücke für ein an die Stelle abgelöster Grundlasten getretenes Ablösungs- und Entschädigungskapital oder für ein zu dessen Abtragung erborgtes Darlehn ungeteilt haften, ist der Eigentümer jedes der mitverhafteten Grundstücke berechtigt, gegen Abtragung des auf dasselbe fallenden Anteils der Gesamtschuld dessen Freigabe aus dem Pfandverband zu beanspruchen."

Nach Maßgabe der Übergangsvorschriften behalten namentlich Bedeutung §§ 3^2, 14, 23, 42 (dazu AG.BGB. a. 33 § 3, AG.ZVG. a. 33), 43.

[10]) „§ 10. Wenn der Schuldner im Besitz der Schuldurkunde ist, dürfen Löschungen im Grundbuch auch auf Grund einer jeden Quittung und Löschungsbewilligung des Gläubigers erfolgen, dessen Unterschrift durch einen Bürgermeister oder Ortsvorsteher unter Beidrückung des Amtssiegels beglaubigt ist."

Vgl. pr. FG. a. 123. Für den Übergang § 13. Vgl. unter Nr. 9.

[11]) Für den Übergang bleibt von Bedeutung § 11.

[12]) Ersetzt durch a. 18 dieses G.

[13]) „§ 29. In den Landesteilen des linken Rheinufers findet der § 66 der Grundbuchordnung mit folgenden Maßgaben Anwendung:

Bei der Zerstückelung von Grundstücken, auf welchen feste Geldrenten haften, muß sich der Berechtigte eine Verteilung dieser Renten auf die Trennstücke nach Verhältnis des Werts derselben gefallen lassen. Er ist jedoch zu fordern berechtigt, daß diejenigen Rentenbeträge, welche nach der Verteilung jährlich weniger als 12 Mark betragen, durch Kapitalzahlung seitens des Pflichtigen abgelöst werden. Die Ablösung erfolgt zum zwanzigfachen Betrage, soweit nicht ein anderer Ablösungssatz rechtsverbindlich festgesetzt ist.

§ 31. In den Fällen des G. 19. 5. 51, betr. das Verfahren in den nach der Gemeinheitsteilungsordnung zu behandelnden Teilungen und Ablösungen in den Landesteilen des linken Rheinufers (GS. S. 383) hat das Landgericht nach erfolgter Bestätigung des Teilungsplanes den Grundbuchrichter um Vornahme der erforderlichen Eintragungen zu ersuchen.

In den Fällen des § 1 Abs. 4 des G., betr. die Zusammenlegung der Grundstücke im Geltungsbereich des Rheinischen Rechts, vom 24. 5. 85 (GS. S. 156) hat die Auseinandersetzungsbehörde nach den für die Zusammenlegung der Grundstücke geltenden Vorschriften den Grundbuchrichter um Vornahme der erforderlichen Eintragungen zu ersuchen.

Die Eintragungen erfolgen unter entsprechender Anwendung des § 77 der GBO.

§ 76. Gleichzeitig mit diesem Gesetz treten das Gesetz betr. den erleichterten Abverkauf kleiner Grundstücke, vom 3. 3. 50 (GS. S. 145) und die §§ 2—6 des G., betr. die Abänderung des G. 13. 4. 41 über den erleichterten Austausch einzelner Parzellen von Grundstücken, vom 27. 6. 60 (GS. S. 384) in Kraft. Hinsichtlich der Verwendung der festgesetzten Kaufgelder und Ausgleichungskapitalien nach Maßgabe dieser Gesetze finden die in den landrechtlichen Teilen der Rheinprovinz geltenden Vorschriften Anwendung."

§ 1 führt lediglich das G. 26. 6. 75 (GBO. § 39 A. 1) ein. An die Stelle der in §§ 29, 31 in Bezug genommenen pr. GBO. §§ 66, 77 treten pr. AG.BGB. a. 31 und a. 12 dieses G. Vgl. auch pr. AG.BGB. a. 24, 25, 33 § 4, 55 § 9, pr. AG.ZVG. a. 10, 35ff. Nach Maßgabe der Übergangsvorschriften bleiben bzw. treten (A. 16) in Kraft insbesondere §§ 11^3, 23—28. Das G. 14. 7. 93 bleibt in Kraft. An die Stelle von a. III § 5a tritt pr. AG.BGB. a. 25 § 2.

[14]) „§ 4. Mit dem Tage des Inkrafttretens des gegenwärtigen Gesetzes (§ 77) wird in dem Geltungsgebiete desselben das Gesetz, betr. die Erleichterung der Abveräußerung einzelner Teile von Grundstücken in der Provinz Hannover, vom 25. 3. 89 (GS. S. 65) mit der Maßgabe eingeführt, daß auf das Verfahren und das Kostenwesen ergänzend die allgemeinen Vorschriften, welche für Gemeinheitsteilungen gelten, entsprechende Anwendung finden.

Die Unschädlichkeitsatteste, welche bezüglich der in § 1 Nr. 3 des Gesetzes vom 25. 3. 89 bezeichneten Geschäfte ausgestellt werden, sind stempel- und gebührenfrei.

§ 7. Die Landgüterordnung für den Regierungsbezirk Kassel vom 1. 7. 87 (GS. S. 315) wird dahin abgeändert, daß für den Amtsgerichtsbezirk Vöhl an die Stelle des § 7 die §§ 5, 6 und an die Stelle des zweiten der erste Absatz des § 23 treten.

§ 8. Soweit in den Gebietsteilen, auf welche sich das gegenwärtige Gesetz bezieht, die VO. 2. 9. 67, betr. die Güterkonsolidation im Regierungsbezirk Wiesbaden (GS. S. 1462), Geltung hat, kommt die Vorschrift in § 25 Abs. 2 der Verordnung, betr. die Ablösung der Servituten usw. für das vormalige Kurfürstentum Hessen, 13. 5. 67 (GS. S. 716), zur entsprechenden Anwendung.

§ 21 Abs. 2. In den vormals Großherzoglich Hessischen Gebietsteilen gilt das nach a. 6 Nr. 3 des Gesetzes, die Familienfideikommisse betreffend, vom 13. 9. 58 (RegBl. S. 521) zuständige Amtsgericht als die Fideikommißbehörde.

§ 22. Wer in Gemäßheit des § 41 des Großherzoglich Hessischen Gesetzes, die landwirtschaftlichen Erbgüter betr., vom 11. 9. 58 Einsitzrechte oder Alimentationsreichnisse zu beanspruchen hat, kann die Eintragung dieser Rechte in die zweite Abteilung des Grundbuchs verlangen.

§ 76. In den vormals Großherzoglich Hessischen Gebietsteilen hat das Amtsgericht den Tag, an welchem mit dem Anlegungsverfahren für einen Bezirk begonnen werden soll, durch das Amtsblatt bekanntzumachen.

An diesem Tage sind die bei dem Ortsgerichte des Bezirks vorhandenen gerichtlichen Bücher an das Amtsgericht abzugeben, und es werden nunmehr die Geschäfte jener Ortsgerichte, insoweit als sie den Besitz der gerichtlichen Bücher zur Voraussetzung haben, durch einen von dem Oberlandesgerichtspräsidenten zum Vertreter der Ortsgerichte zu ernennenden Beamten des Amtsgerichts wahrgenommen.

Der Justizminister wird ermächtigt, den Wirkungskreis der Ortsgerichte und der vorgenannten Vertreter derselben zu regeln, auch die zur Staatskasse zu erhebenden Kosten sowie die Gebühren der Ortsgerichte für die ihnen verbleibenden Geschäfte festzusetzen. Die Verfügung des Justizministers ist in der Gesetzsammlung zu veröffentlichen."

§ 1 führt lediglich das G. 26. 6. 75 (GBO. § 39 A. 1) ein. Die §§ 72[2] und 74 enthalten lediglich Kostenvorschriften. Vgl. a. 11, 15—19, 22, 24—26 d. G., pr. FG. a. 115, pr. AG.BGB. a. 39 § 2. Für die Übergangszeit kommen in Betracht insbesondere §§ 9, 17, 52[1].

[15]) § 1 führt lediglich d. G. 26. 6. 75 (GBO. § 39 A. 1) ein. 59[2] und 61 enthalten Kostenvorschriften.

[16]) Hat z. B. Bedeutung für die Bezirke des Rheinischen Rechts, in denen das G. 26. 6. 75 nicht mehr nach G. 12. 4. 88 § 8[3] Geltung erlangt hat.

V. Inkrafttreten.

Art. 34. Dieses Gesetz tritt gleichzeitig mit der Grundbuchordnung in Kraft[1].

Auf Bergwerke, die nach dem Inkrafttreten des Bürgerlichen Gesetzbuchs verliehen werden, finden die Vorschriften dieses Gesetzes sofort Anwendung.

[1]) Demgemäß gilt auch hier die in § 82[1] gemachte Unterscheidung. §§ 1, 2, 8 traten also z. B. überall am 1. 1. 00 in Kraft. Eine Ausnahme in Abs. 2. — § 61 d. Geschäftsanw. für die Gerichtsschreibereien der Amtsgerichte (a. 1 A. 1c).

III. Königliche Verordnung, betreffend das Grundbuchwesen.[1]

Vom 13. November 1899 (GS. S. 519 ff.).

Abänderungen durch OV. v. 18. 3. 14 (GS. S. 49).

Wir Wilhelm, von Gottes Gnaden König von Preußen usw. verordnen auf Grund des Artikels 186 des Einführungsgesetzes zum Bürgerlichen Gesetzbuch und der §§ 2, 86, 87, 90, 91 der Grundbuchordnung, was folgt:

[1]) Entsprechende Anwendung auf BahnGB. BahnG. § 9.

1. Nicht buchungspflichtige Grundstücke.

Art. 1. Die Grundstücke des Reichs, die Domänen und die sonstigen Grundstücke des Staates, die Grundstücke der Gemeinden und anderer Kommunalverbände[1]), der Kirchen, Klöster und Schulen, die öffentlichen Wege und Gewässer[2]) sowie die Grundstücke, welche einem dem öffentlichen Verkehre dienenden Bahnunternehmen gewidmet sind, erhalten ein Grundbuchblatt nur auf Antrag des Eigentümers oder eines Berechtigten[3]).

[1]) Die organisierte Gesamtheit von Rentengutsübernehmern gehört nicht dazu, EK. 24^{228}.

[2]) Das pr. Wassergesetz 7. 4. 13 § 399 Abs. 2 Nr. 15 hat diesen Art. 1, soweit er sich auf öffentliche Gewässer bezieht, aufgehoben. Wasserg. § 13 bestimmt: „Im Grundbuche wird ein Wasserlauf nur auf Antrag des Eigentümers oder eines Berechtigten eingetragen. — Wird die Eintragung des dem Anlieger gehörenden Anteiles an einem Wasserlaufe beantragt, so ist er im Grundbuch

nach den Grundsteuerbüchern, wenn er aber in diesen nicht verzeichnet ist, nur als Anteil an dem Wasserlaufe zu bezeichnen."

[3]) Die Vorschrift ergänzt GBO. § 90[1] S. 1. GBO. § 20 A. 1. Für andere als die hier genannten juristischen Personen besteht also in Pr. die Buchungspflicht, ebenso für die in § 90[1] S. 2 bezeichneten Grundstücke. Über Beseitigung des bereits angelegten GBBl. GBO. § 90[2], pr. AllgVf. § 8[5]. Ersuchen der Landeskulturbehörden EK. 49[158]. — Nach Stellung des Antrags muß die Eintragung im weiteren von Amts wegen betrieben werden, EK. 30[174]. Hierbei kommt GBO. (insb. §§ 18, 71ff.) nicht zur Anwendung, Beschwerde nach pr. FG. a. 3ff., EK. 49[158].

2. Grundstücksverzeichnisse.

Art. 2. Als amtliche Verzeichnisse der Grundstücke im Sinne des § 2 Abs. 2 der Grundbuchordnung dienen die Grund- und Gebäudesteuerbücher[1]).

[1]) AllgVf. § 3. — G. 21. 5. 61, VO. 12. 12. 64, G. 8. 2. 67, VO. 28. 4. 67, VO. 24. 6. 67, G. 11. 2. 70, b. G. 23. 3. 73 § 5, G. 26. 6. 75.

3. Bereits angelegte und fortzuführende Grundbücher.

Art. 3. Für die aus der Anlage ersichtlichen Grundbuchbezirke und zur Anlegung des Grundbuchs gebildeten Teile von Grundbuchbezirken (Anlegungsbezirke)[1]) ist das Grundbuch mit dem Inkrafttreten des Bürgerlichen Gesetzbuchs als angelegt anzusehen[2]); die bisher geführten Bücher gelten als Grundbücher im Sinne der Reichsgesetze[3]).

[1]) Weitere Erstreckung in a. 4. — Die Anlage ist nicht mehr mit abgedruckt. Es fehlten schon damals nur Grundbuchbezirke der OLG Bezirke Kiel, Celle, Kassel, Frankfurt a. M., Köln — Im OLG.Bezirk Köln ist die Grundbuchanlegung durchgeführt

bis auf wenige kleine Grundstücke in den Amtsgerichtsbezirken Gemünd und Heinsberg. Heute fehlt sonst nur noch der OLG.-Bezirk Frankfurt a. M., in diesem handelt es sich um Teile der Landgerichtsbezirke Limburg, Neuwied und Wiesbaden.

[2]) EG.BGB. a. 186[1], hat insbesondere Bedeutung für Inkrafttreten der GBO. (GBO. § 82[1]), ferner gemäß EG.BGB. a. 186[2], 187—195.

[3]) Ausführung von GBO. § 87, infolge deren GBO. §§ 88, 89 auf die bisher geführten Bücher Anwendung finden. — Pr. AllgVf. §§ 27, 28.

Art. 4. In den Landesteilen, in welchen die Grundbuchordnung vom 5. Mai 1872 (GS. S. 446) durch besondere Gesetze eingeführt ist[1]), finden die Vorschriften des Art. 3 auch auf diejenigen in der Anlage nicht aufgeführten Grundbuchbezirke und Anlegungsbezirke Anwendung, in Ansehung deren vor dem Inkrafttreten des Bürgerlichen Gesetzbuchs durch das Amtsblatt bekannt gemacht ist, daß das Grundbuch als angelegt anzusehen sei. Ausgenommen sind jedoch die zu dem Bezirke gehörenden Grundstücke, die ein Grundbuchblatt von Amts wegen erhalten müssen, aber noch nicht erhalten haben; diese Grundstücke sind in der Bekanntmachung zu bezeichnen.

Die Bekanntmachung erfolgt nach der Anweisung des Justizministers[2]).

[1]) Anm. 1 zu Einl. S. 10f.

[2]) AllgVf. 18. 11. 99 zur Ausführung der a. 4, 14 und 36 der VO. 13. 11. 99.

Zur Ausführung der a. 4, 14 und 36 der V., betr. das Grundbuchwesen, v. 13. 11. 99 (GS. S. 519) bestimme ich folgendes:

1. Für diejenigen Grundbuchbezirke und Anlegungsbezirke, für welche das Grundbuch nicht nach a. 3 der V. v. 13. d. M. mit dem Inkrafttreten des BGB. als angelegt anzusehen ist, erfolgt die in den a. 4, 14 der V. vorgesehene Bekannt-

machung durch das Amtsblatt nach den unter Nr. 2—5 gegebenen Vorschriften.

2. Ist für einen Bezirk die Anlegung des Grundbuchs nach den bisherigen Gesetzen so weit vollendet, daß von den Grundstücken, die ein Grundbuchblatt von Amts wegen erhalten müssen (a. 1 der V.), nur einzelne weder ein Grundbuchblatt erhalten haben noch in einen Artikel aufgenommen sind, so hat das Amtsgericht die Bekanntmachung dahin zu erlassen, daß für den Bezirk mit Ausnahme der zu bezeichnenden einzelnen Grundstücke das Grundbuch im Sinne der Reichsgesetze mit dem Beginne des 1. 1. 00 als angelegt anzusehen ist.

Die Anlegung der noch fehlenden Grundbuchblätter oder Artikel ist, soweit tunlich, noch vor dem Erlasse der Bekanntmachung zu bewirken.

Die in der Bekanntmachung auszunehmenden Grundstücke sind deutlich, in der Regel mit den Kartenblatt-(Flur-) und Parzellennummern und nach der Reihenfolge dieser Nummern, zu bezeichnen. Bei Grundstücken, die aus einer größeren Anzahl von Katasterparzellen bestehen, sowie bei ungeteilten oder in der Teilung begriffenen Gemeinheiten, genügt die Angabe der Artikelnummer der Grundsteuermutterrolle.

3. Die Bekanntmachung ist für alle in Betracht kommenden Grundbuchbezirke und Anlegungsbezirke, die zu demselben Regierungsbezirke gehören, einheitlich spätestens durch eine am 16. Dezember d. J. zur Ausgabe gelangende Nummer des Amtsblattes zu bewirken.

Das Amtsgericht hat die ordnungsmäßige Ausführung der Bekanntmachung nachzuprüfen.

Die in den bisherigen Gesetzen vorgeschriebene Bekanntmachung der Anlegung des Grundbuchs unterbleibt, wenn sie nicht spätestens durch eine am 16. Dezember d. J. zur Ausgabe gelangende Nummer des Amtsblatts bewirkt werden kann.

4. Nach dem Erlasse der Bekanntmachung hat das Amtsgericht unverzüglich dem Landgerichtspräsidenten ein Verzeichnis der in der Bekanntmachung genannten Bezirke einzureichen, in welchem die die Bekanntmachung enthaltende Nummer des Amtsblatts anzugeben ist.

5. a. 14 A. 1.

6. a. 36 A. 1.

Über spätere Bekanntmachungen a. 36.

4. Anlegung von Grundbüchern.

Art. 5. Für die übrigen Bezirke der im Artikel 4 bezeichneten Landesteile[1]) bestimmt sich das Verfahren zur Anlegung der Grundbücher[2]) nach den für die einzelnen Landesteile erlassenen bisherigen Vorschriften[3]), soweit nicht in den Artikeln 6—14 Änderungen vorgesehen sind[4]).

[1]) Für Nassau und Helgoland a. 35. Für den ursprünglichen Geltungsbereich der pr. GBO. a. 16 A. 1. Ob das GB. bereits als angelegt anzusehen ist, ergibt sich aus dem Verzeichnis zu a. 3 und den Bekanntmachungen nach a. 4.

[2]) EG.BGB. a. 186[1].

[3]) Für Hann.: G. 28. 5. 73 §§ 24—55, 57, abgeändert in §§ 32, 35 durch G. 29. 1. 79, AllgVf. 24. 11. 73, 1. 10. 77, 3. 3. 83; für Jadeg. G. 23. 3. 74 §§ 9—29; Schl.-H. G. 27. 5. 73 §§ 4—28, 40, 41, 52 (durch G. 31. 1. 79 a. I, II, IV sind §§ 11, 12, 14 aufgehoben und ist § 28a eingeschoben); für Lauenburg G. 8. 6. 96 §§ 20—51; Kassel G. 29. 5. 73 §§ 21—42, 49 (von denen §§ 31—39, zum Teil auch §§ 25, 27 aufgehoben sind); ferner G. 28. 5. 85 §§ 1—49, 54, 55; Frankf. G. 19. 8. 95 §§ 3, 29—71, AllgVf. 8. 11. 95; NVP. G. 21. 3. 68 §§ 141—158 und G. 26. 5. 73 §§ 29—37, 50, Instr. 9. 6. 66; Ehr. G. 30. 5. 73 §§ 14—43; f. Hz. G. 31. 5. 73 §§ 14—20; für den Geltungsbereich des Rhein.-fr. Rechts G. 12. 4. 88 §§ 3, 42—69, 71 mit G. 14. 7. 93 a. I—III, AllgVf. 21. 11. 88, 11. 5. 89, 1. 5. 90, 28. 8. 93, 4. 10. 93.

[4]) a. 15.

Art. 6. Soweit in den bisherigen Gesetzen auf die Bestimmungen der durch sie eingeführten Gesetze über das Grundbuchwesen verwiesen ist, treten an deren Stelle die entsprechenden Vorschriften des Bürgerlichen Gesetzbuchs, des zugehörigen Einführungsgesetzes und der Grundbuchordnung sowie die entsprechenden zur Ausführung und Ergänzung dieser Gesetze erlassenen Vorschriften[1]).

[1]) EG.BGB. a. 4.

Art. 7. Wer die ihm obliegende Anmeldung versäumt, verliert nach Maßgabe der bisherigen Gesetze sein Vorzugsrecht vor anderen Berechtigten. Im übrigen erleidet er den Rechtsnachteil, daß das Grundbuch ohne Rücksicht auf sein Recht angelegt wird.

Der Wiederholung einer vor der Verkündigung dieser Verordnung erfolgten Bekanntmachung der Ausschlußfrist bedarf es nicht.

Art. 8. In den Fällen, in denen nach den bisherigen Gesetzen eine Vormerkung einzutragen ist, wird ein Widerspruch[1]) eingetragen.

[1]) BGB. §§ 899 ff.

Art. 9. Soweit nach den Vorschriften des Bürgerlichen Gesetzbuchs und der Grundbuchordnung im Grundbuch auf die Eintragungsbewilligung Bezug genommen werden kann[1]), kann bei der Anlegung des Grundbuchs auf die der Eintragung zugrunde liegende Urkunde Bezug genommen werden[2]).

[1]) BGB. §§ 874, 877, 885², 1115¹, GBO. § 50.
[2]) GBO. §§ 9, 11, 57.

Art. 10. Ist nach den bisherigen Gesetzen auf Grund einer Anmeldung weder das angemeldete Recht noch eine

Vormerkung einzutragen, so hat der Anmeldende dem Grundbuchamt[1]) innerhalb einer von diesem zu bestimmenden Frist die Erhebung der Klage zur Feststellung seines Rechtes nachzuweisen, widrigenfalls das Recht bei der Anlegung des Grundbuchs nicht berücksichtigt wird.

Ist bei der Anlegung des Grundbuchblatts die Frist noch nicht abgelaufen oder im Falle rechtzeitigen Nachweises der Klageerhebung der Rechtsstreit noch anhängig, so ist zugunsten des Anmeldenden ein Widerspruch[2]) einzutragen. Der Widerspruch wird auf Antrag gelöscht, wenn die Klage nicht rechtzeitig erhoben oder zurückgenommen oder rechtskräftig zurückgewiesen wird[3]); die Kosten der Löschung hat der Anmeldende zu tragen.

Die Vorschriften der Abs. 1, 2 finden entsprechende Anwendung, wenn ein angemeldetes Recht nicht in vollem Umfange nach Maßgabe der Anmeldung eingetragen wird.

[1]) Art. 34. [2]) BGB. §§ 899 ff. [3]) GBO. § 25.

Art. 11. Soweit zur Eintragung des Eigentümers nach den bisherigen Gesetzen die Bescheinigung oder Glaubhaftmachung des Eigentumsbesitzes genügt, muß bei juristischen Personen der Eigenbesitz[1]) durch Zeugnisse staatlicher Behörden[2]) oder rechtskräftige Entscheidungen nachgewiesen werden. Dies gilt auch dann, wenn die Eintragung auf Grund der Ersitzung erfolgen soll.

Die Vorschriften des Abs. 1 finden insoweit keine Anwendung, als vor der Verkündung dieser Verordnung der Beginn der Ausschlußfrist schon bestimmt ist.

[1]) BGB. § 872.

[2]) Polizeiverwaltungen pr. Stadtgemeinden, EK. 21[290], nicht aber der Magistrat, EK. 24[227], pr. Amtsvorsteher, EK. 30[171], Katasterkontrolleure. Die Zeugnisse kann das GBA. beanstanden,

wenn sie selbst, oder dem GBA. bekannte Tatsachen Bedenken gegen die Richtigkeit erregen, EK. 27[238], 45[212]. Vgl. a. 20. — Vf. des Min. d. Innern 10. 7. 12 (Min.-Bl. f. d. inn. Verwalt., S. 251).

Art. 12. Das Grundbuchblatt wird auch dann angelegt, wenn nach den bisherigen Gesetzen wegen eines Streites um das Eigentum oder ein das Eigentum beschränkendes Recht die Anlegung zu unterbleiben hat. In diesem Falle ist nach dem Ermessen des Grundbuchamts einer der streitenden Teile als Eigentümer und zugleich zugunsten des oder der Gegner ein Widerspruch[1]) einzutragen; ebenso bestimmt sich nach dem Ermessen des Grundbuchamts, ob die Eigentumsbeschränkung unter gleichzeitiger Aufnahme eines Widerspruchs oder nur ein Widerspruch wegen der Eigentumsbeschränkung einzutragen ist.

[1]) BGB. §§ 899 ff.

Art. 13. Wird für eine in das Grundbuch aufzunehmende Hypothek die Erteilung eines Hypothekenbriefs nicht beantragt, so ist im Grundbuch zu vermerken, daß die Erteilung des Hypothekenbriefs ausgeschlossen ist[1]).

[1]) BGB. § 1116.

Art. 14. Ist die Anlegung des Grundbuchs für einen Grundbuchbezirk oder einen Anlegungsbezirk im wesentlichen vollendet, so wird dies nach Anweisung des Justizministers[1]) im Amtsblatt bekanntgemacht.

Mit dem Beginne des elften Tages nach der Ausgabe des Amtsblatts ist das Grundbuch für den Bezirk als angelegt anzusehen[2]). Ausgenommen sind jedoch die zu dem Bezirke gehörenden Grundstücke, die ein Grundbuchblatt von Amts wegen erhalten müssen, aber noch nicht erhalten haben, diese Grundstücke sind in der Bekanntmachung zu bezeichnen[3]).

Eine Bekanntmachung der erfolgten Anlegung von Grundbuchblättern und Artikeln nach Maßgabe der bisherigen Gesetze findet nicht mehr statt.

[1]) AllgVf. 18. 11. 99 Nr. 5:

Die im Art. 14 der Verordnung 13. 11. 99 vorgesehene Bekanntmachung ist, sobald die Anlegung des Grundbuchs für einen Grundbuchbezirk oder einen Anlegungsbezirk im wesentlichen vollendet ist, von dem Grundbuchamte dahin zu erlassen, daß für den Bezirk das Grundbuch mit dem Beginne des elften Tages nach der Ausgabe des Amtsblatts als angelegt anzusehen ist; gegebenenfalls sind die nach Art. 14² S. 2 der Verordnung ausgenommenen Grundstücke besonders zu bezeichnen. Die Vorschriften unter Nr. 2³ und Nr. 3² finden Anwendung.

Betrifft die Bekanntmachung den letzten Anlegungsbezirk eines Grundbuchbezirkes, so ist dies in der Bekanntmachung anzugeben.

[2]) a. 3 A. 2. [3]) GBO. § 91, a. 15.

5. Nachträgliche Anlegung von Grundbuchblättern.

a) Außerhalb des ursprünglichen Geltungsbereichs der pr. GBO.

Art. 15[1]). Auf das Verfahren zum Zwecke der Eintragung von Grundstücken, die bei der Anlegung des Grundbuchs ein Blatt nicht erhalten haben[2]), finden in den im Artikel 4 bezeichneten Landesteilen, mit Ausnahme der im Artikel 16 Abs. 2 genannten Bezirke, die Vorschriften der Artikel 5 bis 13 entsprechende Anwendung. Über Besitz und Eigentum sind auch die Eigentümer oder Besitzer der angrenzenden Grundstücke zu vernehmen, soweit nicht ihre Vernehmung aus besonderen Gründen untunlich oder unnötig erscheint. Eine öffentliche Bekanntmachung des Beginns des Verfahrens oder der erfolgten Anlegung des Blattes sowie die wiederholte Bestimmung einer Ausschlußfrist findet nicht statt. Dagegen darf die Anlegung des Blattes erst erfolgen, nachdem in der Gemeinde, in deren Bezirke das Grundstück liegt, die Absicht der Anlegung und die Person des als Eigentümer Einzutragenden öffentlich bekannt gemacht und seit der Bekanntmachung ein Monat verstrichen ist; die Art der Bekanntmachung bestimmt das Grundbuchamt.

Nach dem Ablaufe von zwei Jahren seit der Zeit, zu welcher das Grundbuch für den Bezirk als angelegt anzusehen ist, gilt, unbeschadet der Vorschriften des Abs. 1, die Anlegung für die dort bezeichneten Grundstücke auch dann als erfolgt[3], wenn sie ein Blatt noch nicht erhalten haben.

[1]) Abgeändert durch VO. 18. 3. 14.

[2]) EG.BGB. a. 186², GBO. § 91.

[3]) a. 3 A. 2.

b) Innerhalb des ursprünglichen Geltungsbereichs.

Art. 16. Ergibt sich im ursprünglichen Geltungsbereiche[1]) der Grundbuchordnung vom 5. Mai 1872, daß ein Grundstück[2]) ein Grundbuchblatt noch nicht erhalten hat, so erfolgt die Anlegung des Blattes von Amts wegen, soweit nicht nach Artikel 1 ein Antrag erforderlich ist[3]); für die Anlegung sind die Vorschriften der Artikel 17 bis 33 maßgebend[4]).

Das gleiche gilt für Ostfriesland und Harlingerland, für die Niedergrafschaft Lingen und für die ehemals Münsterschen Ortschaften der Provinz Hannover[5]).

[1]) Anm. 1 Einl. S. 9. Hier ist überall das GB. als angelegt anzusehen.

²) Für Bergwerke a. 33.

³) EG.BGB. a. 186², GBO. § 91. — Für die im Auseinandersetzungsverfahren vor dem 1. 1. 00 gemeinschaftlich verbliebenen Grundstücke, die grundsätzlich Privateigentum der Gemeinschaft der Interessenten sind (GBO. § 48), wird GBBl. von Amts wegen angelegt. Die Rechte der Eigentümer der Hauptgrundstücke werden in Abt. II des Bestandsverzeichnisses vermerkt, EK. 29¹²³.

⁴) Wegen Unanwendbarkeit der GBO. insb. für Beschwerde a. 1. A. 3 aE.

⁵) Die in Abs. 2 genannten Teile von Hann. (a. 5 A. 3) gehören nicht zu dem ursprünglichen Geltungsbereiche der GBO., wohl aber zum Gebiet des pr. ALR. Auch ist in ihnen überall das GB. als angelegt anzusehen.

Art. 17. Das Grundbuchamt hat die Katasterbehörde um Erteilung eines beglaubigten Auszugs aus dem Steuerbuche¹) zu ersuchen.

¹) a. 2.

Art. 18¹). Über Besitz und Eigentum sind zu vernehmen:

1. der im Steuerbuch eingetragene Besitzer oder dessen Erben,
2. diejenigen, welche von den unter 1 Genannten als Eigentümer bezeichnet werden oder für deren Eigentum sich Anzeichen ergeben,
3. die Eigentümer oder Besitzer der angrenzenden Grundstücke, soweit nicht ihre Vernehmung aus besonderen Gründen untunlich oder unnötig erscheint,
4. im Gebiete des Auenrechts der Eigentümer desjenigen Gutes, zu dem früher die Feldmark gehört hat.

Ist der Aufenthalt einer dieser Personen unbekannt oder außerhalb des Deutschen Reichs, so kann deren

Vernehmung unterbleiben. Ein dem Grundbuchamte bekannter Vertreter ist zu vernehmen.

Das Grundbuchamt kann von der Vernehmung einzelner Miteigentümer Abstand nehmen, wenn es die von den übrigen abgegebenen Erklärungen für zutreffend und genügend hält. Den nicht vernommenen Miteigentümern ist mitzuteilen, welche Eintragungen auf Grund der Erklärungen der anderen Miteigentümer in Aussicht genommen sind.

[1]) Abgeändert durch VO. 18. 3. 14.

Art. 19. Wer das Eigentum in Anspruch nimmt, hat auf Verlangen des Grundbuchamts seinen unmittelbaren Rechtsvorgänger zu nennen, den Rechtsgrund anzugeben, vermöge dessen er das Eigentum erworben hat, und die sich darauf beziehenden Urkunden vorzulegen sowie andere Beweise anzuzeigen.

Art. 20. Als Eigentümer ist in das Grundbuch einzutragen:

1. wer das Grundstück in einer gerichtlichen Zwangsversteigerung erstanden hat;
2. wer das Grundstück im Eigenbesitze [1]) hat und entweder
   a) durch Urkunden, Verfügungen oder Bescheinigungen öffentlicher Behörden [2]) oder durch Zeugen glaubhaft macht, daß er allein oder unter Hinzurechnung der Besitzzeit seines Rechtsvorgängers das Grundstück schon vor dem Inkrafttreten des Bürgerlichen Gesetzbuchs [3]) seit vierundvierzig Jahren oder auf Grund eines nach dem Allgemeinen Landrecht Teil I Titel 9 § 579 zur Erlangung des Eigentums geeigneten, wenngleich dem Inhalt oder

der Form nach ungültigen, Titels seit zehn Jahren im Eigenbesitze gehabt hat, oder

b) nachweist, daß er vor dem Inkrafttreten des Bürgerlichen Gesetzbuchs[2]) den Eigenbesitz des Grundstücks auf Grund eines zum Erwerbe des Eigentums nach den Vorschriften des Allgemeinen Landrechts an sich geeigneten, dem Inhalt und der Form nach gültigen Titels erlangt hat, und außerdem

entweder dartut, daß schon sein unmittelbarer Vorbesitzer einen zum Erwerbe des Eigentums nach den damals geltenden Gesetzen an sich geeigneten Titel für sich gehabt hat,

oder durch Urkunden, Zeugen oder Bescheinigungen öffentlicher Behörden glaubhaft macht, daß er und sein Vorbesitzer das Grundstück vor dem Inkrafttreten des Bürgerlichen Gesetzbuchs schon im ganzen zehn Jahre lang besessen haben;

die Vorschriften des Artikel 11 Abs. 1 finden entsprechende Anwendung;

3. wer nach Maßgabe der Artikel 21 bis 27 ein Ausschlußurteil erwirkt hat[4]).

[1]) BGB. § 872. Wegen des Staatseigentums an öffentlichen Flüssen abgewonnenen Flächen EK. 35^{246}.

[2]) a. 11 A. 2.

[3]) Wer von dem, in dessen Person der vorausgesetzte Eigentumserwerb vor dem 1. 1. 00 vollendet war, später erworben hat, muß außerdem seinen Erwerb nachweisen, EK. 29^{119}.

[4]) Pr. AG.ZPO. § 10.

Art. 21. Personen, die, ohne sich im Besitze des Grundstücks zu befinden, das Eigentum für sich in Anspruch nehmen, können im Wege des Aufgebotsverfahrens[1]) mit ihrem Rechte ausgeschlossen werden.

[1]) Maßgebend sind außer a. 22 bis 27: AG.ZPO. § 10, ZPO. §§ 946 ff.

Art. 22. Zuständig ist das Gericht, in dessen Bezirke das Grundstück belegen ist[1]).

[1]) ZPO. § 24.

Art. 23. Antragsberechtigt ist der Eigenbesitzer[1]) des Grundstücks.

[1]) BGB. § 872.

Art. 24. Der Antragsteller hat zur Begründung des Antrags:

1. entweder eine Bescheinigung der Ortsbehörde darüber beizubringen, daß er das Grundstück im Eigenbesitze hat, oder den Erwerb des Grundstücks durch eine öffentliche Urkunde zu bescheinigen;
2. einen beglaubigten Auszug aus dem Steuerbuch[1]) über das Grundstück beizufügen;
3. ein Verzeichnis der ihm bekannten Personen, die das Eigentum an dem Grundstücke für sich in Anspruch nehmen, mit Angabe ihres Wohnorts vorzulegen und zu versichern, daß ihm andere Personen der bezeichneten Art nicht bekannt sind.

[1]) a. 2.

Art. 25. In das Aufgebot ist aufzunehmen:

1. die Bezeichnung der Lage, der Beschaffenheit und der Größe des Grundstücks nach dem Steuerbuche;
2. die Aufforderung an die Personen, welche das Eigentum in Anspruch nehmen, ihr Recht spätestens im Aufgebotstermin anzumelden, widrigenfalls ihre Ausschließung erfolgen werde.

Art. 26. Das Aufgebot soll den vom Antragsteller angezeigten Personen, deren Wohnort bekannt ist, von Amts wegen mitgeteilt werden.

Art. 27. In dem Ausschlußurteile sind die Rechte der vom Antragsteller angezeigten Personen vorzubehalten, auch wenn sie nicht angemeldet sind.

Art. 28[1]. Die Anlegung des Grundbuchblatts erfolgt, unbeschadet der Vorschriften des Artikel 29 Abs. 2, wenn der nach Artikel 20 zur Eintragung des Eigentums erforderliche Nachweis geführt ist. In den Fällen des Artikel 20 Nr. 2 darf die Anlegung des Grundbuchblatts erst erfolgen, nachdem in der Gemeinde, in deren Bezirke das Grundstück liegt, die Absicht der Anlegung und die Person des als Eigentümer Einzutragenden öffentlich bekanntgemacht und seit der Bekanntmachung ein Monat verstrichen ist; die Art der Bekanntmachung bestimmt das Grundbuchamt.

Im Falle des Artikel 20 Nr. 3 hat das Grundbuchamt, wenn in dem Ausschlußurteil ein Recht vorbehalten ist, demjenigen, zu dessen Gunsten der Vorbehalt gemacht ist, eine Frist zu bestimmen. Die Anlegung des Blattes erfolgt nach dem Ablaufe der Frist ohne Rücksicht auf das Recht, wenn derjenige, welchem die Frist bestimmt ist, nicht vorher eine einstweilige Verfügung beibringt, durch welche die Eintragung eines Widerspruchs zu seinen Gunsten angeordnet wird.

Eine Bekanntmachung der Anlegung des Blattes findet nicht statt.

[1]) Abgeändert durch VO. 18. 3. 14.

Art. 29. Außer dem Falle des Artikel 28 Abs. 2 werden Rechte an dem Grundstücke bei der Anlegung des

Grundbuchblatts nur berücksichtigt, wenn sie bei dem Grundbuchamt angemeldet sind. Zur Eintragnng eines Rechtes ist erforderlich, daß es sich auf eine von dem Eigentümer ausgestellte öffentliche Urkunde gründet oder von dem Eigentümer anerkannt wird.

Der Eigentümer ist über die Anerkennung zu vernehmen. Bestreitet er das angemeldete Recht, so hat das Grundbuchamt dem Anmeldenden eine Frist zu bestimmen. Nach dem Ablaufe der Frist erfolgt die Anlegung des Blattes ohne Rücksicht auf das Recht, wenn der Anmeldende nicht vorher eine einstweilige Verfügung beibringt, durch welche die Eintragung eines Widerspruchs zu seinen Gunsten angeordnet wird.

Art. 30. Für die Rangordnung der in das Grundbuch aufzunehmenden Rechte bleiben, soweit sie durch besondere für einzelne Landesteile erlassene Gesetze bestimmt ist, diese Gesetze maßgebend. Im übrigen regelt sich die Rangordnung nach den zur Zeit der Entstehung der Rechte geltenden Gesetzen und, wenn sie hiernach nicht bestimmt werden kann, nach der Zeitfolge der Anmeldungen.

Art. 31. Das Grundbuchamt kann Zeugen laden und eidlich oder eidesstattlich vernehmen[1]).

[1]) FG. § 15, pr. GA. a. 1 A. 1b.

Art. 32. Das Grundbuchamt kann die Befolgung einer Ladung sowie die Erfüllung jeder dem Geladenen auferlegten Verpflichtung durch Geldstrafen bis zum Gesamtbetrage von einhundertfünfzig Mark erzwingen, auch die im Artikel 20 bezeichneten Nachweisungen auf Kosten der Säumigen beschaffen[1]).

[1]) Pr. AG. a. 1 A. 1b.

Art. 33. Die für das Bergrecht erlassenen besonderen Bestimmungen[1]) bleiben unberührt[2]).

[1]) Instr. 21. 9. 32 (Kamptz, Jahrb. 40 S. 226), V. 28. 2. 45 (GS. S. 100), Instr. 21. 3. 45 (JMi. S. 78).

[2]) Die Bestimmung bezieht sich nur auf die Anlegung von Grundbuchblättern im ursprünglichen Geltungsbereich der pr. GBO. — a. 16[1].

6. Zuständiges Grundbuchamt.

Art. 34. Für die nach dieser Verordnung dem Grundbuchamt obliegenden Verrichtungen ist bis zum Inkrafttreten des Bürgerlichen Gesetzbuchs das Amtsgericht zuständig, welches nach der bezeichneten Zeit als Grundbuchamt zuständig sein wird[1]).

[1]) Pr. AG. a. 1—3.

7. Nassau und Helgoland.

Art. 35. Die Anlegung der Grundbücher für das Gebiet des vormaligen Herzogtums Nassau und die Insel Helgoland wird durch besondere Verordnung geregelt[1]).

[1]) Einl. S. 11, 18.

Art. 35 a[1]). Hat im Geltungsbereiche der Art. 15 oder 16 oder im Gebiete des vormaligen Herzogtums Nassau ein Wasserlauf oder ein Anteil an einem Wasserlauf ein Grundbuchblatt noch nicht erhalten, so finden die Vorschriften des Art. 15, der Art. 17 bis 32 und der Verordnung, betr. die Anlegung der Grundbücher im Gebiete des vormaligen Herzogtums Nassau, vom 11. Dezember 1899 (GS. S. 595) mit folgenden Maßgaben entsprechende Anwendung:

1. Über Besitz und Eigentum sind zu vernehmen, soweit nicht die Vernehmung aus besonderen Gründen untunlich oder unnötig erscheint.

bei Wasserläufen erster Ordnung auch die mit der Verwaltung des Wasserlaufs betraute Provinzialbehörde,

bei Wasserläufen zweiter und dritter Ordnung auch die Anlieger (§ 8 des Wassergesetzes vom 7. April 1913, GS. S. 53),

bei Wasserläufen zweiter Ordnung in den im § 323 des Wassergesetzes bezeichneten Gebietsteilen auch der Vorsteher des Deich- und Sielverbandes zu dem der Wasserlauf gehört,

bei den natürlichen Wasserläufen zweiter und dritter Ordnung in der Provinz Hessen-Nassau auch der Vorsteher der Gemeinde, die den Wasserlauf zu unterhalten hat.

2. Wer das Eigentum in Anspruch nimmt, hat auf Erfordern des Grundbuchamts eine von dem Fortschreibungsbeamten beglaubigte Karte vorzulegen, aus der die Lage des Wasserlaufs oder Wasserlaufanteils und die Ufergrundstücke sowie deren Eigentümer zu ersehen sind.

3. Als Eigentümer ist in das Grundbuch einzutragen[2]):
   a) bei Wasserläufen erster Ordnung der Staat;
   b) bei Wasserläufen zweiter und dritter Ordnung, soweit nicht einer der unter c und d aufgeführten Fälle vorliegt, der Anlieger (§ 8 des Wassergesetzes);
   c) bei Wasserläufen zweiter Ordnung in den im § 323 des Wassergesetzes bezeichneten Gebietsteilen der Deich- und Sielverband, zu dem der Wasserlauf gehört;
   d) bei natürlichen Wasserläufen zweiter und dritter

Ordnung in der Provinz Hessen-Nassau die Gemeinde, die den Wasserlauf zu unterhalten hat. Wird das Eigentum einer anderen Person als der unter a bis d genannten nachgewiesen, so ist sie als Eigentümer einzutragen. Ergeben sich für das Eigentum einer solchen Person Anhaltspunkte, so ist nach dem Ermessen des Grundbuchamts einer der streitenden Teile als Eigentümer und zugleich zugunsten des Gegners ein Widerspruch einzutragen; handelt es sich um einen Wasserlauf erster Ordnung und hat der Staat in einer öffentlichen Urkunde das Eigentum des anderen Teiles anerkannt, so ist dieser als Eigentümer einzutragen, ohne daß es der Eintragung eines Widerspruches bedarf.

4. Soll als Eigentümer eines Wasserlaufs erster Ordnung ein anderer als der Staat eingetragen werden, so darf das Grundbuchblatt erst angelgt werden, nachdem der mit der Verwaltung des Wasserlaufs betrauten Provinzialbehörde die Absicht der Anlegung und die Person des als Eigentümer Einzutragenden vom Grundbuchamt angezeigt und seit dem Eingange der Anzeige sowie seit der vorgeschriebenen öffentlichen Bekanntmachung ein Monat verstrichen ist.

[1]) Neu eingefügt durch VO. 18. 3. 14.

[2]) Diese Voraussetzungen treten an die Stelle der des a. 20. Daher finden a. 20 Nr. 3, 21—27, 28[2] keine Anwendung, EK. 53[106].

8. Spätere Bekanntmachungen.

Art. 36. Solange nicht für alle Grundbuchbezirke der Monarchie das Grundbuch als angelegt anzusehen ist, hat der Justizminister alljährlich im Monat Januar die Bezirke, für die während des vorhergehenden Kalenderjahrs die Anlegung erfolgt ist, in der Gesetzsammlung bekanntzumachen[1]).

In gleicher Weise sind die Bezirke bekanntzumachen, für welche das Grundbuch auch in Ansehung der von der Anlegung ursprünglich ausgenommenen Grundstücke nach Artikel 15 Abs. 2 als angelegt gilt[2]).

[1]) AllgVf. 18. 11. 99 Nr. 6:

Solange nicht für alle zu dem Bezirk eines Grundbuchamts gehörenden Grundbuchbezirke und Anlegungsbezirke das Grundbuch als angelegt anzusehen ist, hat das Grundbuchamt alljährlich bis zum 15. Dezember dem Landgerichtspräsidenten ein Verzeichnis der Bezirke einzureichen, für die während des Kalenderjahrs die Anlegung des Grundbuchs bekanntgemacht worden ist; in dem Verzeichnis ist die Nummer des Amtsblatts anzugeben, durch welches die Bekanntmachung erfolgt ist.

Eine nachträglich bis zum Schlusse des Jahres bewirkte Bekanntmachung ist dem Landgerichtspräsidenten unverzüglich anzuzeigen. — Die Bekanntmachungen des JM. sind durchweg alljährlich im Januar erfolgt.

[2]) Vgl. die in A. 1 berührten Bekanntmachungen von 1902 ab.

9. Grundbuchblatt für Familienfideikommisse.

Art. 37. Die Vorschrift des § 4 der Grundbuchordnung findet auf mehrere zu einem Familienfideikommisse gehörende Grundstücke auch[1]) dann Anwendung, wenn sie in den Bezirken verschiedener Grundbuchämter belegen sind. Das zuständige Grundbuchamt ist nach § 20 des Ausführungsgesetzes zum Gerichtsverfassungsgesetze zu bestimmen[2]).

[1]) GBO. § 86. — Pr. AllgVf. § 1².

[2]) Pr. AG. a. 2.

IV. Allgemeine Verfügung vom 20. November 1899 zur Ausführung der Grundbuchordnung.

(JM. S. 349 ff.)

Auf Grund des § 1 Abs. 2 und der §§ 93 bis 97 der Grundbuchordnung sowie des Artikels 29 des Ausführungsgesetzes vom 26. September 1899 (GS. S. 307)[1]) wird folgendes angeordnet:

[1]) AG. a. 29 A. 2. Diese Vf. hat den Charakter einer Rechtsverordnung, auf deren Befolgung auch die Beteiligten ein durch Beschwerde und weitere Beschwerde durchzusetzendes Recht haben, EK. 21[143], [174]. Die Vf. ist inzwischen abgeändert und ergänzt durch die AllgVf. 5. 4. 04 (JM. S. 89), 10. 1. 07 (JM. S. 6), 25. 9. 08 (JM. S. 355), 18. 2. 11 (JM. S. 91), 19. 1. 14 (JM. S. 479), 14. 4. 14 (JM. S. 479), 12. 8. 14 (JM. S. 560), 7. 3. 16 (JM. S. 52), 21. 2. 19 (JM. S. 53), 25. 3. 19 (JM. S. 138), 31. 3. 19 (JM. S. 207), 15. 4. 21 (JM. S. 260), 4. 1. 22 (JM. S. 8), 17. 5. 23 (JM. S. 385). Das ist im folgenden berücksichtigt. — Entsprechende Anwendung auf die BahnGB. BahnG. § 9, BahnVf. § 1.

I. Grundbücher.

1. Allgemeine Vorschriften.

§ 1. Für jeden Gemeindebezirk oder selbständigen Gutsbezirk und, wenn ein Gemeindebezirk zum Zwecke der Grundbuchanlegung in mehrere Bezirke geteilt ist, für jeden Anlegungsbezirk, wird ein Grundbuch eingerichtet[1]). Wird ein Gemeinde- oder Gutsbezirk mit einem anderen Gemeinde- oder Gutsbezirke vereinigt, so können die bisherigen Grundbuchbezirke beibehalten werden[2]). Das Grundbuch kann aus mehreren Bänden bestehen; die Bände erhalten fortlaufende Nummern.

Inwieweit in das Grundbuch eines Bezirkes bei Bildung gemeinschaftlicher Grundbuchblätter Grundstücke mit aufgenommen werden können, die in anderen Bezirken belegen sind, bestimmt sich nach § 4 der Grundbuchordnung und Artikel 37 der Verordnung, betreffend das Grundbuchwesen, vom 13. November 1899 (GS. S. 519).

[1]) GBO. § 2¹. Für Bergwerke § 23, für bisherige Bücher § 28¹. — Für Bahneinheiten BahnG. §§ 8, 14, BahnVf. § 2.

[2]) Zusatz der AllgVf. 25. 9. 08.

§ 2. Die Grundbuchblätter[1])[2]) erhalten unbeschadet der Vorschrift des § 19a fortlaufende Nummern.

Von der Bestimmung des Abs. 1 kann abgewichen werden, wenn für einen Bezirk gleichzeitig zwei Bände in Benutzung genommen werden, bei denen der Umfang der eingehefteten Grundbuchblätter ein verschiedener ist. Die Blattnummern des zweiten Bandes schließen sich an die des ersten Bandes an. Innerhalb des Bandes ist die Bestimmung des Abs. 1 einzuhalten[3]).

[1]) GBO. § 3.

[2]) Für das Erbbaugrundbuch bestimmt AllgVf. 25. 3. 19 § 2: Das besondere Grundbuchblatt, das bei der Eintragung des Erbbaurechts in das Grundbuch künftig gleichzeitig von Amts wegen anzulegen ist (Erbbaugrundbuch), § 14 Abs. 1 Satz 1 der Verordnung über das Erbbaurecht), erhält die nächste fortlaufende Nummer des Grundbuchs, in welchem das belastete Grundstück verzeichnet ist.

In der Aufschrift ist unter die Blattnummer in Klammern das Wort „Erbbaugrundbuch" zu setzen.

[3]) Eingeführt durch AllgVf. 15. 4. 21.

§ 3. Zur Bezeichnung der Grundstücke[1]) sind im Grundbuche nach dem Inhalte der Steuerbücher[2]) anzugeben:

1. der Name der Gemarkung;
2. die Nummern des Kartenblatts (der Flur) und der Parzelle;
3. die Artikelnummer der Grundsteuermutterrolle, die Nummer der Gebäudesteuerrolle;
4. die Wirtschaftsart (Acker, Wiese, Garten, bebauter Hofraum, bebauter Hofraum mit Hausgarten, Hofraum) und die Lage (Straße, Hausnummer oder die sonstige ortsübliche Bezeichnung);
5. die Größe; ist die Größe aus den Steuerbüchern nicht ersichtlich, so ist dies anzugeben;
6. der staatlich ermittelte Grundsteuerreinertrag und Gebäudesteuernutzungswert, in den Hohenzollernschen Landen der Steueranschlag (das Grund- und Gebäudesteuerkapital).

Besteht ein Grundstück aus mehreren Katasterparzellen, so kann die im Abs. 1 Nr. 2 vorgeschriebene Angabe der Kartenblatt- und Parzellennummern unterbleiben, wenn wegen der Zahl der Parzellen das Grundbuch nach dem Ermessen des Grundbuchamts unübersichtlich werden würde und die Parzellen nach Ausweis eines bei den Grundakten befindlichen beglaubigten Auszugs aus der Grundsteuermutterrolle nachgewiesen sind. Das Grundbuchamt kann die Katasterbehörde um die Erteilung des Auszugs ersuchen[3]). Ergibt der Auszug, daß auf dem

Mutterrollenartikel des Grundstücks noch andere Parzellen verzeichnet sind, die im Grundbuch auf demselben Grundbuchblatt unter anderer laufender Nummer des Bestandsverzeichnisses eingetragen sind, so kann das Grundbuchamt die Katasterbehörde ersuchen, in dem Auszug aus der Grundsteuermutterrolle bei allen Parzellen am Rande die laufende Nummer des Bestandsverzeichnisses zu vermerken und die Größe sowie den Grundsteuerreinertrag des gemäß Satz 1 dieses Abschnitts bezeichneten Grundstücks gesondert festzustellen. Soll mit einem nach Satz 1 dieses Absatzes bezeichneten Grundstück ein durch Angabe der Kartenblatt- und Parzellennummer bezeichnetes Grundstück vereinigt oder ihm als Bestandteil zugeschrieben werden, so kann das Grundbuchamt entweder den bei den Grundakten befindlichen Auszug aus der Grundsteuermutterrolle durch Eintragung der hinzutretenden Parzellen und des neuen Gesamtbestandes ergänzen oder die Katasterbehörde um Erteilung eines ergänzenden oder, sofern der vorhandene Auszug nach dem Ermessen des Grundbuchamts durch die Ergänzung unübersichtlich wird, eines neuen Auszugs ersuchen. Diese Vorschrift findet bei einer Änderung der Gemarkungsangabe oder einer Kartenblatt- oder Parzellennummer entsprechende Anwendung.

Statt der im Abs. 1 Nr. 4 vorgeschriebenen Angabe genügt in den Fällen des Abs. 2 die Angabe des Gesamtnamens des Grundstücks (Rittergut x, Bauerhof y usw.).

Ein dem Anlieger gehörender, in den Steuerbüchern nicht verzeichneter Anteil an einem Wasserlauf oder einem nicht zu den Wasserläufen gehörender See ist, soweit er nicht bereits in dem Grundbuch eingetragen ist, durch den Vermerk:

„Anteil an dem (der) . . . . "
und die Hinzufügung des Namens des Wasserlaufs oder Sees und, soweit erforderlich, auch durch den Hinweis auf das Ufergrundstück zu bezeichnen. Dies gilt jedoch nicht, wenn das Eigentum an dem Anteile ganz oder teilweise nicht unmittelbar auf Gesetz beruht oder geringeren Umfanges ist, als das Gesetz vorschreibt[4].

[1]) GBO. § 2^2. ES. 35^{244}. Für Bergwerke §§ 22 ff., insbes. § 24^2. Für einem Gewinnungsrechte zugeschriebene Grundstücke AllgVf. 5. 8. 07 (JM. S. 491) § 2^2.

[2]) § 29 u. V. a. 2.

[3]) Für die bisherigen GB. § 28^2.

[4]) § 3 ist geändert durch AllgVf. 5. 4. 04, 12. 2. 11, 14. 4. 14, 17. 5. 23.

§ 4. Zur Bezeichnung der Berechtigten sind im Grundbuch anzugeben:

1. bei natürlichen Personen[1]) der Name (Vorname, Familienname)[2]), der Stand[3]), der Beruf sowie der Wohnort und, soweit diese Angaben nicht tunlich[4]) oder nicht ausreichend sind, andere die Berechtigten deutlich kennzeichnende Merkmale;
2. bei Handelsgesellschaften, bei eingetragenen Genossenschaften und juristischen Personen anderer Art die Firma[5]) oder der Name und der Sitz.

Bei Eintragungen für den Fiskus, eine Gemeinde oder eine sonstige juristische Person des öffentlichen Rechtes kann auf Antrag des Berechtigten derjenige Teil seines Vermögens[6]), zu welchem das eingetragene Grundstück oder Recht gehört, oder die Zweckbestimmung[7]) des Grundstücks oder des Rechtes durch einen dem Namen des Berechtigten in Klammern beizufügenden Zusatz bezeichnet werden.

Eine nach Maßgabe des Gesetzes, betreffend die durch ein Auseinandersetzungsverfahren begründeten gemeinschaftlichen Angelegenheiten, vom 2. April 1887 mit einer Vertretung[8]) ausgestattete Gesamtheit der Beteiligten kann als Berechtigte eingetragen werden, ohne daß es der Bezeichnung der einzelnen Beteiligten bedarf[9]).

[1]) d. h. Menschen.

[2]) Anfangsbuchstabe des Vornamens genügt nicht, EK. 39[223]. — Eintragung eines Einzelkaufmanns unter seiner Firma (anderswo zulässig EFG. 10[144]) hiernach in Pr. unzulässig (EK. 26[135], FG. 3[190]), aber bei genügender Deutlichkeit nicht unwirksam, EK. 38[229]. Zulässig jedenfalls grundbuchmäßige Verfügungen unter der Firma, EK. 37[226].

[3]) Bei geschiedenen Frauen Stand des früheren Mannes, EK. 51[140].

[4]) EK. 28[115].

[5]) Für den Bereich der Zweigniederlassung deren Firma, EFG. 6[223]. Unnötig die Angabe des Charakters als offene Handelsges., Kommanditg., EK. 39[218].

[6]) Forstverwaltung, Eisenbahnverw. Änderungen erfolgen formlos, nicht nach GBO. § 22, EK. 38[237].

[7]) Z. B. Begräbnisplatz für die Evangelischen der Gemeinde H., nicht aber Eintragung der ausschließlichen Benutzung oder Unterhaltung seitens der betreffenden Bekenntnisgenossen, EK. 26[111].

[8]) Auch bei dem Mangel gemeinsamer Vertretung ist solche unbestimmte Eintragung zulässig, EK. 48[204].

[9]) Wegen des Vertreters §§ 1ff. jenes G. Ein besonderes Erfordernis der Auflassung in seinem § 8[2]. EKG. 45[214].

2. Einrichtung der Grundbuchblätter.

§ 5. Die Grundbuchblätter werden nach dem in Anlage A enthaltenen, mit Probeeintragungen[1]) versehenen Formular eingerichtet[2]).

Jedes Blatt besteht aus der Aufschrift, dem Bestandsverzeichnis und drei Abteilungen[3].

[1]) Maßgebende Bedeutung EK. 31[327].

[2]) Es gibt also künftig, abgesehen von den Vorbehalten in §§ 25, 26 für gewisse Bergwerke (im übrigen vgl. § 22) und Hütten, sowie den Bahn-Grundbüchern (BahnVf. § 3), nur ein einheitliches Formular an Stelle der bisherigen Formulare I und II. Das neue Formular geht wie das bisherige Formular I vom Grundstück aus (sog. Realfolium), nähert sich aber unter Hinzutritt eines Bestandsverzeichnisses zu der Aufschrift (Titel) dem Formular II dadurch, daß es für die Aufnahme sämtlicher Grundstücke desselben Eigentümers (GBO. § 4) eingerichtet ist. Für Anerbengüter § 21. Bezüglich der bisher geführten Bücher §§ 27, 28.

[3]) Für die bisherigen GB. § 28[3], [7], [8].

§ 6. In der Aufschrift sind das Amtsgericht, der Bezirk (§ 1 Abs. 1), der Kreis, zu dem der Bezirk gehört, sowie die Nummern des Bandes und des Blattes anzugeben. Im Falle des § 1 Abs. 1 Satz 2 ist durch einen Zusatz auf die Vereinigung des Bezirkes mit dem anderen Bezirke hinzuweisen[1]).

Gehört der Bezirk zu einem Stadtkreise, so ist die Angabe des Kreises nicht erforderlich[2]).

[1]) Zusatz durch AllgVf. 25. 9. 08.

[2]) Für Bergwerke § 24[1]. — Für BEinheiten BahnVf. §§ 4—9.

§ 7. Das Bestandsverzeichnis[1]) zerfällt in das Verzeichnis der Grundstücke[2]) und das Verzeichnis der mit dem Eigentume verbundenen Rechte.

[1]) Für Bahneinheiten BahnG. §§ 10[3], 11, 12.

[2]) Das Formular geht davon aus, daß regelmäßig die Grund-

stücke desselben Eigentümers ein gemeinschaftliches GBBl. erhalten, vgl. § 1^2, § 34 dieser Vf., A. 4 u. GBO. § 4 A. 6.

§ 8. In dem Verzeichnisse der Grundstücke ist die Spalte 1 für die Angabe der laufenden Nummer[1]) des Grundstücks[2]) bestimmt. Ein aus mehreren Katasterparzellen bestehendes Grundstück ist unter einer Nummer aufzuführen[3]).

Die Spalten 3 bis 10 dienen zur Aufnahme der im § 3 vorgeschriebenen Angaben. Im Falle des Abs. 1 Satz 2 ist nur die Gesamtgröße sowie der Gesamtbetrag des Grundsteuerreinertrags und des Gebäudesteuernutzungswerts anzugeben. In den Fällen des § 3 Abs. 4 ist außer der Spalte 1 nur die Spalte 7 durch den Vermerk auszufüllen:

„In den Grundsteuerbüchern nicht verzeichneter Anteil an dem (der) . . . ."

In Spalte 12 sind einzutragen:

1. der Vermerk über die Eintragung des ursprünglichen Bestandes des Blattes (Zeit der Eintragung, Nummer des bisherigen Blattes usw.);
2. die Übertragung eines Grundstücks auf das Blatt; soll das Grundstück mit einem auf dem Blatte bereits eingetragenen Grundstücke vereinigt oder einem solchen Grundstück als Bestandteil zugeschrieben werden (BGB. § 890, Wassergesetz vom 7. April 1913 § 8 Abs. 5, GBO. § 5), so ist auch dies anzugeben;
3. die Vereinigung mehrerer auf dem Blatte eingetragenen Grundstücke zu einem Grundstücke sowie die Zuschreibung eines solchen Grundstücks zu einem anderen als Bestandteil[4]);
4. die Vermerke, durch welche bisherige Grundstücks-

teile als selbständige Grundstücke eingetragen werden, insbesondere im Falle des § 6 Satz 1 der Grundbuchordnung, sofern in diesem Falle nicht der Teil auf ein anderes Blatt übertragen wird;

5. die Vermerke über Berichtigungen der Bestandsangaben[5]).

In den Fällen der Vereinigung und der Zuschreibung (Abs. 3 Nr 2, 3) sind die sich auf die beteiligten Grundstücke beziehenden Eintragungen in den Spalten 1 bis 10 rot zu unterstreichen. Das durch die Vereinigung oder Zuschreibung entstehende Grundstück ist unter einer neuen laufenden Nummer einzutragen; neben dieser Nummer ist in Spalte 2 auf die bisherigen laufenden Nummern der beteiligten Grundstücke zu verweisen (vgl. die Probeeintragung in Spalte 2 des Verzeichnisses der Grundstücke zu Nr. 3, 8 der Spalte 1)[6]).

In den Fällen des Abs. 3 Nr. 4 sind die Grundstücksteile unter neuen laufenden Nummern einzutragen; neben diesen Nummern ist in Spalte 2 auf die bisherige laufende Nummer des Grundstücks zu verweisen. Die sich auf das Grundstück beziehenden bisherigen Eintragungen sind in den Spalten 1 bis 10 rot zu unterstreichen.

Die Spalte 14 ist bestimmt:

1. für die nicht unter Abs. 3 Nr. 4 fallenden Abschreibungen[7]);
2. für die Eintragung des Ausscheidens eines Grundstücks oder eines Grundstücksteils aus dem Grundbuche (GBO. § 90 Abs. 2)[8]).

Wird ein Grundstück ganz abgeschrieben, so sind die sich auf das Grundstück beziehenden bisherigen Eintragungen in den Spalten 1 bis 12 sowie die ausschließlich das abgeschriebene Grundstück betreffenden Vermerke in den drei Abteilungen rot zu unterstreichen. Wird ein Grundstücksteil abgeschrieben, so finden die Vorschriften des Abs. 5 entsprechende Anwendung. Ist im letzteren Falle das Grundstück nach Maßgabe des § 3 Abs. 2 bezeichnet, so ist auch in dem Auszug aus der Mutterolle die Abschreibung zu vermerken; eine ganz oder teilweise abgeschriebene Parzelle ist rot zu unterstreichen, eine bei dem Grundstücke verbleibende Restparzelle ist am Schlusse neu einzutragen. Diese Vorschriften gelten auch für die Fälle des Abs. 6 Nr. 2 [9]).

Bei Eintragungen in den Spalten 12, 14 ist in den Spalten 11, 13 auf die laufende Nummer des von der Eintragung betroffenen Grundstücks zu verweisen [10]).

[1]) Bezüglich der Nummer der Landgüterrolle LGO. für Kassel § 3³, AllgVf. 18. 8. 87 (JM. S. 198).

[2]) GBO. § 2².

[3]) EFG. 8²⁷². Die besondere Nummer bedeutet — anders wie bei alten fortgeführten Grundbüchern — Selbständigkeit des Grundstücks (GBO. § 2), EK. 37²⁰⁹, 49²³³.

[4]) Fehlen dieses Vermerkes macht die Neueintragung des Grundstücks unter besonderer Bestandsnummer nicht unzulässig, EK. 49²³⁵.

[5]) § 28⁴ für bisherige GB.

[6]) § 24².

[7]) Für Hann. Salzabbaugerechtigkeiten G. 7. 8. 04 § 5, AllgVf. 26. 8. 04 §§ 3, 4.

[8]) § 17. ER. 78³⁷⁵. — Bezüglich der Flächen zur Errichtung trigonometrischer Marksteine, G. 7. 10. 65, 7. 4. 69, 3. 6. 74, AllgVf. 6. 9. 78 (JM. S. 136), AllgVf. 21. 11. 88 § 9 (Rheinl.).

[9]) bez. der mehreren Grundstücke (§ 7 A. 1).

[10]) Der Paragraph ist geändert durch AllgVf. 14. 4. 14. — Für Erbbaurechte bestimmt AllgVf. 25. 3. 19 (JM. S. 138) § 3:

Im Erbbaugrundbuch ist der Inhalt des Erbbaurechts vollständig ohne Bezugnahme auf die Eintragungsbewilligung zu vermerken. Es ist insbesondere darauf zu achten, daß dabei auch die Vereinbarungen wiedergegeben werden, die gemäß §§ 2, 5, § 7 Abs. 1 Satz 2, § 27 Abs. 1 Satz 2, § 32 Abs. 1 Satz 2 der Verordnung über das Erbbaurecht zum Inhalte des Erbbaurechts gehören.

Der Vermerk erfolgt im Bestandsverzeichnis I an der für das Verzeichnis der Grundstücke bestimmten Stelle. Es ist dabei fortlaufend über die Spalten 2—10 hinwegzuschreiben und etwa mit folgenden Worten zu beginnen:

Das Erbbaurecht, das auf dem im Grundbuche von .... Bd...... Bl...... verzeichneten Grundstücke

(hier ist die Bezeichnung des Grundstücks aus den Spalten 3 bis 10 des Grundbuchblatts zu übernehmen, wobei auf dem neu anzulegenden Blatte die entsprechenden Spalten zu benutzen sind)

in Abteilung II Nr..... für die Zeit ...... eingetragen ist und folgenden Inhalt hat:

Nach Wiedergabe des Inhalts des Rechtes ist der Vermerk mit den Worten zu schließen:

Als Eigentümer des belasteten Grundstücks ist .... eingetragen. Bei der Anlegung dieses Blattes hier vermerkt am ....

[Unterschriften.]

Die Spalte 1 ist für die laufende Nummer der Vermerke zu benutzen, bei dem ersten Vermerk anläßlich der Anlegung des Blattes demzufolge mit der Nr. 1 auszufüllen.

Spätere Änderungen des Inhalts des Erbbaurechts sind unter der nächsten fortlaufenden Nummer in der gleichen Weise wie der erste Vermerk und wiederum vollständig und ohne Bezugnahme auf die Eintragungsbewilligung zu vermerken. Soweit der früher vermerkte Inhalt zweifelsfrei nicht mehr besteht, ist er rot zu unterstreichen.

Ebenso sind hier unter fortlaufender Nummer die Vermerke über die Eintragung eines neuen Eigentümers des belasteten

Grundstücks (§ 14 Abs. 1 Satz 2 der Verordnung über das Erbbaurecht) und über eine etwaige Abänderung der Zeit, für welche das Erbbaurecht bestellt ist, einzutragen. Wird ein neuer Grundstückseigentümer vermerkt, so ist der Vermerk über den bisherigen Eigentümer rot zu unterstreichen.

Die Spalten 11, 12 sind für Vermerke über etwa auf dem Blatte des Grundstücks zur Eintragung gelangende Veränderungen und Berichtigungen der Angaben über den Bestand des belasteten Grundstücks zu benutzen.

§ 9. Der zweite Abschnitt des Bestandsverzeichnisses ist für die Vermerke über Rechte, die dem jeweiligen Eigentümer eines auf dem Blatte verzeichneten Grundstücks zustehen, sowie über die Änderung oder die Aufhebung eines solchen Rechtes (GBO. § 8, AusfGes. zur GBO. Art. 12 Abs. 2 Nr. 2) bestimmt. Im Falle der Löschung sind in den Spalten 1 bis 4 die sich auf das gelöschte Recht beziehenden Eintragungen rot zu unterstreichen[1]).

[1]) Für bisherige GB. § 28 [5].

§ 10. In die erste Abteilung sind einzutragen:

1. in Spalte 1 der Eigentümer, bei Miteigentümern auch die im § 48 der Grundbuchordnung vorgeschriebene Angabe[1]); steht an einem Wasserlauf erster Ordnung einem anderen als dem Staate ein von dem Wasserlaufeigentume des Wassergesetzes abweichendes Eigentum, insbesondere ein bloßes Eigentum an dem Flußbette zu (§ 9 Abs. 1 daselbst), so ist den Namen der beiden Eigentümer ein Vermerk hinzuzufügen, aus dem sich ergibt, welchen Inhalt ihr Recht hat[2]);
2. in Spalte 2 die laufende Nummer der Grundstücke,

auf die sich die in Spalte 3 enthaltenen Eintragungen beziehen;

3. in Spalte 3 der Tag der Auflassung oder die anderweitige Grundlage der Eintragung (Erbschein, Testament, Zuschlagsbeschluß, Bewilligung der Berichtigung des Grundbuchs[3]), Ersuchen der Auseinandersetzungsbehörde um die Berichtigung, Enteignungsbeschluß usw.)[4]), der Verzicht auf das Eigentum an einem Grundstücke (BGB. § 928 Abs. 1) und der Tag der Eintragung[5]);

4. in Spalte 4 auf Antrag des Eigentümers der Erwerbspreis, der durch eine öffentliche Taxe festgestellte Schätzungswert und bei Gebäuden die Feuerversicherungssumme unter Hinweis auf die laufende Nummer des Grundstücks und mit Angabe des für den Preis, die Schätzung oder die Versicherung maßgebenden Zeitpunkts.

Bei der Eintragung eines neuen Eigentümers[6]) sind die sich auf den bisher eingetragenen Eigentümer beziehenden Vermerke in den Spalten 1—3 rot zu unterstreichen.

[1]) Für bisherige GB. § 28[6].

[2]) Zusatz aus der AllgVf. 14. 4. 14.

[3]) Für Auflassung an Stelle der Berichtigung EFG. 9[60].

[4]) Pr. G. 10. 6. 74 § 24[4], AllgVf. 26. 11. 14 (JM. S. 724).

[5]) Keine Eintragung des Grundes der Auflassung, auch kein Hinweis auf eine Vormerkung, selbst wenn diese entgegen § 14[3] gelöscht ist, § 14 A. 2.

[6]) Aber nicht bei Eigentumsaufgabe (BGB. § 928[1]).

§ 11. In der zweiten Abteilung dienen die Spalten 1 bis 3 zur Eintragung:

1. der das Grundstück belastenden Rechte[1]) mit Aus-

nahme von Hypotheken, Grundschulden und Rentenschulden, insbesondere auch der im § 1010 Abs. 1 und im § 2044 des Bürgerlichen Gesetzbuchs bezeichneten Belastungen des Anteils eines Miteigentümers oder Miterben;

2. der Beschränkungen des Verfügungsrechts des Eigentümers[2]), insbesondere durch die Fideikommißeigenschaft des Grundstücks (AusfGes. z. GBO. Artikel 15 Abs. 1 Satz 2), durch das Recht eines Nacherben (GBO. § 52) oder die Ernennung eines Testamentsvollstreckers (GBO. § 53) durch die Anordnung der Zwangsversteigerung oder Zwangsverwaltung des Grundstücks (Gesetz über die Zwangsversteigerung usw. § 19 Abs. 1, § 146 Abs. 1), durch ein vom Konkursgericht erlassenes Veräußerungsverbot oder durch die Eröffnung des Konkursverfahrens über das Vermögen des Eigentümers (KO. § 113), durch die Vermerke oder Vormerkungen nach § 59 der Verordnung wegen des Geschäftsbetriebs in den Angelegenheiten der Gemeinheitsteilungen usw. vom 30. Juni 1834, nach § 12 Abs. 3 des Gesetzes, betreffend die Beförderung der Errichtung von Rentengütern, vom 7. Juli 1891 und nach § 23 Abs. 3 Nr. 1 des Gesetzes, betreffend das Anerbenrecht bei Renten- und Ansiedelungsgütern, vom 8. Juni 1896[3]) sowie durch die Zugehörigkeit zu einer Bahneinheit (Gesetz, betreffend das Pfandrecht an Privateisenbahnen usw., vom 19. August 1895 § 15 Abs. 1)[4])[5]);

3. der Vormerkung über ein eingeleitetes Enteignungsverfahren (Enteignungsgesetz vom 11. Juni 1874 § 24 Abs. 4);

4. der vertragsmäßigen Feststellung der Höhe einer für einen Überbau oder einen Notweg zu entrichtenden Rente, sowie des Verzichts auf die Rente (BGB. § 914 Abs. 2, § 917 Abs. 2).

In die Spalten 4, 5 sind die Veränderungen der in den Spalten 1 bis 3 vermerkten Rechte und Beschränkungen einzutragen. Hierher gehören insbesondere die Änderung des Rangverhältnisses (BGB. § 880), die nachträgliche Anlegung eines besonderen Grundbuchblatts für ein Erbbaurecht (GBO. § 7 Abs. 2), die Mitbelastung eines anderen Grundstücks in den Fällen des § 49 Abs. 1 Satz 2 der GBO. sowie die Beschränkung des Berechtigten in der Verfügung über ein in den Spalten 1 bis 3 eingetragenes Recht (BGB. § 892), auch wenn die Beschränkung nicht erst nachträglich eintritt.

Die Löschung einer Veränderung erfolgt in Spalte 6, die Löschung der in den Spalten 1 bis 3 eingetragenen Rechte oder Beschränkungen in den Spalten 7, 8.

[1]) Für Erbbaurechte bestimmt die AllgVf. 25. 3. 19 (JM. S. 138):

§ 1. Bei der Eintragung des Erbbaurechts in das Grundbuch des belasteten Grundstücks ist in den Spalten 1—3 der zweiten Abteilung

1. der Erbbauberechtigte gemäß § 4 der Allgemeinen Verfügung vom 20. November 1899 zur Ausführung der Grundbuchordnung (JM. S. 349 ff.) zu bezeichnen;
2. anzugeben, daß ihm ein Erbbaurecht zusteht;
3. bei aufschiebend bedingten und bei befristeten Erbbaurechten die Bedingung oder die Zeit einzutragen, für welche ihm das Erbbaurecht bestellt ist.

Wegen des näheren Inhalts des Erbbaurechts ist nicht auf die Eintragungsbewilligung, sondern auf den Vermerk in dem gleichzeitig für das Erbbaurecht anzulegenden besonderen Grundbuchblatte Bezug zu nehmen (§ 14 Abs. 1 Satz 3 der Verordnung über das Erbbaurecht). Die Anlegung dieses Blattes ist für die künftig zur Eintragung gelangenden Erbbaurechte nicht mehr in den Spalten 4, 5 (§ 11 Abs. 2 der Allgemeinen Verfügung vom 20. November 1899), sondern in der Spalte 3 zu vermerken.

Demnach hat die Eintragung beispielsweise zu lauten:

Ein Erbbaurecht für den Gastwirt Wilhelm Schroeder in Seefeld. Das Erbbaurecht ist für die Zeit von neunundneunzig Jahren vom Tage der Eintragung an bestellt. Der nähere Inhalt des Erbbaurechts ist im Bestandsverzeichnisse des für das Recht besonders angelegten Grundbuchblatts Nr...... Bd.... dieses Grundbuchs unter Nr. 1 vermerkt. Unter Bezugnahme darauf eingetragen am...........

Bei der Eintragung von späteren Änderungen des Inhalts des Erbbaurechts in den Spalten 4, 5 ist zur näheren Bezeichnung der Änderungen stets wiederum auf das für das Erbbaurecht besonders angelegte Grundbuchblatt Bezug zu nehmen. Die Eintragung hat deshalb etwa folgendermaßen zu lauten:

Der Inhalt des Erbbaurechts ist geändert. Unter Bezugnahme auf den Vermerk Nr....... im Bestandsverzeichnisse des für das Erbbaurecht besonders angelegten Grundbuchblatts hier eingetragen am.............

Eine Abänderung der Zeit, für welche das Erbbaurecht bestellt war, ist in den Spalten 4, 5 ohne Bezugnahme auf das für das Erbbaurecht besonders angelegte Blatt einzutragen.

§ 5. Wird im Erbbaugrundbuch ein neuer Erbbauberechtigter eingetragen, so ist dies unverzüglich auf dem Blatte des belasteten Grundstücks (§ 14 Abs. 2 Satz 2 der Verordnung über das Erbbaurecht), und zwar in Spalte 4, 5 der zweiten Abteilung zu vermerken.

§ 7. Die Löschung des Erbbaurechts erfolgt in Spalte 7, 8 der zweiten Abteilung des Grundbuchblatts des belasteten Grundstücks und ist in Spalte 13, 14 des Bestandsverzeichnisses I des Erbbaugrundbuchs zu vermerken. Das Erbbaugrundbuch ist sodann nach Maßgabe des § 19 der Allgemeinen Verfügung vom 20. November 1899 zu schließen (§ 16 der Verordnung über das Erbbaurecht).

Die Eintragung einer Vormerkung, welche im Falle der Löschung zur Erhaltung des Vorrechts auf Erneuerung des Erbbaurechts gemäß § 31 Abs. 4 Satz 3 der Verordnung über das Erbbaurecht von Amts wegen einzutragen ist, erfolgt in Spalte 1—3 der zweiten Abteilung des Blattes des belasteten Grundstücks unter der nächsten freien Nummer. Dabei ist ausdrücklich anzugeben, daß die Vormerkung den bisherigen Rang des Erbbaurechts hat. Im Falle der Eintragung einer solchen Vormerkung ist auf sie bei der Eintragung der Löschung des Erbbaurechts in der Spalte 8 hinzuweisen (Nr. .... gelöscht unter Eintragung der Vormerkung unter Nr. .... am usw.).

²) EKG. 20[96]. Nicht hierhergehörig Vermögensbeschlagnahme nach StPO. §§ 322 ff., EK. 29[238], wohl aber Verpfändung des Anteils eines Miterben am ungeteilten Nachlasse, EK. 90[237].

³) §§ 21, 43. ⁴) § 45.

⁵) Hauberge und Jahnschaften § 44. Verschuldungsgrenze AllgVf. 22. 4. 08 §§ 2[1], 5[2], 6[2].

§ 12. In der dritten Abteilung dienen die Spalten 1 bis 4 zur Eintragung der Hypotheken, Grundschulden und Rentenschulden¹).

In die Spalten 5 bis 7 sind die Veränderungen eines solchen Rechtes einzutragen. Hierher gehören insbesondere die Änderung des Rangverhältnisses (BGB. § 880), die Beschränkung des Berechtigten in der Verfügung über das Recht (BGB. § 892), auch wenn die Beschränkung nicht erst nachträglich eintritt, die nachträgliche Ausschließung der Erteilung eines Briefes oder die Aufhebung der Ausschließung (BGB. § 1116 Abs. 2, 3), eine Änderung in Ansehung der Verzinsung²), der Zahlungszeit oder des Zahlungsorts (BGB. § 1119), die Übertragung, Pfändung oder Verpfändung des Rechtes (BGB. § 1154 Abs. 2, 3, §§ 1192, 1199; ZPO. §§ 830, 837), der Verzicht des Berechtigten (BGB. § 1168), die Änderung der Forderung, für welche die Hypothek besteht (BGB. § 1180), die Umwandlung einer Hypothek, Grundschuld oder Rentenschuld, (BGB. §§ 1177, 1186, 1198, 1203), die Mitbelastung eines anderen Grundstücks in den Fällen des § 49 Abs. 1 Satz 2 der Grundbuchordnung sowie die Erteilung eines neuen Briefes (GBO. § 68 Abs. 3).

Die Löschung einer Veränderung erfolgt in Spalte 8, die Löschung der Rechte in den Spalten 9 bis 11.

[1]) In Spalte 3 ist der Geldbetrag von Nebenforderungen nicht aufzunehmen EK. 43[230].

[2]) Auch Erhöhung der Zinsen über 5% und Änderung der Voraussetzungen von Strafzinsen ohne Zustimmung der Nachstehenden, EK. 52[197]. Dann aber Vermerk, daß die höheren Zinsen im Range nachstehen, EK. 26[142, 299].

§ 13. Die in Spalte 3 der zweiten und in den Spalten 3, 4 der dritten Abteilung erfolgenden Eintragungen erhalten in jeder Abteilung fortlaufende Nummern. Bei der Eintragung ist das von ihr betroffene Grundstück in Spalte 2 mit der laufenden Nummer, die es im Bestandsverzeichnisse führt, zu bezeichnen.

Bei Vermerken über Veränderungen und bei Löschungen ist auf die laufende Nummer der Eintragungen zu verweisen.

Wird eine Eintragung ganz gelöscht, so ist sie rot zu unterstreichen.

Wird eine Hypothek, eine Grundschuld oder eine Rentenschuld teilweise gelöscht, so ist in Spalte 3 der gelöschte Teil von dem Betrage abzuschreiben[1]).

[1]) § 39.

3. Vormerkungen und Widersprüche.

§ 14. Die Eintragung einer Vormerkung[1]) erfolgt:

1. wenn die Vormerkung den Anspruch auf Übertragung des Eigentums betrifft, in den Spalten 1 bis 3 der zweiten Abteilung;
2. wenn die Vormerkung den Anspruch auf Einräumung eines anderen Rechtes an dem Grundstücke betrifft, in der für die Eintragung des Rechtes bestimmten Abteilung und Spalte;
3. in den übrigen Fällen in der für Veränderungen bestimmten Spalte der Abteilung, in welcher das von der Vormerkung betroffene Recht eingetragen ist.

In den Fällen des Abs. 1 Nr. 2, 3 ist bei der Eintragung der Vormerkung die rechte Hälfte der Spalte für die endgültige Eintragung frei zu lassen.

Soweit die Eintragung der Vormerkung durch die endgültige Eintragung ihre Bedeutung verliert[2]), ist sie rot zu unterstreichen[3]).

Diese Vorschriften finden auf die Eintragung eines Widerspruchs[5]) entsprechende Anwendung.

[1]) BGB. §§ 883 ff., 1179, GBO. §§ 18^{2}, 76, EK. 31^{326}.

[2]) Das tut die Auflassungsvormerkung nicht, wenn noch gemäß BGB. § 883^{2} unwirksame Lasten bestehen, EK. 50^{173}.

[3]) Keine Löschung, daher mitzuübertragen (GBO. § 47^{2}), EK. 40^{353}, 41^{220}.

[4]) BGB. §§ 899, 927, 1139, 1140, 1160, GBO. §§ 18^{2}, 23, 42, 54, 62, 71, 76.

4. Eintragungen in mehreren Spalten.

§ 15. Sind für eine Eintragung mehrere Spalten desselben Abschnitts oder derselben Abteilung bestimmt, so gelten die sämtlichen Vermerke im Sinne des § 45 der Grundbuchordnung nur als e i n e Eintragung.

5. Schreibart.

§ 16. Die Eintragungen sind deutlich und ohne Abkürzungen zu schreiben, in dem Grundbuch darf nichts radiert oder sonst unleserlich gemacht werden.

Bei Reallasten, insbesondere Rentenbankrenten, sowie bei Hypothen, Grundschulden und Rentenschulden sind die in das Grundbuch einzutragenden Geldbeträge (BGB. § 1107, § 1115 Abs. 1, § 1190 Abs. 1, §§ 1192, 1199) in den Vermerken über die Eintragung des Rechtes mit Buchstaben zu schreiben. Das gleiche gilt für die Eintragung einer Veränderung oder einer Löschung bezüglich eines Teilbetrags eines Rechtes sowie im Falle des § 882 des Bürgerlichen Gesetzbuchs für die Eintragung des Höchstbetrags des Werterſatzes.

6. Schließung und Umschreibung eines Grundbuchblattes.

§ 17. Sind alle auf einem Blatte eingetragenen Grundstücke abgeschrieben oder aus dem Grundbuch ausgeschieden, so ist das Blatt zu schließen[1].

[1]) §§ 8⁶, ⁷, 19. — Instr. 3. 8. 53 (JM. S. 275). — Für BEinh. BahnG. § 14. — Für Erbbaugrundbücher VO. 15. 1. 19 § 16 zu GBO. § 7.

§ 18. Geht die Zuständigkeit für die Führung eines Grundbuchblatts auf ein anderes Grundbuchamt über, so ist das bisherige Blatt zu schließen[1]); dem anderen Grundbuchamte sind die Grundakten zu übersenden, nachdem die wörtliche Übereinstimmung der Tabelle (§ 34 Abs. 2) mit dem Grundbuchblatte von dem Richter und dem Gerichtsschreiber bescheinigt ist[2]).

In der Aufschrift des neuen Blattes ist auf das bisherige Blatt zu verweisen. Gelöschte Eintragungen werden in das neue Blatt insoweit übernommen, als dies zum Verständnisse der noch gültigen Eintragungen erforderlich erscheint; im übrigen sind aus den beiden Abschnitten des Bestandsverzeichnisses3) und aus der zweiten und der dritten Abteilung nur die Nummern der Eintragungen mit dem Vermerke „Gelöscht" zu übernehmen. Die Übereinstimmung des Inhalts des neuen Blattes mit dem Inhalte des bisherigen Blattes ist in jedem Abschnitt und jeder Abteilung von dem Richter und dem Gerichtsschreiber zu bescheinigen. Die Bescheinigung kann in einem Abschnitt oder einer Abteilung mehrfach erfolgen, wenn die Spalten nicht gleich weit ausgefüllt sind. Befinden sich vor einer Bescheinigung leer gebliebene Stellen, so sind sie zu durchkreuzen4).

1) Pr. AG. a. 2, 3.

2) Bei Teilübergängen ist vorher ein besonderes GBBl. bei dem ersten GBA. anzulegen, EK. 36[191] (Ausnahme für den Fall der EK. 34[215]).

3) Zusatz aus der AllgVf. 31. 3. 19.

4) Fassung der AllgVf. 25. 9. 08. — §§ 18a, 18b, 19, 20.

§ 18a1). Geht bei einer Bezirksänderung die Führung des Grundbuchs in Ansehung aller Blätter eines Grundbuchbandes auf ein anderes Grundbuchamt über, so sind die Blätter nicht zu schließen, sondern an das andere Grundbuchamt abzugeben. Die Abgabe kann auch erfolgen, wenn von der Bezirksänderung nicht alle Blätter eines Bandes betroffen werden.

Die Abgabe geschieht durch Übersendung des Grundbuchbandes gegebenenfalls nach Austrennung der von der Änderung nicht betroffenen Blätter oder durch Übersendung der aus dem Bande ausgetrennten Blätter. Der Verbleib der ausgetrennten Blätter ist in dem Grundbuchbande, soweit erforderlich, auf einem unter dem Deckel zu befestigenden Blatte, zu vermerken; der Vermerk ist von dem Richter und dem Gerichtsschreiber zu unterschreiben.

Mit den Grundbuchblättern sind die Grundakten (§ 34) sowie besonders verwahrte Urkunden (Geschäftsordnung für die Gerichtsschreibereien der Amtsgerichte § 49 Abs. 1), beim Übergang eines ganzen Grundbuchbezirkes auch die sich auf diesen beziehenden Katasterurkunden und Schriften und das Eigentümerverzeichnis (Geschäftsordnung § 48 Abs. 5, § 50 Abs. 2) abzugeben. Bei Grundstücken, die kein Grundbuchblatt haben, sind die sich auf sie beziehenden Schriften (Geschäftsordnung § 48 Abs. 7) gleichfalls abzugeben. Über die Abgabe ist ein Vermerk zurückzubehalten.

Sobald die Bezirksänderung bevorsteht, können die Aufsichtsbehörden Anordnungen zur Vorbereitung der Abgabe der Blätter treffen, insbesondere die Bildung neuer oder die Änderung bestehender Grundbuchbezirke auch unter Abweichung von den Bestimmungen in den §§ 1, 2 anordnen. Haben danach Grundbuchblätter nicht fortlaufende Nummern, so erhalten sie solche alsbald nach der Bezirksänderung.

Bei der neuen Aufschrift (§ 6) sind in Klammer mit dem Zusatze „früher" auch der bisherige Bezirk sowie die bisherigen Band- und Blattnummern anzugeben.

[1]) Eingefügt durch AllgVf. 5. 4. 04 (JM. S. 89).

§ 18 b[1]). Die Vorschriften des § 18 und des § 18a Abs. 1, 2, 5 finden entsprechende Anwendung, wenn Grundstücke durch Vereinigung eines Gemeinde- oder Gutsbezirkes mit einem anderen oder durch Abtrennung von einem solchen Bezirk in einen anderen Grundbuchbezirk desselben Grundbuchamts übergehen.

[1]) Eingefügt durch AllgVf. 25. 9. 08.

§ 19. Das Grundbuch wird geschlossen durch:

1. Eintragung eines Schließungsvermerkes in der Aufschrift; in dem Vermerk ist der Grund der Schließung anzugeben;
2. Rotdurchkreuzung sämtlicher Seiten des Blattes, soweit sie ausgefüllt sind; in der Aufschrift ist der Schließungsvermerk nicht zu durchkreuzen[1]).

[1]) Fassung d. AllgVf. 31. 3. 19 u. 15. 4. 21.

§ 19a[1]). 1. Bietet ein geschlossenes Grundbuchblatt, das nach dem im § 5 bezeichneten Formular eingerichtet ist, genügend Raum für weitere Eintragungen, so kann es im Falle des Bedürfnisses zur Einrichtung eines neuen Blattes desselben Bezirkes verwendet werden. Das neue Blatt erhält die Nummer des alten Blattes unter Hinzufügung des Buchstabens A, bei einer nach Schließung dieses Blattes erfolgenden erneuten Verwendnng des Buchstabens B usw. Das alte Blatt ist in der Aufschrift, im Bestandsverzeichnis und in den drei Abteilungen, soweit sich darin Eintragungen befinden, durch einen quer über beide Seiten zu ziehenden rotschwarzen Doppelstrich abzuschließen und an dieser Stelle überall mit dem Vermerke zu versehen: „Wieder benutzt als Blatt Nr. . . . A, B usw." Bei einem nach § 19 in der Fassung der Allgemeinen Verfügung vom 31. März 1919 (JMBl. S. 207) geschlossenen Blatt ist der Vermerk durch Angabe des Amtsgerichts, des Bezirkes und des Kreises zu ergänzen.

Die Wiederverwendung, insbesondere die weitere Wiederverwendung, soll nur erfolgen, wenn davon

Verwirrung nicht zu besorgen ist und der verbliebene Raum voraussichtlich dauernd nach den Verhältnissen für das neue Blatt ausreicht.

2. Bietet ein Blatt für Neueintragungen keinen Raum mehr und ist die Einfügung von Einlagebogen nicht tunlich, so kann ein geschlossenes Blatt desselben Bandes zur Fortsetzung verwendet werden. Der unter den Schließungsstrich zu setzende Vermerk lautet alsdann: „Wieder benutzt als Fortsetzung von Blatt . . ." In dem fortgesetzten Blatt ist hinter der letzten Eintragung der Vermerk aufzunehmen: „Fortsetzung der Eintragungen in Blatt . . ."

3. Die gleichzeitige Verwendung eines Formulars des Grundbuchs für zwei Blätter ist unzulässig.

[1]) Eingefügt durch AllgVf. 15. 4. 21.

§ 20. Ist das Grundbuch unübersichtlich geworden [1]), so ist es umzuschreiben.

Vor der Umschreibung hat der Grundbuchrichter etwa von Amts wegen vorzunehmende Eintragungen, insbesondere Löschungen auf Grund des § 54 Abs. 1 Satz 2 der Grundbuchordnung zu bewirken und die Beteiligten, wenn nötig, über die Beseitigung unrichtiger Eintragungen und die Vereinigung oder Zuschreibung von Grundstücken zu belehren.

Das umgeschriebene Blatt ist gemäß § 19 zu schließen [2]).

[1]) Platzmangel § 28[7].

[2]) Fassung der AllgVf. 31. 3. 19.

§ 20a. Für das neue Blatt gelten folgende Bestimmungen:

1. Das Blatt erhält die nächste fortlaufende Nummer.
2. Die Vorschriften des § 18 Abs. 2 Satz 1 und 2 sind entsprechend anzuwenden.

3. Die Eintragungsvermerke sind tunlichst so zu ändern und zusammenzufassen, daß nur ihr gegenwärtiger Inhalt in das neue Blatt übernommen wird. Insbesondere sind gegenstandslos gewordene Teile eines Eintragungsvermerkes, gleichviel ob sie dessen Inhalt oder die Person des Berechtigten betreffen, wegzulassen, soweit nicht besondere Gründe entgegenstehen.
4. Eine Bezugnahme darf in einem weiteren Umfang als bisher nicht erfolgen.
5. Die Übernahme später eingetragener Veränderungen eines Rechtes in die für die Eintragung des Rechtes bestimmten Spalten (1 bis 3 der Abteilung II, 1 bis 4 der Abteilung III) ist anzustreben; jedoch sind besondere Rechte, wie namentlich Pfandrecht und Löschungsvormerkungen, sowie die Vermerke, die sich auf mehrere Rechte gemeinsam beziehen, wieder in den für Veränderungen bestimmten Spalten (4, 5 der Abteilung II, 5 bis 7 der Abteilung III) einzutragen.
6. In der zweiten und dritten Abteilung ist der Tag der ersten Eintragung eines Rechtes mit zu übertragen.
7. Jeder übertragene Vermerk, dessen Unterzeichnung erforderlich ist, ist mit dem Zusatze: „Umgeschrieben" zu versehen und von dem Richter und dem Gerichtsschreiber zu unterzeichnen.
8. In Spalte 12 des Verzeichnisses der Grundstücke genügt der Vermerk: „Bei Umschreibung des unübersichtlich gewordenen Blattes . . . . als Bestand eingetragen am . . . . ."; der Vermerk in Spalte 3 der ersten Abteilung hat zu lauten: „Das auf dem

unübersichtlich gewordenen Blatte . . . eingetragene Eigentum bei Umschreibung des Blattes hier eingetragen am . . . ."[1])

[1]) Eingefügt durch AllgVf. 31. 3. 19.

7. Besondere Fälle. a) Anerbengüter.

§ 21. Das in Anlage A enthaltene Formular tritt auch für die Eintragung von Anerbengütern im Sinne des Gesetzes, betreffend das Anerbenrecht bei Renten- und Ansiedlungsgütern, vom 8. Juni 1896 (GS. S. 124)[1]) an die Stelle des im § 3 Satz 1 daselbst vorgeschriebenen Formulars I der Grundbuchordnung vom 5. Mai 1872. Jedoch bewendet es dabei, daß jedes Anerbengut ein besonderes Grundbuchblatt erhält (Gesetz vom 8. Juni 1896 § 3 Satz 3; GBO. § 82 Abs. 2; EG.BGB. Artikel 4).

In Spalte 7 des Verzeichnisses der Grundstücke ist einzutragen: Anerbengut Nr. x (Angabe der Hausnummer in der Gemeinde). Die Anerbengutseigenschaft wird in der zweiten Abteilung eingetragen.

[1]) § 11[1] Nr. 2.

b) Bergwerke.

§ 22. Die Vorschriften der §§ 1 bis 20 finden auf Bergwerke, selbständige Kohlenabbaugerechtigkeiten und andere Berechtigungen[1]), für welche die sich auf Grundstücke beziehenden Vorschriften gelten, entsprechende Anwendung, soweit nicht in den §§ 23 bis 26 ein anderes bestimmt ist.

[1]) Auf Salzabbaugerechtigkeiten in Hann. AllgVf. 26. 8. 04 § 1. — Für Gewinnungsrechte (§ 38c pr. AllgBerggef.) AllgVf. 5. 8. 07 (JMl. S. 491).

§ 23. Für die im Bezirk eines Grundbuchamts belegenen Bergwerke ist ein besonderes Grundbuch einzurichten[1]).

[1]) § 1. — Eine hann. Salzabbaugerechtigkeit ist bei Anlage des GBBl. an dem Grundstück abzuschreiben, G. 4. 8. 04 § 5.

§ 24. Bei Bergwerken und selbständigen Kohlenabbaugerechtigkeiten ist in die Aufschrift eine Beschreibung aufzunehmen, die den wesentlichen Inhalt der Verleihungsurkunde oder des sonstigen Berechtigungstitels[1]) angibt.

Für die dem Bergwerk oder der Kohlenabbaugerechtigkeit zugeschriebenen Grundstücke gelten die Vorschriften des § 3. Die Vorschriften des § 8 Abs. 4 finden auf diese Grundstücke keine Anwendung[2]).

[1]) AllgBerggeſ. §§ 34 ff., mit 38 a, b, c, 41 ff., 51, G. 22. 2. 69 § 2. — AllgVf. 26. 8. 04 (für hann. Salzabbau) § 2.

[2]) § 25[1] Nr. 1. — Für Gewinnungsrechte AllgVf. 5. 8. 07, (JM. S. 491) § 2.

§ 25. Für Bergwerke mit unbeweglichen Anteilen der Gewerken (Kuxen)[1]) behält es bei dem im § 6 Abs. 3 der Grundbuchordnung vom 5. Mai 1872 vorgeschriebenen Formulare (bisher Formular III) mit folgenden Maßgaben sein Bewenden:

1. Der Unterabschnitt II des Titels ist für die dem Bergwerk als Bestandteil zugeschriebenen Grundstücke bestimmt; die Vorschriften des § 24 Abs. 2 finden Anwendung.
2. Die Vermerke über die mit dem Bergwerkseigentume verbundenen Rechte (GBO. § 8; AG.GBO. Artikel 22) sind in einen hinter dem Unterabschnitte II des Titels einzuschiebenden neuen Unterabschnitt III aufzu-

nehmen, der bisherige Unterabschnitt III erhält die Ziffer IV[2]).

3. Die dritte Abteilung ist auch für die Eintragung von Rentenschulden bestimmt.

In der ersten Abteilung ist die Anzahl der Kuxe, die den einzelnen Gewerken gehören, anzugeben[3]).

[1]) AllgBerggeſ. §§ 226ff. — Vf. § 26.

[2]) Eintragung von Zwangshyp. entweder hier oder auf den Kuxen, EKG. 52[208].

[3]) Keine Eintragung der Gewerkschaft als Eigentümerin. Auch Zuschreibung unverkäufl. Anteile nur bei den einzelnen Anteilen, EKG. 52[208].

§ 26. Für die Hütten in der Grafschaft Sayn-Altenkirchen verbleibt es bei dem Formular, welches für sie durch das Gesetz über das Grundbuchwesen in dem Bezirke des Justizsenats zu Ehrenbreitstein vom 30. Mai 1873 (GS. S. 296ff.) vorgeschrieben ist[1]); die Vorschriften des § 25 Abs. 1 finden Anwendung.

[1]) § 21 dieses Ges.

8. Fortführung der bisherigen Bücher.

§ 27. Die bisher geführten Bücher, die nach den Artikeln 3, 4 der Verordnung, betreffend das Grundbuchwesen, vom 13. November 1899 als Grundbücher im Sinne der Reichsgesetze gelten, werden fortgeführt[1]).

Sind die Bücher noch nicht eingebunden, so sind neu anzulegende Grundbuchblätter nach den neuen Vorschriften einzurichten. Das gleiche gilt für die Grundbuchblätter in neu anzulegenden Bänden.

Auf die Fortführung der bisherigen Bücher finden die Vorschriften der §§ 1 bis 4, 6, 8[2]) bis 19, 22 bis 26 mit den im § 28 bestimmten Maßgaben entsprechende Anwendung.

Die Wiederverwendung geschlossener Formulare der im Abs. 1 genannten Art gemäß § 19a kann erfolgen, wenn daraus Verwirrung nicht zu besorgen ist. Es wird jedoch der Bestimmung der Oberlandesgerichtspräsidenten überlassen, in welchen Teilen ihres Bezirkes von dieser Befugnis Gebrauch gemacht werden darf. Im übrigen finden die Bestimmungen des § 19a und § 28 letzter Absatz entsprechende Anwendung[3].

[1]) Bahn-Grundbücher BahnBf. § 10.

[2]) EK. 37[209].

[3]) Eingefügt durch AllgBf. 15. 4. 21.

§ 28. Soweit die bisherigen Bücher für besondere Grundsteuererhebungsbezirke anglegt sind, behält es bis zur Auflösung der Bezirke bei dieser Einrichtung sein Bewenden.

Sind die Grundstücke bisher nicht nach Maßgabe der Vorschriften des § 3 Abs. 1 Nr. 1 bis 3, Abs. 2 bezeichnet, so ist diese Bezeichnung allmählich von Amts wegen zu bewirken[1]). Der Angabe der Gemarkung bedarf es nicht, wenn diese denselben Namen hat wie der Bezirk, für den des Grundbuch eingerichtet ist.

Die Eintragungen erhalten an der in den bisherigen Formularen dafür geeigneten Stelle ihren Platz.

Die im § 8 Abs. 3 bezeichneten Eintragungen erfolgen bei dem bisherigen Formular I auf dem Titel, bei dem bisherigen Formular II in Spalte 8 der ersten Abteilung.

Die Eintragung der im § 9 bezeichneten Vermerke erfolgt bei Formular I auf dem Titel, bei Formular II in der ersten Abteilung, unter Verweisung auf die laufende

Nummer des Grundstücks, dessen jeweiligem Eigentümer das Recht zusteht.

Die im § 10 Abs. 1 Nr. 1 bezeichnete Eintragung erfolgt bei Formular II auf dem Titel.

Reicht in den bisherigen Formularen der Raum für die in das Bestandsverzeichnis des neuen Formulars aufzunehmenden Vermerke nicht aus, so sind an der geeigneten Stelle des bisherigen Formulars Einlagebogen mit dem Grundbuche fest zu verbinden, die der Einrichtung des Bestandsverzeichnisses im neuen Formular entsprechen; auf dem Einlagebogen ist die Stelle des bisherigen Formulars, zu welcher der Bogen gehört, sowie die Zeit der Einfügung anzugeben. Diese Vorschriften finden keine Anwendung, wenn das Grundbuchblatt durch die Einfügung des Einlagebogens unübersichtlich werden würde; in diesem Falle ist nach Maßgabe des § 20 zu verfahren.

Die Aufsichtsbehörden können zum Zwecke der Anpassung der bisherigen Bücher an das neue Formular weitere Anordnungen treffen.

[1]) GBO. § 89. EK. 35[245].

9. Übereinstimmung mit den Steuerbüchern.

§ 29[1]).

[1]) Diese Vorschrift, welche für die Erhaltung der Übereinstimmung zwischen den Grundbüchern und den Grundsteuerbüchern auf die bisherigen Bestimmungen verwies, ist ersetzt durch die AllgVf. 18. 2. 11 (JM. S. 91), welche durch § 9 auch die §§ 3, 30, 31 dieser AllgVf. abgeändert hat. — Damit sind auch die früheren, nicht ausdrücklich aufrecht erhaltenen Vorschriften aufgehoben, aber nicht die Bestimmungen über die Zurückführung der Grundbücher auf die Steuerbücher, insbes

nicht die AllgVf. 18. 11. 76 (JM. S. 222), 11. 10. 77 (JM. S. 213).

Dazu AllgVf. 19. 3. 12 (JM. S. 129), 5. 12. 12 (JM. S. 409), 20. 2. 19 (JM. S. 55), 20. 6. 19 (JM. S. 345). — Über den Einfluß des Wassergesetzes auf den Grundstücksnachweis AllgVf. 18. 5. 17 (Finanz-MBl. S. 177). Kein Beschwerderecht des Katasteramts gegen Ablehnung der Übernahme einer Katasterfortschreibung, EK. 30[202].

§ 30. Ein Teil eines Grundstücks soll von diesem nur abgeschrieben werden[1]), wenn ein beglaubigter Auszug aus dem Steuerbuche sowie eine von dem Fortschreibungsbeamten beglaubigte Karte vorgelegt wird, aus denen die Größe und die Lage des Teiles ersichtlich sind; der Teil muß im Steuerbuch unter einer besonderen Nummer verzeichnet sein, es sei denn, daß nach dem Ermessen der Katasterbehörde die deutliche Darstellung der Nummer in der Karte unausführbar ist[2]). Der Vorlegung einer Karte bedarf es nicht, wenn bei der Abschreibung keine Änderung der Karte eintritt und die Katasterbehörde bescheinigt, daß der abzuschreibende Teil von den übrigen Teilen des Grundstücks räumlich getrennt liegt. Tritt bei der Abschreibung keine Änderung der Karte ein und liegt der abzuschreibende Teil von den übrigen Teilen des Grundstücks räumlich getrennt, so hat die Katasterbehörde auf der Karte zu bescheinigen, daß die kartenmäßige und die örtliche Grenze zwischen dem abzuschreibenden Teil und den übrigen Teilen des Grundstücks übereinstimmen[3]).

Die Vorschriften des Abs. 1 über die Vorlegung einer Karte finden ensprechende Anwendung, wenn ein Grundstücksteil ohne Abschreibung mit einer Dienstbarkeit oder Reallast belastet werden soll[4]) (GBO. § 6 Satz 2)[5]).

Der Vorlegung des Auszugs und der Karte bedarf es nicht zu Abschreibungen, die auf Ersuchen einer Auseinandersetzungsbehörde auf Grund eines von ihr bestätigten Rezesses[6]) oder auf Ersuchen der zuständigen Behörde auf Grund eines Enteignungsbeschlussses[7]) erfolgen sollen[8])[9]).

[1]) GBO. §§ 96, 3 A. 5 EK. 20[30].

[2]) Für Flächen von weniger als 1 qm AllgVf. 9. 5. 16 JM. S. 105).

[3]) Geändert durch AllgVf. 17. 5. 23.

[4]) Unanwendbar, wenn nur die Ausübung auf den Teil beschränkt ist, EJG. 8[140].

[5]) Der frühere Abs. 3 ist gestrichen durch AllgVf. 18. 2. 11.

[6]) Pr. AG. a. 12 ff.

[7]) Pr. G. 11. 6. 74, § 33.

[8]) Wegen Gründung neuer Ansiedelungen und Verteilung der öffentlichen Lasten bei Grundstücksteilungen G. 16. 9. 99 (GS. S. 497) und die in diesem Gesetz in bezug genommenen Vorschriften.

[9]) Anwendung auf Hannov. Salzabbaugerechtigkeiten, G. 4. 8. 04 § 5[2], AllgVf. 26. 8. 04 § 3.

10. Bekanntmachung der Eintragungen.

§ 31. Die Eintragung eines Eigentümers ist außer den im § 55 der Grundbuchordnung bezeichneten Beteiligten der Katasterbehörde[1]) bekanntzumachen.

Die Eintragung eines Bergwerkseigentümers ist auch dem Oberbergamte mitzuteilen[2]).

Von der Eintragung des Verzichts auf das Eigentum (BGB. § 928 Abs. 1) ist dem zuständigen Regierungspräsidenten — in Berlin dem Polizeipräsidenten — Mitteilung zu machen[3]).

Die Eintragung einer Beschränkung des Eigentümers

durch das Recht des Nacherben oder durch Ernennung eines Testamentsvollstreckers (§§ 52 und 53 der Grundbuchordnung) sowie die Eintragung der Fideikommißeigenschaft oder der sonstigen in Art. 15 Abs. 1 des Ausführungsgesetzes zur Grundbuchordnung vom 26. September 1899 (GS. S. 307) bezeichneten Eigenschaft eines Gutes ist auch denjenigen bekannt zu machen, für die eine Hypothek, eine Grundschuld, eine Rentenschuld, eine Reallast oder ein Recht an einem solchen Rechte im Grundbuch eingetragen ist. Auf die Bekanntmachung kann verzichtet werden[4]).

Die Umschreibung eines unübersichtlichen Blattes ist dem Eigentümer, den eingetragenen dinglich Berechtigten und der Katasterbehörde bekanntzugeben. Ist über eine Hypothek, Grundschuld oder Rentenschuld ein Brief erteilt, so ist bei der Bekanntgabe dem Gläubiger anheimzustellen, den Brief zwecks Berichtigung der Nummer des Grundbuchblatts dem Grundbuchamt alsbald einzureichen[5]),

Die bestehenden Vorschriften, nach welchen andere Behörden von Eintragungen in das Grundbuch zu benachrichtigen sind, bleiben unberührt[6]).

[1]) AllgVf. 24. 5. 73 (JM. S. 164), 5. 6. 77 (JM. S. 103). — AllgVf. 25. 3. 90 (JM. S. 109) und f. Hz. AllgVf. 9. 11. 74 (JM. S. 303). — Unwesentliche Änderungen durch AllgVf. 17. 5. 23.

[2]) Eingefügt durch AllgVf. 25. 9. 08.

[3]) Zusatz der AllgVf. 18. 2. 11.

[4]) Zusatz der AllgVf. 7. 3. 16.

[5]) Zusatz der AllgVf. 31. 3. 19, welche auch Muster enthält.

[6]) Enteignungsbehörde G. 11. 6. 74 § 4, Vorstand der Haubergsgenossenschaft, G. 17. 3. 79 § 10, G. 9. 4. 90 § 11.

Kreditbehörde bei Überschuldungsgrenze AllgVf. 22. 4. 1908 §§ 2^2, 5^2, v. 28. 5. 14 (JM. S. 546), Hypothekenbanken und öff. Grundpfandbeleihungsanstalten, AllgVf. 9. 9. 14 (JM. S. 706) u. 16. 9. 14 (JM. S. 712), Kriegskreditbanken, AllgVf. 28. 10. 15 (JM. S. 248), der Staat wegen des Vorkaufsrechts, pr. VO. 23. 12. 18 (GS. v. 1919 S. 3), VO. 29. 1. 19 (RGBl. S. 115) § 7^2, Hauptversorgungsämter, AllgVf. 16. 1. 23 (JM. S. 36), Einkommensteuerbehörden, AllgVf. 7. 6. 10 (JM. S. 181) Zuwachssteuerämter (GBO. § 1 A. 5) AusfBest. des Bundesrats § 5, AllgVf. 19. 5. 11 (JM. S. 250) 23. 6. 11 (JM. S. 255), 8. 4. 13 (JM. S. 75). Finanzämter wegen Grunderwerbsteuer (GBO. § 1 A. 5) AllgVf. 12. 9. 19 (JM. S. 443) 11. 11. 19 (JM. S. 553), 6. 2. 22 (JM. S. 59), 18. 4. 22 (JM. S. 127), 5. 11. 23 (JM. S. 712), 21. 7. 23 (JM. S. 564), wegen Erbschaftssteuer AllgVf. 31. 12. 19 (JM. 20 S. 4), Körperschaftssteuer, AllgVf. 13. 6. 21 (JM. S. 344), Kapitalertragsteuer AusfBest. 18. 8. 21 (JM. S. 574) § 33, Notopferhypothek VO. 15. 11. 21 (RGBl. S. 1359) § 17^3. Weggefallen Benachrichtigung von Landrat und Magistrat bei Abzweigungen.

11. Bekanntmachung des Übergangs auf ein anderes Grundbuchamt.

§ 31a [1]. Geht die Zuständigkeit für die Führung des Grundbuchs über ein Grundstück infolge einer Bezirksänderung auf ein anderes Grundbuchamt über, so hat dieses hiervon den eingetragenen Eigentümer und die aus dem Grundbuch ersichtlichen dinglich Berechtigten unter Mitteilung der künftigen Aufschrift des Grundbuchblatts zu benachrichtigen. Dies gilt nicht, wenn die Änderung der Zuständigkeit sich auf sämtliche Grundstücke einer Gemeinde oder eines Gutsbezirks erstreckt und die Bezeichnung des Grundbuchbezirkes sowie die Band- und Blattnummern unverändert bleiben.

Die Vorschrift des Abs. 1 Satz 1 findet in den Fällen der Artikel 2, 3 des Ausführungsgesetzes zur Grundbuchordnung vom 26. September 1899 (GS. S. 307) und des Artikel 37 der Verordnung, betr. das Grundbuchwesen, vom 13. November 1899 (GS. S. 519), sowie in den Fällen des § 18 b dieser Verfügung[2]) entsprechende Anwendung.

[1]) Eingefügt durch AllgVf. 10. 1. 07.

[2]) Zusatz der AllgVf. 25. 9. 08.

12. Einsicht und Abschriften.

§ 32. Die Einsicht des Grundbuchs[1]) ist öffentlichen Behörden[2]) und den von ihnen beauftragten Beamten gestattet, ohne daß es der Darlegung eines berechtigten Interesses bedarf[3]).

Das gleiche gilt für Notare, sowie auch für Rechtsanwälte, die im nachgewiesenen Auftrage eines Notars das Grundbuch einsehen wollen[4]).

Für Bauschutzvereine und die von ihnen beauftragten Personen bedarf es keiner weiteren Darlegung eines berechtigten Interesses, wenn der Minister für Handel und Gewerbe bescheinigt, daß ein berechtigtes Interesse des Vereins an der Einsicht des Grundbuchs allgemein anzuerkennen ist[5]).

Soweit nach Abs. 1 bis 3 die Einsicht des Grundbuchs gestattet ist, kann eine Abschrift gefordert werden; die Abschrift ist auf Verlangen zu beglaubigen[6]).

[1]) GBO. § 93. [2]) GBO. § 80 A. 2.

[3]) Ebenso den Kriegskreditbanken und ihren Beauftragten (AllgVf. 28. 10. 15 (JM. S. 248).

[4]) Geändert durch AllgVf. 21. 2. 19.

[5]) Zusatz aus AllgVf. 12. 8. 14.

[6]) AG. a. 7[2].

§ 32a[1]. Auf einfachen Abschriften aus dem Grundbuch ist auf Verlangen der Tag zu vermerken, an dem sie gefertigt sind; der Vermerk ist jedoch nicht zu unterzeichnen.

[1]) Zusatz der AllgVf. 25. 9. 08.

§ 33. Soll eine beglaubigte Abschrift nur von einem Teile des Grundbuchblatts erteilt werden, so sind in die Abschrift diejenigen Eintragungen aufzunehmen, welche den Gegenstand betreffen, auf den sich die Abschrift beziehen soll. In dem Beglaubigungsvermerk ist der Gegenstand anzugeben und zu bezeugen, daß weitere den Gegenstand betreffende Eintragungen in dem Grundbuche nicht enthalten sind[1].

[1]) AG. a. 7².

II. Grundakten[1].

§ 34. Für jedes Grundbuchblatt werden besondere Grundakten gehalten.

Bei den Grundakten ist eine Tabelle zu halten, die mit dem Blatte wörtlich übereinstimmen muß. Die Sorge für die Übereinstimmung liegt dem Richter und dem Gerichtsschreiber ob[2][3].

Im Falle der Wiederverwendung eines geschlossenen Grundbuchblatts gemäß § 19a können die alten Grundakten und die alte Tabelle weiterverwendet werden. Sie erhalten die in § 19a für das Grundbuchblatt vorgeschriebenen Vermerke; der Schließungsvermerk auf dem Aktendeckel ist rot zu durchstreichen. Eignen sich die Grundakten nicht zur weiteren Benutzung, wird aber die Tabelle für das neue Blatt weiterverwendet, so ist eingangs der alten Grundakten ein deutlicher Vermerk des Verbleibs der Tabelle zu machen[4]).

[1]) GBO. § 94. — Geschäftsanw. f. d. Gerichtsschreibereien der Amtsgerichte §§ 48ff. (AG. a. 1 A. 1c). — Für Bahneinheiten BahnVf. § 11.

[2]) Pr. AG. a. 6 A. 2. Der Richter ist also nicht gehindert, zunächst die Vermerke in die Tabelle einzutragen und von dort in das GB. übertragen zu lassen.

[3]) Über Eigentümerverzeichnis und Tagebuch Geschäftsanw. §§ 50, 51.

[4]) Eingefügt durch AllgVf. 4. 1. 22.

§ 35. Die Urkunden und Abschriften, die nach § 9 der Grundbuchordnung von dem Grundbuchamt aufzubewahren sind, werden zu den Grundakten genommen.

Ist eine Urkunde, auf die eine Eintragung sich gründet oder Bezug nimmt, in anderen der Vernichtung nicht unterliegenden Akten des das Grundbuch führenden Amtsgerichts enthalten, so genügt statt der Aufbewahrung einer beglaubigten Abschrift der Urkunde eine Verweisung auf die anderen Akten[1]).

[1]) GBO. § 95, EFG. 1^{171}.

§ 36. Die Einsicht von Grundakten ist, auch soweit es sich nicht um die im § 11 Abs. 1 Satz 2 der Grundbuchordnung bezeichneten Urkunden handelt[1]), jedem gestattet, der ein berechtigtes Interesse darlegt. Die Vorschriften des § 32 Abs. 1 bis 3[2]) finden auf die Einsicht der Grundakten entsprechende Anwendung.

Soweit die Einsicht gestattet ist, kann eine Abschrift gefordert werden; die Abschrift ist auf Verlangen zu beglaubigen[3]).

[1]) Bezüglich anderer Urkunden Geschäftsanw. f. d. Gerichtsschreibereien der Amtsgerichte (§ 40 AG. a. 1 A. 1c).

[2]) Geändert durch AllgVf. 12. 8. 14.

[3]) GBO. § 94, pr. AG.FG. a. 57, 59. — FG. § 34 hat daher auch in Pr. trotz pr. FG. a. 1 für GBSachen keine Bedeutung.

III. Hypotheken-, Grundschuld-, Rentenschuldbrief[1]).

[1]) GBO. §§ 56 ff.

§ 37. Der im § 57 der Grundbuchordnung bezeichnete Auszug aus dem Grundbuche[1]) soll außer den dort vorgeschriebenen Angaben enthalten:

1. die Größe, den Grundsteuerreinertrag, den Gebäudesteuernutzungswert des Grundstücks;
2. die letzten im Grundbuche vermerkten Erwerbspreise, falls der Erwerb nicht zehn Jahre zurückliegt, sowie die etwa eingetragenen Schätzungs- oder Versicherungssummen mit Angabe des Jahres[2]).

[1]) Auch der Brief § 38² Nr. 2.

[2]) GBO. § 97.

§ 38. Die Hypothekenbriefe sind am Kopfe mit dem Königlich Preußischen Adler[1]) und einer Überschrift zu versehen, welche die Bezeichnung „Preußischer Hypothekenbrief" und die Angabe der Hypothek enthält, über die der Brief erteilt wird; die Hypothek ist nach dem Grundbuche, den Nummern des Bandes und des Blattes, der Eintragungsnummer und dem Geldbetrage zu bezeichnen.

In den Brief sind in nachstehender Reihenfolge aufzunehmen:

1. der Inhalt der die Hypothek betreffenden Ein-

tragungen[2]) nach Maßgabe des § 57 Abs. 2 Nr. 3 und des § 58 Abs. 2 der Grundbuchordnung;

2. die Bezeichnung des belasteten Grundstücks oder der belasteten Grundstücke nach dem Inhalt des Grundbuchs, mit Einschluß der im § 37 vorgeschriebenen Angaben[3]);
3. die Bezeichnung des Eigentümers;
4. die kurze Bezeichnung der Eintragungen, welche der Hypothek im Range vorgehen oder gleichstehen, unter Angabe des Zinssatzes, wenn dieser fünf vom Hundert übersteigt[4]).

Der Hypothekenbrief über eine Gesamthypothek (GBO. § 59 Abs. 1) sowie die nachträglich auf ihn gesetzten Vermerke sind nur von einem Richter und von einem Gerichtsschreiber zu unterschreiben[5]).

Die Vorschriften der Abs. 1 bis 3 finden auf Grundschuldbriefe und Rentenschuldbriefe entsprechende Anwendung. In der Überschrift eines Rentenschuldbriefs ist nur der Betrag der einzelnen Jahresleistung, nicht der Betrag der Ablösungssumme anzugeben.

[1]) Jetzt Adler nach der Best. 11. 7. 21. (GS. S. 444).

[2]) EFG. 13^{257}.

[3]) Für Erbbaurechte bestimmt AllgVf. 25. 3. 19 § 6: Bei der Herstellung von Hypothekenbriefen tritt die Wiedergabe des im Erbbaugrundbuche vermerkten Inhalts des Erbbaurechts und seiner Änderungen an die Stelle der nach § 38 Abs. 2 Nr. 2 der Allgemeinen Verfügung vom 20. November 1899 vorgeschriebenen Bezeichnung des belasteten Grundstücks.

[4]) Eventuell Negativzeugnis. A. 1 zu Formular B. — GBO. § 57 A. 9.

[5]) AG. a. 7^{1}, GBO. $§ 59^{2}$.

§ 39. In den Fällen des § 13 Abs. 4 ist auf dem Briefe der Betrag, für welchen das Recht noch besteht, neben der in der Überschrift enthaltenen Angabe des Rechtes durch den Vermerk ersichtlich zu machen:

Noch gültig auf (Angabe des Betrags).

In gleicher Weise ist bei der Herstellung eines Teilhypotheken-, Teilgrundschuld- oder Teilrentenschuldbriefs auf dem bisherigen Briefe der Betrag ersichtlich zu machen, auf den sich der Brief noch bezieht[1].

[1]) Für alte Briefe EK. 40[238].

§ 40. Für die Hypotheken-, Grundschuld- und Rentenschuldbriefe dienen die Anlagen B bis G als Muster[1].

[1]) EK. 35[26]. Die Beigabe von Zins- und Erneuerungsscheinen (GBO. § 70 A. 5) ist nicht vorgesehen.

§ 41. Die im § 58 Abs. 1 und im § 59 Abs. 2 der Grundbuchordnung vorgeschriebene Verbindung von Urkunden erfolgt durch Schnur und Siegel.

§ 42. In den Fällen des § 69 der Grundbuchordnung ist der Brief in der Weise unbrauchbar zu machen, daß, nachdem die bei dem Rechte bewirkte Eintragung auf dem Briefe vermerkt ist (GBO. § 62), der Vermerk über die erste Eintragung des Rechtes durchstrichen und der Brief mit Einschnitten versehen wird.

Der Brief ist nach Befolgung der Vorschrift des § 69 Satz 2 der Grundbuchordnung zurückzugeben, sofern nicht aus besonderen Gründen die Zurückbehaltung des Briefes bei den Grundakten angemessen erscheint.

IV. Schlußbestimmungen.

1. Anerbengüter.

§ 43. Die Eintragung der Anerbengutseigenschaft bei Anerbengütern[1]) im Sinne des Gesetzes, betreffend

das Anerbenrecht in der Provinz Westfalen und in den Kreisen Rees, Essen (Land), Essen (Stadt), Duisburg, Ruhrort und Mülheim a. d. Ruhr, vom 2. Juli 1898 (GS. S. 139) bleibt der Regelung durch besondere Anweisung vorbehalten[2]).

[1]) § 11 Nr. 2.

[2]) AllgVf. 22. 1. 00:

„Auf Grund des Artikel 29 des Ausführungsgesetzes zur Grundbuchordnung vom 26. 9. 99 (GS. S. 307) wird über die Eintragung der Anerbenguteigenschaft bei Anerbengütern im Sinne des Gesetzes, betr. das Anerbenrecht in der Provinz Westfalen usw., v. 2. 7. 98 (GS. S. 139) folgendes angeordnet:

1. Die sich auf die Anerbenguteigenschaft beziehenden Eintragungen erfolgen bei Grundbuchblättern, welche nach dem neuen Formular (JM. 1899 S. 359) eingerichtet sind, in der Aufschrift nach Maßgabe des anliegenden mit Probeeintragungen versehenen Formulars.
2. Sollen mehrere Anerbengüter auf demselben Blatte eingetragen werden, so ist der Raum durch einen senkrechten Strich zu teilen und für jedes der Güter eine Hälfte zu verwenden.
3. Reicht der Raum in der Aufschrift für die Eintragungen nicht aus, so sind diese am Schlusse des Grundbuchblatts hinter der dritten Abteilung fortzusetzen.

   In der Tabelle kann eine hinter der Aufschrift einzufügende Einlage für die Fortsetzung der Eintragungen verwendet werden.
4. In Spale 1 des Formulars sind die laufenden Nummern, welche die von der Eintragung betroffenen Grundstücke in dem Verzeichnisse der Grundstücke führen, einzeln aufzuführen. Betrifft die Eintragung eine größere Anzahl von Grundstücken, so ist eine Zusammenfassung der Nummern zulässig (vgl. die Probeeintragungen S. 198).

Wird die Anerbenguteigenschaft gelöscht, so sind die

Nummern der von der Löschung betroffenen Grundstücke in Spalte 1 rot zu unterstreichen; sind die Nummern in Spalte 1 nicht einzeln aufgeführt, so ist die bisherige Angabe der Nummern rot zu unterstreichen und der Bestand der nicht von der Löschung betroffenen Grundstücke nach Maßgabe der Probeeintragungen ersichtlich zu machen."

2. Hauberge.

§ 44. Die besonderen Bestimmungen über die Einrichtung der Grundbücher für die Hauberge im Kreise Altenkirchen (Haubergordnung vom 9. April 1890, GS. S. 55, § 8 Abs. 2) sowie für die Jahnschaften und Konsortenstücke im Kreise Olpe (Gesetz, betreffend die Regelung der Forstverhältnisse für das ehemalige Justizamt Olpe usw., vom 3. August 1897, GS. S. 285, § 18 Abs. 2, § 24 Abs. 1) bleiben unberührt.

3. Bahneinheiten.

§ 45[1]**.**

[1]) Aufgehoben. Jetzt gilt neben BahnG. §§ 8—15 die BahnBf.

Anlagen.

Anlage.

Amtsgericht Fürstenberg.

Grundbuch
von
Haaren, Kreis Büren.
Band I, Blatt Nr. 12.

Verzeichnis der Grundstücke mit Anerbengutseigenschaft nach dem Gesetze vom 2. Juli 1898.
Zu dem Anerbengute N. . . . . gehörig.
Teile dieses Anerbenguts sind auch Bd. . . . Bl. Nr. . . . des Grundbuchs von . . . . eingetragen.

Eintragungen		Löschungen	
Laufende Nummer im Verzeichnisse der Grundstücke		Laufende Nummer im Verzeichnisse der Grundstücke	
1	2	3	4
1—14, 18—30. 1—13, 18—26, 28, 29, 30.	Eingetragen am 6. Juni 1902. Fischer Neumann	34, 36.	Gelöscht am 4. Juli 1910. Fischer Neumann
31—40. 31, 32, 33, 35, 37—40. 37—39.	Eingetragen am 4. Dezember 1903. Fischer Neumann	40.	Gelöscht am 8. September 1911. Fischer Neumann
15, 16, 17*). 41—100.	Eingetragen am 12. Dezember 1904 Fischer Neumann	14, 27.	Gelöscht am 4. Dezember 1912. Fischer Neumann
		16.	Gelöscht am 5 Januar 1920. Fischer Neumann

*) Die Grundstücke Nr. 15, 16, 17 haben nachträglich Anerbengutseigenschaft erhalten.

Anlage A[1].

Amtsgericht Lobau.

Grundbuch

von

Buchhain, Kreis Seefeld.

Band I Blatt Nr. 12.

---

[1]) Die mit *) angefügten Anmerkungen bilden einen Teil der Allg. Verfügung. — Muster für unübersichtlich gewordene und gehörig umgeschriebene Grundbuchblätter AllgVf. 31. 3. 19 (JM. S. 208), für Deich-, Land-, Wald- und Weingüter AllgVf. 20. 9. 21 (JM. S. 498 mit Berichtigung S. 506) oben a. 15 A. 1.

I. Verzeichnis der

Laufende Nummer der Grundstücke	Bisherige laufende Nummer der Grundstücke	Gemarkung	Flurbuch: Kartenblatt (Flur)	Flurbuch: Parzelle	Grundsteuermutterrolle	Gebäudesteuerrolle	Wirtschaftsart und Lage	Größe			Grundsteuerreinertrag		Gebäudesteuernutzungswert
			Nr.	Nr.	Art.	Nr.		ha	a	qm	Tlr.	1/100	M
1.	2.	3.	4.		5.	6.	7.	8.			9.		10.
1*).	—	Buchhain	—	—	3	27	Bauerhof Nr. 8	41	67	09	373	29	136
2.	—	Buchhain	2	110	—	—	Garten im Dorfe	–	34	86	7	68	—
3.	1 mit 2	Buchhain	—	—	3	27	Bauerhof Nr. 8	42	01	95	380	97	136
4.	—	Buchhain	5	90	24	—	Acker im Mittelfelde	2	18	90	19	83	—
5.	—	Brühl	3	20	15	--	Holzung in den Fichten	1	31	66	10	31	—
6.	Rest von 4	Buchhain	5	419/90	24	--	Acker im Mittelfelde	—	60	75	6	30	—
7.	—	Buchhain	5	17	—	—	Acker im Mittelfelde	—	73	40	7	60	—
8.	6, 7	Buchhain	5	419/90, 17	24	—	Acker im Mittelfelde	1	34	15	13	90	—

*) Die punktierten Linien bedeuten rote Striche. (In dieser Ausgabe sind

Grundstücke.

Bestand und Zuschreibungen		Abschreibungen	
Zur laufenden Nummer der Grundstücke		Zur laufenden Nummer der Grundstücke	
11.	12.	13.	14.
1.	Bei Anlegung des Grundbuchs eingetragen am 3. August 1901. Fischer Neumann	4.	Von Nr. 4 die Parzelle $\frac{420}{90}$ übertragen nach Bd. II Blatt Nr 50 am 18. Oktober 1908. Rest; laufende Nr. 6. Fischer Neumann
1, 2, 3.	Nr. 2 nach Abschreibung von Band I Blatt Nr. 20 der Nr. 1 als Bestandteil zugeschrieben und Nr. 1 mit Nr 2 unter Nr. 3 neu eingetragen am 24. Februar 1903. Fischer Neumann		
4.	Von Band I Blatt Nr. 17 hierher übertragen am 4. August 1904. Fischer Neumann		
5.	Von Band IV Blatt Nr. 29 des Grundbuchs von Brühl hierher übertragen am 12. Juni 1908. Fischer Neumann	5.	Übertragen nach Bd. III Blatt Nr. 117 des Grundbuchs von Brühl am 3. Mai 1910. Fischer Neumann.
6, 7, 8.	Nr. 7 von Band II Blatt Nr. 32 hierher übertragen und infolge Vereinigung mit Nr. 6 unter 8 als ein Grundstück eingetragen am 3. Mai 1910. Fischer Neumann		

der größeren Anschaulichkeit wegen rote Linien zur Anwendung gebracht.

II. Verzeichnis der mit dem Eigentume verbundenen Rechte.

Laufende Nummer der Eintragung	Laufende Nummer des beteiligten Grundstücks	Bezeichnung des Rechtes	Veränderungen	Löschungen
1.	2.	3.	4.	5.
1.	2.	Die auf dem Grundstücke Buchhain Kartenblatt 10 Parzelle 5 (Band I Blatt Nr. 15) in Abteilung II Nr. 3 eingetragene jährliche Rente von 200 Mark hier vermerkt am 10. September 1901. Fischer Neumann		Nr. 2 gelöscht am 15. Oktober 1904. Fischer Neumann
2.	2.	Das auf dem Grundstücke Buchhain Kartenblatt 2 Parzelle 114 (Band I Blatt Nr. 37) in Abteilung II Nr. 1 eingetragene Wegerecht bei der Zuschreibung von Nr. 2 hier vermerkt am 24. Februar 1903. Fischer Neumann		

Zweite

Lfd. Nr. der Eintragung	Lfd Nr der belastet. Grundst.	Lasten und Beschränkungen	Zu lfd. Nr. der Eintragung
1.	2	3.	4.
1.	1.	Ein Altenteil für Anton Siegert in Buchhain nach Maßgabe des Kaufvertrags vom 20. Sept. 1895 bei der Anlegung des Grundbuchs eingetragen am 3. Aug. 1901. Fischer Neumann	2.
2.	3.	Ein lebenslängliches Wohnungsrecht für den Landwirt Friedrich Gerber in Buchhain nach Maßgabe der Bewilligung[1]) vom 30. März 1904. Der Höchstbetrag des Ersatzes für den Fall des Erlöschens durch den Zuschlag ist auf eintausend Mark festgesetzt. Zur Löschung des Rechtes soll der Nachweis des Todes des Berechtigten genügen. Vorbehalten ist der Vorrang für eine später einzutragende Hypothek von dreitausend Mark nebst fünf vom Hundert Zinsen. Eingetragen am 5. April 1904. Fischer Neumann	5.
3.	4.	Ein Vorkaufsrecht für den Gastwirt Wilhelm Schröder in Seefeld unter Bezugnahme auf die Bewilligung vom 3. März 1906 eingetragen am 4. April 1906. Fischer Neumann	
4.	5.	Widerspruch gegen die Eintragung des Eigentums des Bauers Heinrich Schmidt und seiner Ehefrau zugunsten des Kaufmanns Felix Busse in Grünbusch auf Grund der einstweiligen Verfügung des Kgl. Landgerichts zu N. vom 25. September eingetragen am 8. Oktober 1908. Fischer Neumann	
5.	8.	Ein Erbbaurecht nach Maßgabe der Bewilligung vom 15. August 1910 für den Gastwirt Wilhelm Schröder in Seefeld eingetragen am 17. August 1910. Fischer Neumann	

[1]) EK. 21^{148}.

Abteilung.

Veränderungen		Löschungen	
Eintragung	Löschung	Zur lfd. Nr. der Eintragung	
5.	6.	7.	8.
Der vorbehaltene Vorrang vor diesem Rechte ist der in Abteil. III Nr. 4 eingetragenen Hypothek eingeräumt. Eingetragen am 16. Oktober 1905. Fischer Neumann		1.	Gelöscht am 5. April 1904. Fischer Neumann
Für das Erbbaurecht ist das Blatt Nr. 86 in Band III dieses Grundbuchs angelegt. Eingetragen am 5. Februar 1912. Fischer Neumann		4.	Gelöscht am 5. Juli 1909. Fischer Neumann
		3.	Gelöscht am 17 August 1910 Fischer Neumann

Erste Abteilung.

Eigentümer	Lfd. Nr. der Grundst.	Grund des Erwerbes. Verzicht	Erwerbspreis. Wert. Feuerversicherungssumme
1	2.	3.	4.
Landwirt Friedrich Gerber in Buchhain.	1.	Bei der Anlegung des Grundbuchs auf Grund des Kaufvertrags vom 20. Sept. 1895 eingetragen am 3. Aug. 1901. Fischer Neumann	Zu Nr. 1: 51 500 M. Kaufpreis v. 20. September 1895 eingetragen am 3. August 1901. Fischer Neumann
	2.	Aufgelassen und Band I Blatt Nr. 20 eingetragen am 30. Januar 1902, hierher übertragen am 24. Februar 1903. Fischer Neumann	
Bauer Heinrich Schmidt in Buchhain.	3.	Aufgelassen und eingetragen am 5. April 1904. Fischer Neumann	Zu Nr. 3: Wohnhaus und Wirtschafts-Gebäude am 30. April 1904 versichert mit 8400 M. Eingetragen am 5. Mai 1904. Fischer Neumann
	4.	Aufgelassen und eingetragen am 4. August 1904. Fischer Neumann	
Die Ehefrau des Heinr. Schmidt, Sophie, gebor. Busse, als Miteigentümerin kraft ehelicher Gütergemeinschaft.	3, 4.	Auf Grund des Zeugnisses des Königlichen Amtsgerichts zu Lobau vom 7. November eingetragen am 23. Novbr. 1907. Fischer Neumann	
	5.	Die Ehefrau Schmidt auf Grund des Erbscheins vom 5. Febr. 1908, der Ehemann kraft ehel. Gütergemeinschaft eingetragen am 12. Juni 1908. Fischer Neumann	
	7.	Aufgelassen am 2. und eingetragen am 3. Mai 1910. Fischer Neumann	

Dritte

Laufende Nummer der Eintragung	Lfd. Nummer der belast. Grundstücke	Betrag M	₰	Hypotheken, Grundschulden, Rentenschulden	Zur lfd. Nr. der Eintragung	Betrag M	₰
1.	2.	3.		4.	5.	6.	
1.	1.	9000 −4000 5000 −2000 3000	— — — — —	Neuntausend Mark Darlehen mit fünf v. Hundert jährl. seit 1. April 1896[1] verzinsl. u. sechs Monate nach Kündigung rückzahlbar für den Schankwirt Wilh. Peters in Schwarzbach bei der Anlegung des Grundbuchs eingetragen am 3. Aug. 1901. Fischer Neumann	2.	2800	—
2.	3.	3300 − 500 2800	— — —	Sicherungshypothek für eine am 1. April 1904 zahlbare Kaufgeldforderung von dreitausenddreihundert Mark für den Maschinenfabrikanten Karl Franck in Loban eingetragen am 12. Juni 1903. Fischer Neumann	1	5000	—
3.	3. 4.	500		Vormerkung zur Sicherung des Anspruchs auf Einräumung e. Hypothek im Betrage v. fünfhundert Mark f. d. Kaufmann Karl Müller i. Seefeld unt. Bezugnah. auf d. einstweilige Verfügung des Kgl. Landgerichts zu N. vom 1., eingetr. a. 3. Febr. 1905. Fischer Neumann — Umgeschrieb. i. e. Hypothek für e. Kaufgeldforderung v. fünfhund. Mk. nebst vier vom Hundert jährl. Zins. seit d. 1. Mai 1905 für d. Kaufm. Karl Müller i. Seefeld unt. Bezugn. a. d. rechtskräft. Urteil d. Kgl. Landger. zu N. vom 6. Juni 1905 eingetr. a. 12 Juli 1905. Fischer Neumann	1. 2.	5000 2800	— —
4.	3.	3000	—	Dreitausend Mark Darlehn, mit fünf v. Hundert jährl. seit dem 1. Okt. 1905 verzinsl., für d. Landwirtschaftl. Kreditbank, Akt.-Ges., in Hannover. Die Eigentümer haben sich d. sofortigen Zwangsvollstreckung in d. Weise unterworfen, daß sie gegen den jeweilig. Eigentümer zulässig sein soll. Unter Bezugnahme auf die Bewilligung vom 24. Sept. 1905 eingetrag. mit d. Vorrange vor d. in Abt. II Nr. 2 eingetrag. Wohnungsrecht a. 16. Okt. 1905. Fischer Neumann	1. 2. 4.	5000 2800 3000	— —

[1] Braucht nicht im Vermerk zu stehen, EM. 24[127].

Abteilung.

Veränderungen		Löschungen			
Eintragung	Löschung	Zur lfd. Nr. der Eintragung	Betrag ℳ	Betrag ₰	
7.	8.	9.	10.		11.
Der Restbetrag von zweitausendachthundert Mark umgewandelt i. eine gewöhnliche Hypothek für ein m. fünf v. Hundert jährlich seit d. 1. April 1904 verzinsliches Darlehen für d. Fabrikbesitzer Karl Franck in Lobau, eingetragen am 4. April 1904. Fischer Neumann		2.	500	—	Fünfhundert Mark gelöscht am 4. April 1904. Fischer Neumann
Fünftausend Mark mit dem Vorrange vor dem Reste nebst den Zinsen seit dem 1. Oktober 1904 abgetreten an den Schmied Heinrich Stark in Hannover. Eingetragen am 24. Oktober 1904. Fischer Neumann		1.	4000	—	Viertausend Mark Resthypothek des Wilhelm Peter, gelöscht am 6. Januar 1905. Fischer Neumann
		3.	500	—	Gelöscht am 16. Oktober 1905. Fischer Neumann
Umgeschrieben für die Landwirtschaftliche Kreditbank, Aktiengesellschaft, in Hannover mit der Maßgabe, daß an die Stelle d. bisherigen Forderungen eine mit fünf vom Hundert jährlich seit dem 1. Oktober 1905 verzinsliche Darlehnsforderung gesetzt ist. Die Eigentümer haben sich der sofortigen Zwangsvollstreckung in der Weise unterworfen, daß sie gegen den jeweiligen Eigentümer zulässig sein soll. Unter Bezugnahme auf die Bewilligung vom 24. September eingetragen am 16. Oktober 1905. Fischer Neumann		1.	2000	—	Zweitausend Mark gelöscht am 10. Dezember 1907. Fischer Neumann
		6.	1000	—	Gelöscht am 4. April 1912. Fischer Neumann
Über diese Hypotheken ist der Gläubigerin ein gemeinschaftlicher Brief erteilt. Eingetragen am 20. Okt. 1905. Fischer Neumann		7.	2500	—	Zweitausendfünfhundert Mark Ablösungssumme u. einhundertzehn M. jährl. Rentenschuld gelöscht am 16 Oktober 1906. Fischer Neumann

Dritte

Lfd. Nr. der Eintragung	Lfd. Nr. der belasteten Grundst.	Betrag M	₰	Hypotheken, Grundschulden, Rentenschulden	Zur lfd. Nr. der Eintragung	Betrag M	₰
1.	2.	3.		4.	5.	6	
5.	3.	500	—	Sicherungshypothek[1]) zum Höchstbetrage von fünfhundert Mark für den Zimmermeister Hermann Zander in Seefeld eingetragen am 4. März 1908 [1]). Fischer Neumann	6.	1000	—
6.	3.	1000	—	Eintausend Mark Grundschuld mit sechs vom Hundert jährlich seit dem 1. April 1908 verzinslich und drei Monate nach Kündigung zahlbar für den Rentier Friedrich Klein in Hannover. Die Erteilung eines Briefes ist ausgeschlossen. Eingetragen am 7. April 1908. Fischer Neumann	5.	500	—
7.	3.	6000 —2500 3500	— — —	Zweihundertfünfundachtzig Mark vom 1. April 1912 an jährlich am 1. April zahlbare Rentenschuld, ablösbar mit sechstausend Mark, für die Kirchengemeinde in Hochdorf mit dem Vorrange vor den unter Nr. 5 eingetragenen fünfhundert Mark eingetragen am 4. April 1912. Fischer Neumann	5.	500	—

[1]) Fehlt Angabe des zugrunde liegenden Rechtsverhältnisses.

Abteilung.

Veränderungen		Löschungen			
Eintragung	Löschung	Zur lfd. Nr. der Eintragung	Betrag M | ₰		
7.	8.	9.	10.	11.	
Mit den Zinsen seit 1. Oktober 1909 abgetreten an den Bankier Karl Scholz in Hannover und umgewandelt in eine Hypothek für eine vom 1. Oktober 1909 an jährlich mit sechs vom Hundert verzinsliche, sechs Monate nach Kündigung rückzahlbare Darlehnsforderung. Die Ausschließung der Erteilung eines Briefes ist aufgehoben. Das Grundstück Buchhain Kartenblatt 2 Parzelle 25 (Band III Blatt Nr. 22) haftet mit. Eingetragen am 8. Oktober 1909. Fischer Neumann					
Diese Hypothek ist infolge Verzichts des Gläubigers vom 7. Januar 1910 als Grundschuld für den Bauer Heinrich Schmidt in Buchhain und seine Ehefrau Sophie, geborene Busse, umgeschrieben am 7. Januar 1910. Fischer Neumann					
Vor dieser Grundschuld ist der unter Nr. 7 eingetragenen Rentenschuld der Vorrang eingeräumt. Eingetragen am 4. April 1912. Fischer Neumann					

Anlage B.

(Adler.)

Preußischer Hypothekenbrief

über

Noch gültig auf 4000 M. Lobau, den 24. Okt. 1904 (Unterschriften.) *)

die in dem Grundbuche von Buchhain (Kreis Seefeld) Band 1 Blatt Nr. 12 Abteilung III Nr. 1 eingetragenen 9000 Mark.

Inhalt der Eintragung:

Nr. 1: 9000 (neuntausend) Mark Darlehen, mit fünf vom Hundert jährlich seit dem 1. April 1896 verzinslich und sechs Monate nach Kündigung rückzahlbar, für den Schankwirt Wilhelm Peters in Schwarzbach eingetragen am 3. August 1901.

Belastetes Grundstück:

Der im Bestandsverzeichnis unter Nr. 1 verzeichnete, in der Gemarkung Buchhain belegene Bauerhof Nr. 8 von 41 ha 67 a 09 qm mit 373,29 Tlr. Grundsteuerreinertrag und 136 Mark Gebäudesteuernutzungswert; Grundsteuermutterrolle Art. 3, Gebäudesteuerrolle Nr. 27. Kaufpreis im Jahre 1895: 51500 Mark.

Eigentümer:

Landwirt Friedrich Gerber in Buchhain.

---

*) Wird im Falle des § 39 Abs. 2 der Allgemeinen Verfügung zur Ausführung der Grundbuchordnung der dort vorgeschriebene Vermerk nicht von dem Grundbuchamte, sondern von einem anderen Amtsgericht oder einem Notar auf den Brief gesetzt, so genügt die Unterschrift des Richters oder des Notars.

Vorgehende oder gleichgehende Eintragungen:

Abteilung II: Nr. 1 ein Altenteil mit gleichem Range;
Abteilung III: keine[1]).

Lobau, den 6.[2]) August 1901.

Königliches[3]) Amtsgericht.

(Siegel.) (Unterschriften.)*)

Dem jeweiligen Eigentümer des im Bestandsverzeichnis unter Nr. 1 bezeichneten Grundstücks steht die auf dem Grundstücke Buchhain Kartenblatt 10 Parzelle 5 (Band I Blatt Nr. 15) in Abteilung II Nr. 3 eingetragene jährliche Rente von 200 Mark zu. Diese Rente ist auf dem Blatte des erstgenannten Grundstücks am 10. September 1901 vermerkt worden.

Dem im Bestandsverzeichnis unter Nr. 1 verzeichneten belasteten Grundstück ist am 24. Februar 1903 der ebenda unter Nr. 2 verzeichnete, im Dorfe Buchhain belegene Garten Kartenblatt 2 Parzelle 110 von 34 a 86 qm mit 7,68 Tlr. Grundsteuerreinertrag als Bestandteil zugeschrieben und vermerkt worden, daß dem jeweiligen Eigentümer des Gartens das auf dem Grundstücke Buchhain Kartenblatt 2 Parzelle 114 (Band I Blatt 37) in Abteilung II Nr. 1 eingetragene Wegerecht zusteht. Infolge der Zuschreibung ist das belastete Grundstück unter Nr. 3 des Bestandsverzeichnisses, wie folgt, neu eingetragen worden:

Der in der Gemarkung Buchhain belegene Bauerhof Nr. 8 von 42 ha 01 a 95 qm mit 380,97 Tlr.

---

*) Eine über die Forderung ausgestellte Urkunde ist mit dem Briefe durch Schnur und Siegel zu verbinden. Erstreckt sich der Inhalt der Urkunde auch auf andere Angelegenheiten, so genügt ein öffentlich beglaubigter Auszug.

[1]) Dieses Negativzeugnis ist notwendig. Bloßes Schweigen genügt nicht, EK. 21 [173]. Vgl. aber EK. 23 [162].

[2]) EK. 23 [163].

[3]) Bleibt jetzt fort.

Grundsteuerreinertrag und 136 Mark Gebäudesteuernutzungswert; Grundsteuermutterrolle Art. 3, Gebäudesteuerrolle Nr. 27.

Lobau, den 3. März 1904.

Königliches[1]) Amtsgericht.

(Siegel.) (Unterschriften.)

Feuerversicherungssumme für das Wohnhaus und die Wirtschaftsgebäude im Jahre 1904: 8400 Mark.

Lobau, den 5. Mai 1904.

Königliches[1]) Amtsgericht.

(Siegel.) (Unterschriften.)

Von den vorstehenden 9000 Mark sind 5000 (fünftausend) Mark mit dem Vorrange vor dem Reste nebst den Zinsen seit dem 1. Oktober 1904 abgetreten an den Schmied Heinrich Stark in Hannover. Die Abtretung ist im Grundbuch eingetragen. Für den abgetretenen Betrag ist ein Teilhypothekenbrief hergestellt worden.

Lobau, den 24. Oktober 1904.

Königliches[1]) Amtsgericht.

(Siegel.) (Unterschriften.)*)

---

*) Wird der Teilhypothekenbrief nicht von dem Grundbuchamte, sondern von einem anderen Amtsgericht oder einem Notar hergestellt, so ist der Vermerk über die Herstellung des Hypothekenbriefs nur von dem Richter oder dem Notar zu unterschreiben.

[1]) Bleibt jetzt fort.

Anlage C.

(Adler.)

Preußischer Teilhypothekenbrief

über

5000 Mark Teilbetrag der in dem Grundbuche von Buchhain (Kreis Seefeld) Band I Blatt Nr. 12 Abteilung III Nr. 1 eingetragenen 9000 Mark.

Der bisherige Brief über die Hypothek von 9000 Mark lautet wie folgt:

(folgt Abschrift des bisherigen Briefes und der auf diesem befindlichen Vermerke mit Ausschluß des Vermerkes über die Teilabtretung.)

Die vorstehende Abschrift stimmt mit der Urschrift überein.

Von den 9000 Mark sind dem Schmied Heinrich Stark in Hannover 5000 (fünftausend) Mark nebst den Zinsen seit dem 1. Oktober 1904 mit dem Vorrange vor dem Reste abgetreten. Die Abtretung ist im Grundbuch eingetragen.

Über die 5000 (fünftausend) Mark ist dieser Teilhypothekenbrief hergestellt worden. Die Herstellung ist auf dem bisherigen Briefe vermerkt.

Lobau, den 26. Oktober 1904.

Königliches[1]) Amtsgericht.

(Siegel.) (Unterschriften.)*)

---

*) Ist mit dem bisherigen Briefe eine Schuldurkunde verbunden, so ist eine beglaubigte Abschrift der Urkunde nicht in den Teilhypothekenbrief aufzunehmen, sondern mit ihm durch Schnur und Siegel zu verbinden. Vgl. wegen der Unterschriften die Anmerkung auf S. 370 (in dieser Ausgabe S. 240).

[1]) Bleibt jetzt fort.

Anlage D.

(Adler.)

Preußischer Hypothekenbrief

über

Noch gültig auf 6000 M. Lobau, den 25. März 1913. (Unterschriften.)

die in dem Grundbuche von Buchhain (Kreis Seefeld) Band I Blatt Nr. 17 Abteilung III Nr. 1 und ebenda Blatt Nr. 26 Abteilung III Nr. 3 sowie in ~~dem Grundbuche von Seefeld (Kreis Seefeld)~~ Band VI Blatt Nr. 35 Abteilung III Nr. 6 eingetragene Gesamthypothek von 7000 Mark.

Inhalt der Eintragung:

7000 (siebentausend) Mark Kaufpreis mit viereinhalb vom Hundert jährlichen, am 1. April und 1. Oktober zu entrichtenden Zinsen seit dem 1. April 1908, zahlbar sechs Monate nach Kündigung, die nur zum 1. April und 1. Oktober, dem Gläubiger im Falle pünktlicher Zinszahlung frühestens zum 1. April 1913 gestattet ist, für den Landwirt Karl Friedrich in Buchhain eingetragen am 5. April 1908.

Belastete Grundstücke:

1. Buchhain Bd. I Bl. Nr. 17:

a) Das im Bestandsverzeichnis unter Nr. 1 verzeichnete, im Dorfe Buchhain belegene Wohnhaus mit Hofraum Kartenblatt 2 Parzelle $\frac{152}{67}$ von 6 a 17 qm mit 36 Mark Gebäudesteuernutzungswert; Grundsteuermutterrolle Art. 63, Gebäudesteuerrolle Nr. 61;

Feuerversicherungssumme im Jahre 1902: 4200 Mark.

b) Der im Bestandsverzeichnis unter Nr. 3 verzeichnete, in der Gemarkung Buchhain in der großen Huben belegene Acker Kartenblatt 1 Parzelle 46 von 22 ha 18 a 40 qm mit 89,94 Tlr. Grundsteuerreinertrag; Grundsteuermutterrolle Art. 63.

2.- Buchhain Bd. I Bl. Nr. 26: das im Bestandsverzeichnis unter Nr. 7 verzeichnete, im Oberfelde der Gemarkung Buchhain belegene Stück Acker, Wiese und Weide, Kartenblatt 2 Parzellen $\frac{146}{27}$, $\frac{147}{28}$, 29 von 3 ha 08 a 91 qm mit 16,13 Tlr. Grundsteuerreinertrag, Grundsteuermutterrolle Art. 63*).

3. Seefeld Bd. VI Bl. Nr. 35: Der im Bestandsverzeichnis unter Nr. 4 verzeichnete, in der Gemarkung Seefeld an der Feldmark Greben belegene Acker Kartenblatt 5 Parzelle 76 von 3 ha 12 a 10 qm mit 10,15 Tlr. Grundsteuerreinertrag, Grundsteuermutterrolle Art. 32.

Eigentümer:

Zu Nr. 1, 2: Schankwirt Karl Zimmermann in Buchhain.
Zu Nr. 3: derselbe und seine Ehefrau Marie Luise Zimmermann, geborene Schulze, in Buchhain, je zur Hälfte.

Vorgehende und gleichstehende Eintragungen:

Auf Nr. 1a:
Abteilung II: Nr. 1 ein Altenteil mit gleichem Range.

Auf Nr. 1b:
keine.

---

*) Bei dem Grundstücke Nr. 2 bilden die aufgeführten Katasterparzellen ein Grundstück. Würde es sich bei jeder von ihnen um ein selbständiges Grundstück handeln, so wäre wie bei Nr. 1 zu verfahren.

Auf Nr. 2:

Abteilung II: Nr. 2 ein Wegerecht, Abteilung III: Nr. 2 500 (fünfhundert) Mark,	im Range vorgehend.

Auf Nr. 3:

keine.

Lobau, den 7. April 1908.

Königliches[1]) Amtsgericht.

(Siegel.) (Unterschriften.)

1000 (eintausend) Mark sind gelöscht worden. Der Rest von 6000 (sechstausend) Mark ist mit den Zinsen seit dem 1. Januar 1913 dem Kaufmann Emil Kuntze in Seefeld abgetreten. Die Abtretung ist im Grundbuch eingetragen.

Lobau, den 25. März 1913.

Königliches[1]) Amtsgericht.

(Siegel.) (Unterschriften.)

Die Hypothek ist auf dem oben unter Nr. 2 aufgeführten Grundstück in dem Grundbuche von Buchhain Bd. 1 Blatt Nr. 26 gelöscht, nachträglich aber auch im Grundbuche von Seefeld Band VII Blatt Nr. 42 Abteilung III Nr. 1 eingetragen worden. Dieses neubelastete Grundstück ist die im Bestandsverzeichnis unter Nr. 3 verzeichnete, in der Gemarkung Seefeld an der Feldmark Greben belegene Holzung Kartenblatt 5 Parzelle 77 von 2 ha 71 a 30 qm mit 6,33 Tlr. Grundsteuerreinertrag, Grundsteuermutterrolle Art. 67.

Eigentümer des neu belasteten Grundstücks: Schankwirt Karl Zimmermann und seine Ehefrau Marie Luise Zimmermann, geborene Schulze, in Buchhain je zur Hälfte.

Vorgehende oder gleichstehende Eintragungen sind auf dem neu belasteten Grundstücke nicht vorhanden.

Lobau, den 10. Oktober 1916.

Königliches[1]) Amtsgericht.

(Siegel.) (Unterschriften.)

---

[1]) Bleibt jetzt fort.

Anlage E.

(Adler.)

Preußischer Hypothekenbrief

über

die in dem Grundbuche von Buchhain (Kreis Seefeld) Band I Blatt Nr. 12 Abteilung III Nr. 1, 2, 4 eingetragenen 5000, 2800 und 3000, zusammen 10800 Mark.

Noch gültig auf 3000, 2800 u. 3000, zusammen 8800 M. Lobau, den 10. Dez. 1907. (Unterschriften.)

Inhalt der Eintragungen:

Nr. 1: 5000 (fünftausend) Mark Restbetrag der am 3. August 1901 eingetragenen 9000 Mark.

Nr. 2: 2800 (zweitausendachthundert) Mark Restbetrag der am 12. Juni 1903 eingetragenen 3300 Mark.

Die Hypotheken Nr. 1, 2 sind am 16. Oktober 1905 für die Landwirtschaftliche Kreditbank, Aktiengesellschaft, in Hannover mit der Maßgabe umgeschrieben, daß an die Stelle der bisherigen Forderungen eine Darlehnsforderung von gleichem Betrage gesetzt ist.

Nr. 4: 3000 (dreitausend) Mark Darlehen für die Landwirtschaftliche Kreditbank, Aktiengesellschaft, in Hannover eingetragen am 16. Oktober 1905.

Die Darlehen (Nr. 1, 2, 4) sind mit fünf vom Hundert jährlich seit dem 1. Oktober 1905 in halbjährigen, am 1. April und 1. Oktober zahlbaren Beträgen verzinslich und sechs Monate nach Kündigung rückzahlbar. Die Kündigung ist nur zum 1. April und 1. Oktober gestattet. Werden die Zinsen pünktlich, d. h. spätestens am 10. April und 10. Oktober gezahlt, so kann die Gläubigerin nicht früher als zum 1. Oktober 1910 kündigen. Erfolgt die Zinszahlung nicht pünktlich, so sind die Darlehen sofort fällig; für diesen Fall haben sich die Eigentümer der sofortigen Zwangsvollstreckung in der Weise unterworfen, daß sie gegen den jeweiligen Eigentümer zulässig sein soll.

Belastetes Grundstück:

Der im Bestandsverzeichnis unter Nr. 3 verzeichnete, in der Gemarkung Buchhain belegene Bauerhof Nr. 8 von 42 ha 01 a 95 qm mit 380,97 Tlr. Grundsteuerreinertrag und 136 Mark Gebäudesteuernutzungswert; Grundsteuermutterrolle Art. 3, Gebäudesteuerrolle Nr. 27.

Kaufpreis für den Bauerhof ohne den ihm zugeschriebenen, im Bestandsverzeichnis unter Nr. 2 verzeichneten Garten im Jahre 1895: 51500 Mark.

Feuerversicherungssumme im Jahre 1904: 8400 Mark.

Eigentümer:

Bauer Heinrich Schmidt und seine Ehefrau Sophie Schmidt, geborene Busse, in Buchhain in ehelicher Gütergemeinschaft.

Vorgehende oder gleichstehende Eintragungen:

Keine.

Dieser Hypothekenbrief tritt für die in Abteilung III Nr. 1 eingetragene Resthypothek von 5000 Mark an die Stelle des bisherigen Briefes.

Lobau, den 20. Oktober 1905.

Königliches[1]) Amtsgericht.

(Siegel.) (Unterschriften.)

Von den in Abteilung III Nr. 1 noch eingetragenen 5000 Mark sind 2000 (zweitausend) Mark gelöscht worden.

Lobau, den 10. Dezember 1907.

Königliches[1]) Amtsgericht.

(Siegel.) (Unterschriften.)

---

[1]) Bleibt jetzt fort.

Anlage F.

(Adler.)

Preußischer Grundschuldbrief

über

die in dem Grundbuche von Seefeld (Kreis Seefeld) Band VI Blatt Nr. 25 Abteilung III Nr. 7 eingetragenen 2000 Mark.

Inhalt der Eintragung:

Nr. 7: 2000 (zweitausend) Mark Grundschuld, mit fünf vom Hundert jährlich seit dem 1. Oktober 1903 in halbjährigen, am 1. April und 1. Oktober zahlbaren Beträgen verzinslich, drei Monate nach Kündigung, die jedem Teil nur zu dem Schlusse eines Kalendervierteljahrs zusteht, zahlbar, für den Rentier Wilhelm Korn in Grünbusch eingetragen am 11. Oktober 1903. Das Kapital und die Zinsen sind am jeweiligen Wohnsitze des Gläubigers zu zahlen.

Belastetes Grundstück:

Das im Bestandsverzeichnis unter Nr. 5 verzeichnete, im Dorfe Seefeld belegene Wohnhaus mit Hofraum und Garten Kartenblatt 2 Parzelle $\frac{150}{67}$, $\frac{151}{67}$ von 28 a 79 qm mit 1,11 Tlr. Grundsteuerreinertrag und 90 Mark Gebäudesteuernutzungswert; Grundsteuermutterrolle Art. 4, Gebäudesteuerrolle Nr. 65.

Eigentümer:

Schlächtermeister Heinrich Krause in Seefeld.

Vorgehende oder gleichstehende Eintragungen:

Abteilung II: Nr. 2 ein lebenslängliches Wohnungsrecht, Abteilung III: Nr. 5 500 (fünfhundert) Mark, Nr. 6 1000 (eintausend) Mark,	im Range vorgehend

Lobau, den 13. Oktober 1903.

Königliches[1]) Amtsgericht.

(Siegel.) (Unterschriften.)

Die Grundschuld von 2000 Mark ist mit den Zinsen seit dem 1. April 1906 abgetreten an den Kaufmann Hermann Funke in Hannover und umgewandelt in eine Hypothek für eine vom 1. April 1906 an jährlich mit fünfeinhalb vom Hundert verzinsliche, sechs Wochen nach Kündigung rückzahlbare Darlehnsforderung von 2000 Mark; die Kündigung ist nur zu dem ersten Tage eines Kalendervierteljahrs gestattet. Die Abtretung und die Umwandlung sind im Grundbuch eingetragen.

Lobau, den 6. April 1906.

Königliches[1]) Amtsgericht.

(Siegel.) (Unterschriften.)

Anlage 6. (Adler.)

Noch gültig auf 175 M. Rentenschuld, ablösbar mit 3500 M. Lobau, den 16. Okt. 1916. (Unterschriften)

Preußischer Rentenschuldbrief
über
die im Grundbuche von Buchain (Kreis Seefeld) Band I Blatt Nr. 12 Abteilung III Nr. 7 eingetragene Rentenschuld von 285 Mark.

Inhalt der Eintragung:

Nr. 7: 285 (zweihundertundfünfundachtzig) Mark vom 1. April 1912 an jährlich am 1. April zahlbare Rentenschuld, ablösbar

---

[1]) Bleibt jetzt fort.

mit sechstausend Mark, für die Kirchengemeinde in Hochdorf eingetragen am 4. April 1912.

Belastetes Grundstück:
(wie in Anlage E).

Eigentümer:
(ebenso).

Vorgehende und[1]) gleichstehende Eintragungen:

Abteilung II: ein lebenslängliches Wohnungsrecht; Abteilung III: Nr. 1 3000 (dreitausend) Mark, Nr. 2 2800 (zweitausendachthundert) Mark, Nr. 4 3000 (dreitausend) Mark,	im Range vorgehend.

Lobau, den 6. April 1912.

Königliches[2]) Amtsgericht.

(Siegel.) (Unterschriften.)

110 (einhundertzehn) Mark jährliche Rentenschuld mit einer Ablösungssumme von 2500 (zweitausendfünfhundert) Mark sind gelöscht worden.

Lobau, den 16. Oktober 1916.

Königliches[2]) Amtsgericht.

(Siegel.) (Unterschriften.)

---

[1]) In den übrigen Formularen heißt es „oder".
[2]) Bleibt jetzt fort.

Sachregister.

Die eingeklammerten Zahlen geben die Seiten an, die freien Zahlen den Paragraph oder Artikel, und zwar ohne Zusatz die Paragraphen der GBO., während die vorgesetzten römischen Zahlen auf die in der Inhaltsübersicht unter der entsprechenden Zahl aufgeführte Quelle verweisen.

A = Anmerkung. E. = Einleitung.

A.

C.

D.

E.

F.

H.

J.

J (j).

K.

L.

M.

N.

O.

S.

T.

U.

Z.

Gedruckt bei A. W. Hayn's Erben, Potsdam.

Nr. 13. **Konkursordnung und Anfechtungsgesetz.** Von R. Sydow. Fortgeführt von L. Busch und O. Krieg. 13. Auflage. — 1923. Mit Nachtrag 1924. Gm 4,—

Nr. 14. **Gerichtsverfassungsgesetz.** Von R. Sydow. Fortgeführt von L. Busch. 11. Auflage. In Bearbeitung.

Nr. 15. **Das deutsche Gerichtskostengesetz.** Von R. Sydow. Fortgeführt von L. Busch und F. Koehler. 10. Auflage. — 1920. (Nachtrag, enth. die Änderungen von 1924, im Druck.) Gm 3,—

Nr. 16. **Rechtsanwaltordnung.** Von R. Sydow. 5. Auflage von M. Jacobsohn. Mit Nachtrag von 1910. — 1907. Gm 1,20

Nr. 17. **Gebührenordnung für Rechtsanwälte und das Preußische Gebührengesetz.** Von R. Sydow. Fortgeführt von L. Busch und O. Krieg. 12. Auflage. — 1922. (Nachtrag, enth. die Änderungen von 1924, im Druck.) Gm 4,—

Nr. 18. **Reichsstempelgesetz.** Von P. Loeck. Vergriffen. Wird durch Kapitalverkehrssteuergesetz ersetzt. Erläuterte Ausgabe in Bearbeitung. Siehe auch Nr. **131 b.**

Nr. 19. **Die Seegesetzgebung.** Von W. E. Knitschky. 5. Auflage von O. Rudorff. — 1913. Gm 8,—

Nr. 20. **Krankenversicherungsgesetz** siehe Nr. **107.**

Nr. 21. **Die Konsulargesetzgebung.** Von Ph. Zorn. 8. Auflage von K. Zorn. — 1911. Gm 4,50

Nr. 22. **Patentgesetz.** Von R. Lutter. 8. Aufl. — 1920. Gm 4,—

Nr. 23. **Gewerbe-Unfallversicherungsgesetz** siehe Nr. **108.**

Nr. 24. **Aktiengesellschaft u. Kommanditgesellschaften auf Aktien.** Von H. Keyßner und H. Veit Simon. 7. Aufl. In Bearbeitung.

Nr. 25. **Brausteuergesetz.** Von A. Düffe. 2. Aufl. — 1910. Gm 2,—

Nr. 26. **Münz- und Notenbankwesen.** Von R. Koch. 7. Aufl. In Bearbeitung.

Nr. 27. **Gesundheitswesen im Deutschen Reich.** Von E. Goesch und J. Karsten. — 1888. Gm 1,50

Nr. 28. **Bau-Unfallversicherungsgesetz** siehe Nr. **108.**

Nr. 29. **Erwerbs- und Wirtschaftsgenossenschaften.** Von L. Parisius und H. Crüger. 17. Auflage. — 1924. Im Druck.

Nr. 30. **Invalidenversicherungsgesetz** siehe Nr. **109.**

Nr. 31. **Gewerbegerichtsgesetz.** Von L. Mugdan. 7. Auflage von W. Cuno. Vergriffen, neue Auflage in Bearbeitung.

Nr. 32. **Gesellschaften mit beschränkter Haftung.** Von L. Parisius und H. Crüger. 15. Aufl. — 1921. Gm 1,70

Nr. 33. **Vereins- und Versammlungsrecht.** Von E. Ball. 2. Auflage von F. Friedenthal. — 1907. Gm 2,—

Reichs-Vereinsgesetz vom 19. April 1908 siehe Nr. **88.**

Nr. 34. **Die Abzahlungsgeschäfte.** 3. Auflage von E. Wilke. — 1910. Gm 1,20

Nr. 35. **Die Reichs-Eisenbahngesetzgebung.** Von W. Coermann. — 1895. (Siehe auch Nr. 66.) Gm 2,—

Nr. 36. **Privatrechtliche Verhältnisse der Binnenschiffahrt und Flößerei.** Von E. Löwe. 6. Auflage. — 1923. Gm 4,—

Nr. 37. **Unlauterer Wettbewerb.** Von A. Pinner. 7. Auflage von A. Elster. — 1921. Gm 1,40

Nr. 38/39. **Bürgerliches Gesetzbuch nebst Einführungsgesetz.** Von A. Achilles. In Verbindung mit F. André, O. Meyer, O. Strecker, K. v. Unzner herausgegeben von M. Greiff. 11. Aufl. — 1923. Mit Nachtrag 1924. Gm 13,—

Nr. 40. Gesetz, betr. die **Pflichten der Kaufleute bei Aufbewahrung fremder Wertpapiere [Depotgesetz].** Von F. Lusensky. 3. Auflage. — 1916. Mit Nachtrag 1924. Gm 1,—

Nr. 41. **Börsengesetz.** Von Th. Hemptenmacher. 3. Auflage von O. Meyer. — 1915. Gm 3,50

Nr. 42. **Grundbuchordnung.** Von O. Fischer. 8. Auflage. — 1924. Gm 3,—

Nr. 43. **Zwangsvollstreckung.** Von J. Krech und O. Fischer. 9. Auflage von O. Fischer. — 1922. Gm 3,50

Nr. 44. **Auswanderungswesen.** Von F. Stoerk. — 1899. Gm 2,—

Nr. 45. **Das Entmündigungsrecht.** Von P. Koll. — 1900. Gm 1,20

Nr. 46. **Freiwillige Gerichtsbarkeit.** Von H. Jastrow. 6. Auflage von Herm. Günther. — 1921. Gm 4,50

Nr. 47. **Das deutsche Vormundschaftsrecht.** Von M. Schultzenstein und P. Köhne. 2. Auflage. — 1901. Gm 2,50

Nr. 48. Gesetze, betr. den **Drogen-, Gift- und Farbenhandel** außerhalb der Apotheken. Von J. Broh. — 1899. Gm 1,20

Nr. 49. **Deutsche Kolonialgesetzgebung.** Von Ph. Zorn. 2. Auflage von Sassen. — 1913. Gm 5,—

Nr. 50. **Der Viehkauf [Viehgewährschaft].** Von H. Stölzle und H. Weiskopf. 5. Auflage. — 1913. Gm 5,50

Nr. 51. **Hypothekenbankgesetz.** Von H. Göppert. 2. Auflage von Seidel. — 1911. Gm 2,20

Nr. 52. **Rechte der Besitzer von Schuldverschreibungen.** Von H. Göppert. 2. Auflage von E. Trendelenburg. — 1915. Gm 1,50

Nr. 53. **Reichspreßgesetz.** Von A. Born. 2. Auflage. — 1911. Gm 1,80

Nr. 54. Verkehr mit **Nahrungsmitteln, Genußmitteln und Gebrauchsgegenständen.** Von G. Lebbin. — 1900. Gm 2,—

Nr. 55. **Beschlagnahme von Lohn- und Gehaltsforderungen.** Von G. Meyer. 5. Auflage. — 1914. Durch Nachträge bis Ende 1921 ergänzt. (Nachträge allein. Gm 0,70) Gm 2,30

Nr. 56. **Bekämpfung gemeingefährlicher Krankheiten.** Von B. Burkhardt. — 1900. Gm 1,20

Nr. 57. **See-Unfallversicherungsgesetz** siehe Nr. **108.**

Nr. 58. **Recht der unehelichen Kinder.** Von H. Jastrow. — 1901. Gm 1,60

Nr. 59. **Beurkundung des Personenstandes und die Eheschließung.** Von F. Fidler. 2. Auflage. — 1912. Gm 2,30

Nr. 60. **Das Urheberrecht an Werken der Literatur und der Tonkunst.** Von O. Lindemann. 4. Auflage. — 1921. Gm 1,80

Nr. 61. **Verlagsrecht.** Von B. Marwitz. 3. Auflage. — 1922. Gm 1,60

Nr. 62. **Private Versicherungsunternehmungen.** Von H. Könige. 3. Auflage. — 1922. Im Druck.

Nr. 63. **Gesetzestafel des deutschen Reichsrechts.** Von H. Bruhns. 2. Auflage. — 1913. Gm 3,—

Nr. 64. Gesetzsammlung, betr. den **Handel mit Drogen und Giften.** Von H. Sonnenfeld. 2. Auflage. — 1912. Gm 3,—

Nr. 65. **Weingesetz.** Von G. Lebbin. 2. Aufl. — 1909. Gm 2,—

Nr. 66. **Die Eisenbahn-Gesetzgebung.** Von W. Pietsch. 2. Auflage. — 1913. (Siehe auch Nr. 91.) Gm 3,—

Nr. 67. **Militär-Strafgesetzbuch.** Von A. Romen und C. Rissom. 3. Auflage. — 1918. Gm 5,—

Nr. 68. **Fleischbeschaugesetz.** Von G. Lebbin und G. Baum. — 1903. Gm 2,80

Nr. 69. Reichsgesetz über die **Naturalleistungen der bewaffneten Macht im Frieden.** Von W. v. Hippel. — 1903. Gm 1,—

Nr. 70. **Das Reichs-Haftpflichtgesetz.** Von G. Eger. — 1903. Vergriffen. — (Kommentar von Seligsohn. — 1920. Gm 6,50)

Nr. 71. **Kinderarbeit in gewerblichen Betrieben.** Von H. Spangenberg. 2. Auflage. — 1904. Gm 1,20

Nr. 72. **Unfallversicherungsgesetz** siehe Nr. **108.**

Nr. 73. **Entschädigung für unschuldig erlittene Verhaftung und Bestrafung.** Von A. Romen. — 1904. Gm 1,70

Nr. 74. **Die Kaufmannsgerichte.** Von M. Apt. 3. Auflage. — 1904. (Siehe auch Nr. **112.**) Gm 1,60

Nr. 75. **Konsulargerichtsbarkeit.** Von A. F. Vorwerk. 2. Ausgabe, mit den Schutzgebietsgesetzen. — 1908. Gm 1,60

Nr. 76. **Die Rechtshilfe im Verkehr mit den ordentlichen Gerichten.** Von A. Friedländer. — 1906. Gm 1,50

Nr. 77. **Das Erbschaftssteuergesetz.** Von B. Hendel. — 1920. Gm 5,—
— Neue Fassung 1924 von H. Schachian. — 1924. Gm 1,80

Nr. 78. **Zigarettensteuergesetz.** Von Cuno. In Vorbereitung.

Nr. 79. **Die Militärpensionsgesetze.** Von A. Romen.
a) I. Teil: **Offizierpensionsgesetz. — 1907.** Gm 2,—
b) II. Teil: **Mannschaftsversorgungsgesetz.** Mit **Kapitalabfindungsgesetz.** — 1908. Gm 2,—

Militärversorgungsgesetze siehe auch Nr. **136.**

Nr. 80. **Gerichtliche Registerführung.** Von O. Lindemann. — 1906. Gm 2,40

Nr. 81. **Urheberrecht an Werken der bildenden Künste und der Photographie.** Von L. Fuld. 2. Auflage im Druck.

Nr. 82. **Reichsbeamtengesetz.** Von A. Arndt. 3. Auflage. — 1923. Mit Nachtrag, enth. die Änderungen bis April 1924. Gm 3,50

Nr. 83. **Versicherungsvertrag.** Von P. Hager und E. Bruck. 4. Auflage. — 1920. Gm 6,—

Nr. 84. **Sammlung kleinerer privatrechtlicher Reichsgesetze.** Von G. Müller. — 1908. Gm 5,50

Nr. 85. **Scheckgesetz.** Neue Auflage im Druck.

Nr. 86. **Die Auslieferungsverträge des Deutschen Reiches.** Von A. Cohn. — 1908. Gm 4,—

Nr. 87. **Schutz der Warenbezeichnungen.** Von Freund und Magnus. 6. Auflage. — 1923. In Bearbeitung.

Nr. 88. **Vereinsgesetz.** Von A. Romen. 4. Aufl. — 1916. Gm 2,—

Nr. 89. **Vogelschutzgesetz.** Von L. v. Boxberger. — 1909. Gm 1,—

Nr. 90. Die Haager Abkommen über das **Internationale Privatrecht.** Von G. Bogeng. — 1908. Gm 2,—

Nr. 91. **Eisenbahn-Verkehrsordnung.** Von E. Blume. 2. Auflage von Weirauch. — 1922. Gm 4,—

Nr. 92. **Verkehr mit Kraftfahrzeugen.** Von R. Kirchner. 3. Auflage. Mit Nachtrag 1922. — 1915. Gm 4,—

Nr. 93. **Sicherung der Bauforderungen.** Von E. Harnier. 3. Auflage. — 1912. Gm 1,50

Nr. 94. **Die Beamtenhaftpflichtgesetze des Reiches und der Länder.** Von H. Delius. 3. Auflage. — 1921. Gm 3,20

Nr. 95. Die Berner Übereinkunft über **Internationales Urheberrecht.** Von H. Dungs. — 1910. Gm 1,—

Nr. 96. **Branntweinsteuergesetz.** 3. Auflage von K. Kniebe in Vorbereitung. **Branntweinmonopolgesetz** siehe Nr. **131 a.**

Nr. 97. **Schutzgebietsgesetz.** Von J. Gerstmeyer. — 1910. Gm 2,50

Nr. 98. **Sechs Haager Abkommen über Internationales Privatrecht.** Von H. Dungs. — 1910. Gm 1,50

Nr. **99.** **Die Abkommen der Haager Friedenskonferenz.** Vergriffen. Jetzt: Wehberg, **Völkerbundakte.** Gm 1,— (Außerhalb der Sammlung.)

Nr. **100.** **Kaligesetz.** Von B. Boelkel. — 1910. Gm 2,40

Nr. **101.** **Zuwachssteuergesetz.** Von W. Cuno. — 1911. Gm 3,50

Nr. **102.** **Urheberrecht an Mustern und Modellen** und Schutz von **Gebrauchsmustern.** Von J. Neuberg. — 1911. Gm 2,40

Nr. **103.** **Reichs-Viehseuchengesetz.** Von W. v. Hippel. 2. Auflage. — 1912. Gm 4,—

Nr. **104.** **Versicherungsgesetz für Angestellte** siehe Nr. **144.**

Nr. **105.** **Das Geldwesen in den deutschen Schutzgebieten.** Von W. Hinze. — 1912. Gm 1,80

Nr. **106—109.** **Reichs-Versicherungsordnung.** Von F. Caspar und A. Spielhagen. 4 Bände. Kplt. Gm 18,—

Nr. **106.** I., V. und VI. Buch. **Gemeinsame Vorschriften. — Beziehungen der Versicherungsträger zu einander und zu anderen Verpflichteten. — Verfahren.** Von K. Lippmann, L. Laß und H. Siefart. — 1913. Mit Nachtrag. Von K. Lippmann. 1920. (Nachtrag einzeln. Gm 0,40.) Gm 5,—

Nr. **107.** II. Buch. **Krankenversicherung.** Von H. Siefart und F. Sitzler. — 1916. Mit Nachtrag. Von K. Lippmann. — 1920. (Nachtrag einzeln. Gm 1,20.) Gm 5,50

Nr. **108.** III. Buch. **Unfallversicherung.** Von A. Radtke. — 1913. Mit Nachtrag. Von A. Radtke. — 1921. (Nachtrag einzeln. Gm 1,60) Gm 6,50

Nr. **109.** IV. Buch. **Invaliden- und Hinterbliebenenversicherung.** Von B. Jaup und H. Follmann. — Neudruck 1922. Mit Nachtrag, enthaltend die Ergänzungen 1914—1921. (Nachtrag einzeln. Gm 1,—.) Gm 3,50

Nr. **110.** **Wehrbeitragsgesetz.** Von A. Fernow. 2. Auflage. — 1913. Gm 1,60

Nr. **111.** **Reichs- und Staatsangehörigkeitsgesetz.** Von A. Romen. — 1913. Gm 2,—

Nr. **112.** **Kaufmannsgerichtsgesetz.** Von H. Depène. — 1914. Gm 2,60

Nr. **113.** **Postscheckgesetz.** Von J. Weiland. — 1914. Mit Nachtrag 1918. Gm 1,50

Nr. **113 a.** **Postscheckordnung.** Von J. Weiland. — 1914. Mit Nachtrag 1918. Gm 1,50

Nr. **114.** **Waffengebrauch und Festnahmerecht des Militärs.** Von A. Romen und C. Rissom. — 1914. Gm 1,80

Nr. **115.** **Das vertragliche Wettbewerbsverbot [Konkurrenzklausel].** Von G. Baum. — 1914. Gm 3,—

Nr. **116.** **Kriegs-Zivil- u. Finanzgesetze.** 3. Aufl. — 1915. Gm 1,50

Nr. 138 b. **Betriebsrätegesetz.** Von A. Günther. — 1920. Gm 2,—
Nr. 139. **Grunderwerbsteuergesetz.** Von Otto Lindemann. — 1919. Gm 1,80
Nr. 140. **Die Siedelungsgesetzgebung im Reich und in Preußen.** Von W. Holzapfel. — 1920. Gm 3,—
Nr. 141. **Sozialisierungsgesetze.** Von Otto Meier. — 1920. Gm 2,20
Nr. 142. **Wirtschaftliche Demobilmachung.** Von Gg. Fischbach. — 1920. Gm 1,—
Nr. 143. **Reichsabgabenordnung.** Von Nieberl. — 1923. Mit Nachtrag, enth. die Änderungen von 1924. Gm 4,—
Nr. 144. **Versicherungsgesetz für Angestellte.** Von Lippmann. — 1920. Gm 3,50
Nr. 145. **Steuer- und Kapitalflucht.** Von E. H. Meyer. 2. Auflage. — 1921. Gm 1,60
Nr. 146. **Tabaksteuergesetz.** Von Wündisch. Mit Nachtrag, enthaltend alle Neuerungen. — 1920. Gm 3,—
Nr. 147. **Filmzensur.** Von Szczesny. — 1920. Gm 1,50
Nr. 148. **Reichsausgleichsgesetz.** Von Decke. — 1920. Gm 1,50
Nr. 149. **Reichsnotopfergesetz.** Von Friedmann und Wrzeszinsky. — 1921. Gm 4,—
Nr. 150. **Reichsschädengesetze.** Von Adolf Hohenstein und Wenzel Goldbaum. — 1922. Gm 4,—
Nr. 151. **Reichseinkommensteuergesetz.** Von A. Hirschburger. 1923. Gm 6,50
Nr. 152 **Wohlfahrtsgesetze.** Von Behrend und Stranz-Hurwitz. 1923. Gm 5,—
Nr. 153. **Zwangsanleihegesetz.** Von Simon und Beutner. 1923. Gm 8,—
Nr. 154. **Jugendwohlfahrtsgesetz und Jugendgerichtsgesetz.** Von Drewes und Landré. — 1923. Mit Nachtrag, enth. die Ergänzungen bis April 1924. Gm 6,—
Nr. 155. **Reichsknappschaftsgesetz.** Von Max Reuß und Fritz Hense. — 1923. Gm 7,—
Nr. 156. **Mietrecht und Wohnungsmangelgesetz.** — 1923. Mit Nachtrag, enth. die Ergänzungen bis April 1924. Gm 4,—
Nr. 157. **Dritte Steuernotverordnung vom 14. Februar 1924** unter besonderer Berücksichtigung der Vorschriften über **Aufwertung und öffentliche Anleihen.** Von Reichsgerichtsrat Michaelis. **Im Druck.**
Nr. 158. **Strafprozeßordnung.** Alte und neue Fassung synoptisch gegenübergestellt. Von Reichsanwalt Feisenberger. — 1924. Gm 4,50

B. Preußische Gesetze.

Nr. 1. **Die Verfassung des Freistaats Preußen.** Von A. Arndt. — 1921. Gm 2,—

Ausführlicher Kommentar von Stier-Somlo. — 1921. Gm 5,—

Nr. 2. **Preußische Beamten-Gesetzgebung.** Von K. Pfafferoth. 5. Auflage. — 1916. Gm 2,40

Nr. 3. **Notteſtamente.** Von E. Kurtz. — 1904. Gm 1,50

Nr. 4. **Gebührenordnung für Notare.** Von Rausnitz. 5. Auflage. — 1917. (Neue Aufl. in Bearbeitung.) Gm 2,20

Nr. 5. Gesetz vom **24. April 1854 [betr. die außereheliche Schwängerung].** Von Schulze. — 1873. Gm 0,70

Reichsrecht siehe Reichsgesetze Nr. **58.**

Nr. **6—9** vergriffen.

Nr. 10. **Einkommensteuergesetz** siehe Reichsgesetze Nr. **151.**

Nr. 11. **Gewerbesteuergesetz.** Von A. Fernow. Vergriffen.

Nr. 12. **Allgemeines Berggesetz.** Von Schlüter und Hense. 4. Auflage. — In Vorbereitung.

Nr. 13. **Ergänzungssteuergesetz.** Von A. Fernow. 5. Aufl. Gm 3,—

Nr. 14. **Kommunalabgabengesetz.** Von F. Adickes. 6. Auflage von Falk. — 1922. Gm 2,50

Nr. 15. **Die Kreisordnungen.** Von O. Kolisch. — 1894. Gm 4,—

Nr. 16. **Konzessionierung gewerblicher Anlagen.** Von W. v. Rüdiger. 2. Auflage. — 1901. Vergriffen.

Nr. 17. **Preußisches Gerichtskostengesetz.** Von P. Siméon. 7. Auflage. — 1913. Mit Nachtrag von 1919 und 1920. Gm 4,—

Nr. 18. **Preußisches Stempelsteuergesetz.** Von P. Loeck und W. Seyffarth. 9. Auflage mit Nachtrag von Eiffler. — 1922. Gm 7,50

Nr. 19. **Jagdscheingesetz.** Von F. Kunze. 2. Aufl. — 1899. Gm 2,—

Nr. 20. **Die preußischen Erbschaftssteuergesetze.** Von U. Hoffmann. — 1905. Gm 3,—

(**Reichs**-Erbschaftssteuergesetz siehe Reichsgesetze Nr. **77.**)

Nr. 21. **Handelskammern.** Von F. Lusensky. 2. Auflage. — 1909. Gm 3,—

Nr. 22. **Anstellung und Versorgung der Kommunalbeamten.** Von W. Ledermann. 2. Auflage von L. Brühl. — 1914. Gm 2,—

Nr. 23. **Ausführungsgesetze zum Bürgerlichen Gesetzbuche.** Von P. Siméon. 3. Auflage. — 1914. Gm 2,20

Nr. 24. **Die Hinterlegungsordnung (1879).** Von G. Bartels. 2. Auflage. — 1908. Gm 2,—

Abänderungsgesetz vom 21. April 1913 siehe Nr. 53.

Nr. 25. **Preußische Kommunalbeamtengesetzgebung.** Von F. Kremski. — 1901. Gm 3,—

Nr. 26. **Diensteinkommen der Lehrer und Lehrerinnen.** Von E. Cremer. — 1900. Gm 2,20

Nr. 27. **Warenhaussteuer.** Von G. Strutz. — 1900. Gm 1,20

Nr. 28. **Die Fürsorgeerziehung Minderjähriger.** Von P. F. Aschrott. 3. Auflage. — 1917. Gm 2,80

Nr. 29. **Ärztliche Ehrengerichte, das Umlagerecht und die Kassen der Ärztekammern.** Von F. Fidler. — 1901. Gm 1,50

Nr. 30. **Preußisches Staatsschuldbuch** und **Reichsschuldbuch.** Von J. Mücke. — 1902. Gm 2,—

Nr. 31. **Die preußischen Gesindeordnungen.** Zwei Bände. Von St. Gerhard.

31 a. Altpreußische Provinzen und Rheinland. 2. Auflage. — 1914. Gm 3,–

31 b. Hannover, Schleswig-Holstein, Hessen-Nassau und Hohenzollern. — 1902. Gm 2,50

Nr. 32. **Städteordnung.** Von W. Ledermann und L. Brühl. 2. Auflage. — 1913. Gm 6,—

Nr. 33. **Rentenguts- und Anerbenrechts-Gesetzgebung.** Von M. Peltasohn und B. Peltasohn. — 1903. Gm 2,80

Nr. 34. Sammlung der wichtigsten **preußischen Strafgesetze.** Von Lindemann. 2. Auflage. — 1912. Gm 3,50

Nr. 35. **Geschäftsordnung für Gerichtsvollzieher.** Von E. Exner. — 1904. Gm 3,—

Nr. 36. **Polizeiverordnungen in Preußen.** Von O. Lindemann. — 2. Auflage. 1912. Gm 2,50

Nr. 37. **Enteignung von Grundeigentum.** Von O. Meyer. 2. Auflage. — 1911. Gm 2,20

Nr. 38. **Kreis- und Provinzial-Abgabengesetz.** Von F. Schmidt. — 1906. Gm 1,20

Nr. 39. **Unterhaltung der öffentlichen Volksschulen.** Von A. Marcks. — 1906. Gm 1,80

Nr. 40. **Verwaltungsstrafverfahren.** Von R. Katzenstein. — 1907. Gm 3,50

Nr. 41. **Die preußischen Jagdpolizeigesetze.** Von F. Kunze und R. Kühnemann. 2. Auflage. — 1907. Gm 3,50

C. Textausgaben

ohne Anmerkungen mit Sachregister.

Betriebsrätegesetz.	Gm 0,50
Bürgerliches Gesetzbuch. 14. Auflage.	Gm 4,—
Erbschaftssteuergesetz m. Ausführungsanweis. 2. Auflage.	Gm 0,70
Neue Fassung von H. Schachian.	Gm 1,80
Freiwillige Gerichtsbarkeit. — 1920.	Gm 1,—
Handelsgesetzbuch mit **Seerecht.** 10. Auflage. — 1921.	Gm 2,60
Konkursordnung. 2. Auflage. — 1915.	Gm 0,70
Kriegsgewinnsteuer. — 1916.	Gm 0,40
Die Kriegssteuergesetze. 2. Auflage. — 1917.	Gm 0,80
Militärstrafgerichtsordnung m. **Einführungsges.** — 1901.	Gm 1,30
Militär-Strafgesetzbuch. 2. Auflage. — 1916.	Gm 0,50
Reichseinkommensteuer — Körperschaftssteuer — Kapitalertragssteuer — Landessteuer.	Gm 1,—
Einkommensteuergesetz in der Fassung v. 24. März 1921 mit **Ausführungsbestimmungen,** durch Nachträge ergänzt.	Gm 1,40
Reichsfinanz- und Steuergesetze. 1922.	Gm 2,—
Reichsfinanzgesetze von 1909. — 1909.	Gm 2,60
Reichsmietengesetz. — 1922.	Gm 0,50
Reichsnotopfergesetz.	Gm 0,50
Reichsversicherungsordnung.	Vergriffen.
Strafgesetzbuch. — 1921.	Gm 1,20
Strafprozeßordnung. 4. Auflage. — 1922.	Gm 3,—
Umsatzsteuergesetz. — 1920.	Gm 0,60
Verkehrs- u. Kohlensteuer u. Kriegssteuerzuschlag. 1917.	Gm 0,60
Verfassung des Deutschen Reiches v. 11. 8. 1919. 2. Aufl.	Gm 0,60
Verfassung des Freistaates Preußen.	Gm 0,60
Versicherungsgesetz für Angestellte. — 1911. S. R. 144.	Vergriffen.
Wechselordnung. — 1908.	Gm 0,50
Wehrbeitrag und **Besitzsteuer.** — 1913	Gm 0,50
Zivilprozeßordnung mit **Gerichtsverfassungsgesetz** und **Einführungsgesetzen.** — 1921.	Gm 2,60
Zuwachssteuergesetz. — 1911.	Gm 0,50
— **Ausführungsbestimmungen.** — 1911.	Gm 0,40
Preuß. Ausf.-Anweis. zur **Gewerbeordnung.** — 1904.	Gm 1,—

Schlagwort-Register

R. — Nummer der Sammlung Deutscher Reichsgesetze.
P. — Nummer der Sammlung Preußischer Gesetze.
S. — Seite.

Schlagwort-Register. (R. = Reichsgesetz, P. = preuß. Gesetz.)

Schlagwort-Register. (R. = Reichsgesetz, P. = preuß. Gesetz.)

Schlagwort-Register. (R. = Reichsgesetz, P. = preuß. Gesetz.)

FSC
www.fsc.org
MIX
Papier | Fördert
gute Waldnutzung
FSC® C083411

Kolibri 360 GmbH
Ferdinand-Jühlke-Straße 7
99095 Erfurt, Deutschland
produktsicherheit@kolibri360.de